www.ingramcontent.com/pod-product-compliance
Lightning Source LLC
LaVergne TN
LVHW041707070526
838199LV00045B/1246
9789370096370

إعادة تعريف الخداع

حب محرم، صراع لا يرحم على السلطة، وإرث من الأسرار

Translated to Arabic from the English version of

Deception Redefined

أوروبيندو غوش

Ukiyoto Publishing

جميع حقوق النشر العالمية محفوظة من قبل

أوكيوتو للنشر

نشرت في عا2025

حقوق الطبع والنشر للمحتوى © أوروبيندو غوش

جميع الحقوق محفوظة.

لا يجوز إعادة إنتاج أي جزء من هذا المنشور أو نقله أو تخزينه في نظام استرجاع، بأي شكل من الأشكال بأي وسيلة، إلكترونية أو ميكانيكية أو نسخ أو تسجيل أو غير ذلك، دون إذن مسبق من الناشر.

تم التأكيد على الحقوق المعنوية للمؤلف.

هذا عمل خيالي. الأسماء والشخصيات والشركات والأماكن والأحداث والمواقع والحوادث هي إما نتاج خيال المؤلف أو تستخدم بطريقة وهمية. أي تشابه مع الأشخاص الفعليين، الأحياء أو الأموات، أو الأحداث الفعلية هو من قبيل الصدفة البحتة.

يباع هذا الكتاب بشرط عدم إقراضه أو إعادة بيعه أو تأجيره أو تداوله بطريقة أخرى عن طريق التجارة أو غير ذلك، دون موافقة مسبقة من الناشر، في أي شكل من أشكال التجليد أو التغطية بخلاف تلك التي يتم نشرها.

www.ukiyoto.com

أهدي هذا الكتاب إلى جدتي سمت شايليش كوماري غوش (رانيما) وجدي ماهاشاي أمارناث غوش اللذين كانا رائدين في الحفاظ على تقليد ماهاشاي دورهي على قيد الحياة في تشامباناجار، بهاجالبور (بيهار).

إقرار

غالبًا ما يُنظر إلى كتابة كتاب على أنه مسعى انفرادي، ولكنه في الواقع جهد تعاوني، وهو جهد لن يكتمل بدون دعم وتوجيه وتشجيع العديد من الأفراد. بينما أختتم هذه الرحلة، أقدر بامتنان عميق أولئك الذين لعبوا أدوارًا محورية في إحياء هذا الكتاب. أولاً وقبل كل شيء، أنا مدين بشدة لزوجتي الدكتورة شرادة غوش التي كان دورها المزدوج كناقد ومحرر لا يقدر بثمن. كانت عينها الحريصة على التفاصيل، وسعيها الدؤوب لتحقيق الكمال، وصدقها الذي لا يتزعزع صخرة قاع بني عليها هذا الكتاب. لقد تحدتني انتقاداتها الثاقبة أن أصقل أفكاري وأرتقي بكتاباتي، مما يضمن أن يتردد صدى كل صفحة بوضوح وهدف. بالإضافة إلى براعتها التحريرية، كان دعمها العاطفي وفهمها مصدرًا ثابتًا للقوة، خاصة خلال تلك المراحل الشاقة من هذا المشروع.

إلى أطفالي الدكتور دوروثي والدكتور غارغي وآلاب، أدين بعمق الامتنان لتشجيعهم الثابت وحماسهم الذي لا حدود له. كان إيمانهم بقدرتهم على إكمال أي مشروع أقوم به، قوة دافعة، دفعتني إلى الأمام حتى عندما بدا الطريق أكثر صعوبة. كان الفرح والفخر الذي أعربوا عنه في كل معلم، مثل الحصول على كتابي، بمثابة تذكير بالحب والإلهام اللذين يدعمان عملي.

أود أن أشكر ابنة عمي شورميشتا روكشيت (جهونو) على دعمها الكامل.

أود أن أتقدم بخالص شكري لناشري، "ناشري أوكيوتو"، الذين كان دافعهم وإيمانهم بهذا المشروع مفيدين. وقد وفرت خبرتهم ودعمهم إطارًا يمكن أن تزدهر فيه أفكاري. وقد كفل التزامهم بالتميز وتوجيههم المهني أن يفي هذا الكتاب بأعلى معايير الجودة.

مقدمة

الدكتور أوروبيندو غوش هو عالم متعدد الثقافات حقيقي، يجسد مزيجًا فريدًا من السعي الفكري والتعبير الفني. مع شهادة الدكتوراه المزدوجة في ترسانته الأكاديمية، أصبح مرشدًا بحثيًا يحظى بتقدير كبير، حيث قاد الطريق في مجاله ورعى الجيل القادم من المفكرين. تنعكس خبرته الواسعة وخبرته في مساهماته في الأدب، مع أكثر من عشرين مختارات وستة كتب منفردة باسمه، حصل اثنان منها على جوائز مرموقة.

إلى جانب عالم الكلمات، تتألق موهبة الدكتور غوش الفنية من خلال عمله في أشكال فنية هندية تقليدية مثل وارلي ومادهباني. تلخص كل لوحة من لوحاته الحيوية الثقافية لهذه الأنماط، وتنفخ الحياة في الزخارف القديمة بحساسية حديثة. مهارته في صياغة القطع الأثرية، أيضًا، لم تمر دون أن يلاحظها أحد ؛ كل قطعة مصنوعة بعين استثنائية للتفاصيل، تجسد معايير الجودة العالية التي تحدد رحلته الإبداعية.

يمتد عمل الدكتور غوش الأدبي عبر مجموعة مثيرة للإعجاب من اللغات. يجيد اللغة الإنجليزية والهندية والبنغالية والماراثية والغوجاراتية، ويصل إلى جماهير متنوعة، كل قطعة لها صدى مع الأصالة والعمق الثقافي. تُرجمت كتبه إلى الفرنسية والألمانية والإسبانية والإيطالية والتركية والعربية والنيبالية، مما يشير إلى تأثيره على نطاق عالمي. تسد كلماته الفجوات الثقافية، مما يجعل رؤاه متاحة وذات صلة بالقراء من خلفيات مختلفة.

من خلال براعته الفنية ومنحته الدراسية وبراعته متعددة اللغات، أصبح الدكتور أوروبيندو غوش شخصية مؤثرة في الأدب والفن. أعماله هي شهادة على تفانيه، ومزج المعرفة بالإبداع بطرق تلهم وترتقي بأولئك الذين يواجهونها.

إعادة تعريف الخداع هو تعليق على لعبة السياسة الصعبة. يتم لعب اللعبة بين حزبين سياسيين قويين برئاسة ماتاجي والسيدة وأطفالهما. يكمن المشهد السياسي في طبقات من التلاعب، وكل مناورة محسوبة وكل قرار مليء بالمصلحة الذاتية. كان عالمًا تتوسط فيه السلطة في الغرف الخلفية، مغطاة بالسرية والخداع. هنا، تحولت التحالفات الماكرة مثل الرمال

المتحركة، ورسمت وأعيد رسمها مع اشتباك المنافسين والحلفاء على حد سواء من أجل السيطرة على الموارد والنفوذ والسيطرة. تصرف القلة الذين مارسوا السلطة بكفاءة لا ترحم، وحرفوا الحقيقة وشوهوا الواقع ليناسب أجنداتهم، تاركين الملايين الذين عاشوا تحت حكمهم يعانون من العواقب.

تكشفت المؤامرات الشريرة في الممرات الصامتة، حيث وضع الاستراتيجيون والمتملقون مخططات مفصلة للتشبث بالسلطة. كان حكمهم مليئًا بعدم الكفاءة، ملثمين بالكلمات السلسة والوعود الكبرى، في حين أن المؤسسات التي تهدف إلى حماية الناس لم تصبح سوى دمى في أيديهم. واستمر الفساد عميقاً، وأصاب كل مستوى من مستويات السلطة. فضلت السياسات أولئك الذين ملأوا الخزائن وغضوا الطرف عن التعاملات غير المشروعة، في حين تم تجاهل احتياجات المواطنين العاديين، ورفضت نضالاتهم باعتبارها مجرد ضمانات في السعي الأكبر لتحقيق مكاسب سياسية.

لم تكن البيروقراطية، وهي شبكة معقدة من الروتين، وسيلة للعدالة أو النظام ولكن كأداة للسيطرة، كانت تستخدم لخداع أولئك الذين تجرأوا على التساؤل أو المقاومة. من المسؤولين الذين نفذوا أوامر قادتهم إلى القنوات الإعلامية التي تنشر الروايات المنسقة، كانت الآلية بأكملها متحيزة ومصممة لحماية المعارضة القوية والصامتة. أصبحت الأكاذيب عملة الحكم، التي يتم تغذيتها للجمهور تحت ستار المصلحة الوطنية، في حين أن الحقيقة مدفونة تحت طبقات من الخداع.

وجد الناس أنفسهم محكومين بأفراد بدوا أقل شبهاً بالقادة وأكثر شبهاً بمحركي الدمى، أفعالهم مدفوعة ليس بالواجب أو الضمير، ولكن بطموحات تخدم مصالح ذاتية. ومع ذلك، وعلى الرغم من كل خداعهم، ظلت هذه الشخصيات في السلطة، سادة في التهرب من المسؤولية وتحويل اللوم. كان الواقع قاتمًا: قاعدة من المكر والخداع والتلاعب، حيث ازدهر فقط أولئك المستعدون للتخلي عن الأخلاق، تاركين البقية للمشاهدة، عاجزين، حيث قرر عدد قليل من الشخصيات عديمة الضمير مصير الملايين.

CA(Dr.) Shailendra Saxena

B.COM، FCMA، FCS، FCA، DISA(ICAI)، CFE (الولايات المتحدة الأمريكية)، دكتوراه.

بهاروش (غوجارات)

08.11.2024

تمهيد

في دولة غالبًا ما يتم فيها تحديد السياسة من خلال الإرث والنسب، كانت مسارات أبهيمانيو وشارميلا، من نواح كثيرة، محددة مسبقًا. ولدوا في سلالات سياسية قوية، وكانوا ورثة لإمبراطوريات نفوذ واسعة شكلت هوياتهم قبل فترة طويلة من فهمهم الكامل لها. السيدة سوبريمو ساريتا ديفي، المعروفة باسم ماتاجي، والسيدة سوبريمو أناميكا سينغ، أو ببساطة السيدة، هما أمهات هذه الفصائل المتنافسة. صعد كل منهم إلى الصدارة وسط مأساة شخصية وقادوا أحزابهم بقوة إرادتهم التي لا تتزعزع. على مدى عقود، كانوا محاصرين في منافسة شرسة، معركة من أجل السلطة والسيطرة التي أصبحت جزءًا من المشهد السياسي مثل المؤسسات التي يسكنونها. في هذا العالم من الولاءات الجامدة، والمنافسات الشديدة، والطموحات الشرسة، ولد أبهيمانيو وشارميلا، ونشأ، ووقعا في الحب في نهاية المطاف.

ومع ذلك، فإن قصة حبهم بعيدة كل البعد عن قصة رومانسية بريئة. منذ البداية، فهم أبهيمانيو وشارميلا أن علاقتهما تحمل وزناً أكبر من السعادة الشخصية. لم يكونوا مجرد أفراد ؛ بل كانوا ممثلين لعائلاتهم، ورموزًا لإرثين كانا متورطين بعمق في عداء سياسي طويل الأمد. كان حبهم معقدًا بسبب التاريخ والالتزامات العائلية وتوقعات أمة بأكملها. كان كلا الزعيمين الشابين يعرفان أن اتحادهما سيثير رد فعل أكبر بكثير من الرفض ؛ سيُنظر إليه على أنه خيانة من قبل الطرفين. ومع ذلك، اختاروا تحدي هذه التوقعات. أثار قرار شارميلا بترك حزب والدتها والانضمام إلى حزب أبهيمانيو الأمل والشك عبر الطيف السياسي.

على الرغم من التصور العام للوحدة، سرعان ما تشوب زواجهما توترات خفية واستياء متزايد. مع إنشاء حزبهم السياسي الخاص، تعهدوا بإنشاء حركة جديدة من شأنها أن ترتفع فوق الطائفية والعداء الذي ابتليت به عائلاتهم لأجيال. لكن السياسة لها مطالبها الخاصة وضغوطها غير المرئية، وسرعان ما تم اختبار أساس اتحادها. على الرغم من أن شارميلا أثبتت نفسها كقائدة قادرة، إلا أن فطنتها السياسية غالبًا ما طغت عليها الكاريزما الطبيعية لأبهيمانيو ونفوذها المتزايد. تحولت ديناميكيات علاقتهما، مما أدى إلى منافسة هادئة ولكنها خبيثة من شأنها أن تدق إسفينًا بينهما في نهاية المطاف.

جاءت نقطة التحول مع وفاة أبهيمانيو المفاجئة في ظروف غامضة - مأساة تشبه بشكل مخيف تلك التي أخذت آباءهم قبل سنوات. فوجئت البلاد، وانتشرت شائعات عن مسرحية كريهة، ورسمت أوجه تشابه مع مآسي الماضي ذات الدوافع السياسية. في أعقاب وفاة أبهيمانيو، تولت شارميلا السلطة، وخرجت من ظل زوجها الراحل واحتضنت دور القائد بهدف متجدد وشدة أذهلت خصومها وحلفائها على حد سواء. سواء كان هذا محاولة للانتقام أو الخلاص أو استمرارًا لرؤية شاركوها ذات مرة، لا يمكن لأحد أن يقول على وجه اليقين.

هذه القصة هي أكثر من حكاية اثنين من عشاق النجوم. إنها ملحمة من الطموح والقوة وسحب الإرث الذي لا مفر منه. يستكشف التوتر بين التطلعات الشخصية والالتزامات العامة، وتكلفة تحدي التوقعات العائلية، وأوجه التشابه المؤرقة بين الحب والخيانة في عالم السياسة عالي المخاطر. في جوهرها، إنها قصة حول مدى استعداد المرء للذهاب لتحقيق العظمة، وما هم على استعداد للتضحية به على طول الطريق.

المحتويات

1 **الفصل الأول**

7 **الفصل الثاني**

10 **الفصل الثالث**

14 الفصل الرابع

17 **الفصل الخامس**

20 **الفصل السادس**

23 **الفصل السابع**

30 **الفصل الثامن**

35 **الفصل التاسع**

39 **الفصل العاشر**

1

الفصل الأول

في قلب مدينة جنوبية كبرى، تقع وسط حدائق مترامية الأطراف وشوارع واسعة، يوجد قصر يبدو أنه يتجاوز الوقت. في اللحظة التي يضع فيها المرء عينيه عليها، لا يمكن إنكار البذخ الهائل والتألق المعماري. تم بناء هذا المسكن الملكي خلال حقبة من الفن المزدهر والثراء الثقافي، وهو منارة للأناقة، تجمع بين عظمة العديد من الأساليب المعمارية في نصب تذكاري واحد لالتقاط الأنفاس.

عندما تقترب من القصر، فإن أول ما يلفت انتباهك هو حجمه الضخم. يمتد الهيكل عبر عدة فدادين، وتحيط به بوابات حديدية معقدة تلمع في ضوء الشمس. الجدران مؤطرة بأقواس رقيقة، تمزج سحر العمارة الهندية الساراسينية مع تلميح من التأثيرات القوطية، مما يؤدي إلى اندماج جمالي غريب ومألوف. على مسافة، ترفع القبة المركزية بشكل مهيب، لونها النحاسي يلمع تحت الشمس، ويلقي ظلالًا طويلة عبر الأرض.

تزين الجدران الخارجية للقصر منحوتات ومنحوتات متقنة، يروي كل منها قصة الآلهة والمحاربين والملوك الأسطوريين. تشق الزخارف الزهرية والشخصيات الأسطورية والأنماط الهندسية طريقها إلى الواجهات، مما يخلق نسيجًا مرئيًا يعكس التقاليد الفنية العميقة الجذور في المنطقة. مزيج الألوان على جدران القصر هو سمة مميزة أخرى: ظلال صامتة ولكنها نابضة بالحياة من الذهب والكريم والوردي، معلمة بمهارة بالخشب الداكن والحجر، تعطي الهيكل توهجًا أثيريًا تقريبًا.

يحيط بالهيكل الرئيسي للقصر أبراج وأبراج صغيرة، يتوج كل منها بقباب منحوتة بدقة تبدو كما لو أنها قد انتُزعت من حكاية خرافية. تطل الشرفات المزخرفة، المصنوعة من أرقى أنواع الرخام والخشب المنحوت، على الساحات حيث استضافت أجيال من الملوك الاحتفالات والمهرجانات الفخمة. هذه الشرفات، مع شاشاتها المتشابكة بشكل معقد، هي أعجوبة في حد ذاتها، تقدم لمحات عن الماضي حيث ربما

وقفت السيدات الملكيات ذات يوم، يشاهدن المواكب والاحتفالات أدناه بينما بقيت مخفية عن الأنظار العامة.

عند الاقتراب من المدخل، تخطو على درج رخامي كبير يمسح لأعلى، مما يؤدي إلى الأبواب الخشبية الهائلة. هذه الأبواب هائلة، مصنوعة من خشب الساج وخشب الورد، مزينة بالنحاس الأصفر والحديد. تحكي كل لوحة من الباب قصة ؛ ربما عن معركة خاضت، أو رحلة ملك، أو بركة إلهية تم تلقيها. يبدو فتحها وكأنه خطوة إلى عالم آخر، عالم يتنفس فيه التاريخ عبر كل شبر من الفضاء.

في الداخل، القصر سيمفونية من الضوء والفضاء. تتطابق عظمة المظهر الخارجي، إن لم يتم تجاوزها، مع التصميمات الداخلية. في اللحظة التي تتخطى فيها العتبة، فإن الحجم والتفاصيل الهائلة للقصر تطغى على الحواس. يبدو أن الأسقف العالية، المزينة بلوحات جدارية معقدة، تمتد إلى ما لا نهاية فوقها. تصور هذه اللوحات الجدارية مشاهد من الحكايات الملحمية، والصيد الملكي، وجمعيات البلاط الكبرى، بألوان زاهية من اللون الأزرق والذهبي والقرمزي. تتدلى الثريات الضخمة المتلألئة من السقف مثل الأبراج البلورية، وينعكس ضوءها على الأرضيات الرخامية المصقولة التي يبدو أنها تمتد إلى ما لا نهاية في كل اتجاه.

واحدة من أبرز الميزات داخل القصر هي قاعة دوربار الكبرى، وهي منطقة تجمع ضخمة حيث سيعقد الملك المحكمة، أو يستقبل المبعوثين، أو يناقش مسائل الدولة، أو يستضيف الاحتفالات الكبرى. تم تأطير القاعة بأعمدة طويلة ونحيلة ترتفع مثل الحراس ؛ كل منها منحوت بشكل مزخرف بتصاميم زهرية ومطلية بظلال ناعمة من الفيروز والذهب. الأرضية عبارة عن مساحة من الرخام اللامع، بارد تحت القدم، مرصع بأحجار شبه كريمة مرتبة في أنماط معقدة تأسر العين.

في الأعلى، سقف القاعة هو أعجوبة في حد ذاته. مقنطر ومزين بأنماط زهرية وهندسية معقدة، السقف عبارة عن سلسلة من الألوان والأشكال التي تتلاقى في الوسط، حيث تتدلى ثريا كريستالية ضخمة، وتصب وجوهها أقواس قزح متلألئة في جميع أنحاء الغرفة. تصطف جدران قاعة دوربار بنوافذ طويلة، كل منها محاط بأقواس منحوتة بدقة

ومغطاة بستائر حريرية غنية. عند فتحها، تسمح هذه النوافذ لتيارات ضوء الشمس بإغراق القاعة، مما يجعل المسكن يبدو ملكيًا ودافئًا.

خارج قاعة دوربار، يتميز القصر بسلسلة من الغرف المترابطة، كل منها يخدم غرضًا محددًا. هناك غرف مخصصة للفن، مليئة باللوحات والمنحوتات التي لا تقدر بثمن، وكثير منها يصور مشاهد من التاريخ المحلي والأساطير. تمثل الأحياء الخاصة للعائلة المالكة مثالاً للفخامة ؛ أسرة ضخمة ذات أربعة أعمدة مع تفاصيل معقدة من أوراق الذهب، ومفروشات غنية معلقة على الجدران، وأرضيات مغطاة بسجاد فارسي سميك. الأثاث، المصنوع يدويًا من أجود أنواع الأخشاب، مرصع بالعاج وعرق اللؤلؤ، وكل قطعة هي عمل فني في حد ذاته.

إحدى الغرف الرائعة بشكل خاص هي المعبد الخاص للقصر. بصرف النظر عن أماكن المعيشة الرئيسية، فهي مساحة هادئة وهادئة حيث يقدم أفراد العائلة المالكة صلواتهم. المعبد صغير ولكنه مفصل بشكل رائع، مع جدران مزينة بلوحات جدارية للآلهة والإلهات، وتعبيراتهم هادئة وقوية. يقع المعبود المركزي، المصنوع من الحجر الأسود اللامع، على قاعدة، محاطًا بعروض من الزهور الطازجة والبخور العطري. يومض التوهج الناعم لمصباح الزيت في ظلال رقص الضوء الخافت على الجدران ويخلق جوًا من الروحانية العميقة.

في الخارج، أرض القصر ساحرة بنفس القدر. تمتد المروج الواسعة في كل اتجاه، وتنتشر فيها أحواض الزهور النابضة بالحياة والنوافير المهيبة. الحدائق، التي يتم الحفاظ عليها بدقة، هي شغب من الألوان ؛ الكركديه الأحمر، القطيفة الصفراء، وبساتين الفاكهة الأرجوانية العميقة تزدهر بكثرة، وعطرهم يختلط بالهواء البارد المنعش. تتجول الطاووس، الطيور الملكية غير الرسمية، بحرية، ويلتقط ريشها القزحي الضوء وهي تتبختر بأناقة عبر المروج.

على جانب القصر، يفتح فناء واسع، وتحيط به أعمدة مقوسة. هذا هو المكان الذي ستبدأ فيه المواكب الكبرى للقصر، حيث تسير الفيلة المزينة بالذهب والحرير، حاملة الملك والملكة تحت الستائر المزخرفة، تليها حاشية من النبلاء والراقصين والموسيقيين. الفناء مرصوف بحجارة الأعلام الناعمة، وفي الوسط تقف نافورة رائعة،

إنها مياه باردة تتناثر بشكل إيقاعي، وتوفر لحظة من الهدوء وسط العظمة.

مع حلول الغسق، يكتسب القصر هوية جديدة. الآلاف من الأضواء الصغيرة، مرتبة بدقة عبر الهيكل بأكمله، تبدأ في الوميض، وتحول القصر الرائع بالفعل إلى جوهرة متوهجة. يضيء الضوء الذهبي الناعم كل التفاصيل ؛ يبدو أن الأقواس والقباب والمنحوتات والقصر تنبض بالحياة، وتتلألأ تحت سماء الليل.

هذا القصر، أكثر من مجرد مسكن، هو شهادة على إرث العائلة المالكة التي حكمت ذات يوم بنفوذ كبير. إنه يقف كرمز للقوة والتقاليد والتراث الثقافي، حيث يجذب الزوار ليس فقط لجماله ولكن للقصص المضمنة في جدرانه، وهمسات الماضي تتردد عبر قاعاته وغرفه الشاسعة. هنا، يعيش التاريخ، محفوظًا في الحجر والخشب والضوء، في انتظار اكتشافه.

مع تعمق الليل، تتحول أراضي القصر إلى منظر طبيعي آخر، حيث تنعكس وميض المشاعل والتوهج الناعم للفوانيس على المسارات الرخامية والمسطحات المائية الهادئة. إن سرقة الريح عبر الأشجار القديمة، والنداء البعيد العرضي لطائر الليل، يخلقان جواً من الغموض. يأخذ القصر، الذي يضيئه الآن نظام الإضاءة المعقد بالكامل، هالة عالم سحري. الأضواء المتلألئة التي تتراقص على القباب الكبرى والأبراج تشبه السماء المرصعة بالنجوم التي سقطت على الأرض.

وسط هذه الروعة، تبدو أصداء ماضي القصر أقرب من أي وقت مضى. ذات مرة، لم تكن الممرات الواسعة والقاعات الرائعة مساحات للرفاهية فحسب، بل كانت مراكز للقوة، حيث تقرر مصير المنطقة بأكملها. كان رجال الحاشية الذين يرتدون أثوابًا فخمة سينزلقون عبر هذه الطوابق، وخطاهم صامتة بسبب السجاد الغني، وهم يهمسون بالمؤامرات السياسية أو يسعون للحصول على خدمة من الملك. كان الدبلوماسيون والسفراء من البلدان البعيدة قد تعجبوا من المنظر، في محاولة لقياس قوة المملكة من خلال الفخامة المطلقة لمقعدها الملكي.

ولكن على الرغم من العظمة، كان للقصر أيضًا لحظات من الحميمية الهادئة. توفر الغرف الخاصة، على الرغم من تصميمها بنفس الاهتمام

بالتفاصيل مثل الأماكن العامة، لمحة شخصية أكثر عن حياة العائلة المالكة. غرف النوم هي ملاذات من الراحة والأناقة. تتمايل الستائر الحريرية برفق من النوافذ، لتلتقط ضوء القمر. الأسرة مزينة بفراش فاخر، مطرز بخيط ذهبي، ويمتلئ الهواء برائحة خشب الصندل والياسمين الخافتة.

في إحدى الغرف، المعروفة باسم غرفة الملكة، يتم تحسين الديكور بشكل خاص. الجدران مبطنة بجداريات رقيقة من زهور اللوتس والطاووس، رموز الجمال والنعمة، في حين أن السقف مطلي ليشبه سماء الليل، كاملة بنجوم صغيرة متوهجة. تقف طاولة تسريحة كبيرة، منحوتة من العاج، بجانب النافذة، وسطحها مبعثر بأمشاط عتيقة وصناديق مجوهرات، كما لو كانت تنتظر عودة أحد أفراد العائلة المالكة. من السهل أن تتخيل الملكة جالسة هناك، تستعد لأحد الاحتفالات الكبرى العديدة في القصر، بينما في الخارج، تعج المدينة بالإثارة.

هناك أيضًا مساحات خفية في القصر؛ زوايا خاصة وتجاويف صغيرة حيث يمكن أن يتراجع أفراد العائلة المالكة عن عبء واجباتهم. في أحد أقسام القصر، يؤدي درج ضيق إلى حديقة سرية، وهي مساحة منعزلة محاطة بجدران عالية ومحمية من ضوضاء العالم. هذه الحديقة الخفية هي مكان هادئ، مع نافورة مركزية محاطة بالمساحات الخضراء المورقة. لم يُسمح إلا لأفراد العائلة المالكة الأكثر ثقة وأقرب المقربين منهم بدخول هذه المساحة، حيث يمكنهم الاستمتاع بلحظات من السلام، بعيدًا عن الاضطرابات السياسية التي غالبًا ما تستهلك بقية القصر.

إحدى السمات البارزة بشكل خاص للقصر هي غرفة الكنز، وهي قبو يقال إنه يحمل ثروات المملكة. على الرغم من أن القليل منهم قد وضعوا أعينهم عليه، إلا أن الأساطير تكثر من المجوهرات المتلألئة والآثار القديمة المخزنة بداخله. يشاع أن الأحجار الكريمة والمنحوتات النادرة والتحف الذهبية، التي تم جمعها على مدى قرون من الحكم الملكي، موجودة في هذه الغرفة السرية. يقال إن مدخل هذا القبو مخفي خلف جدار زائف، لا يمكن الوصول إليه إلا من قبل أولئك الذين يعرفون أسرار القصر العديدة.

بالإضافة إلى الثروة المادية، يعد القصر أيضًا كنزًا دفينًا للتراث الثقافي. كانت العائلة المالكة معروفة برعاية الفنون، ويعكس القصر هذا التفاني. في جميع أنحاء المبنى، يمكنك العثور على معارض مليئة باللوحات من فترات مختلفة، بعضها يصور العائلة المالكة في أرقى ملابسها، والبعض الآخر يوضح الحكايات الأسطورية والأحداث التاريخية. تزين التماثيل أيضًا العديد من الزوايا، من التماثيل الرخامية بالحجم الطبيعي للحكام السابقين إلى الشخصيات البرونزية الرقيقة للراقصين التي التقطت الحركة الوسطى.

القصر هو أيضا موطن لواحدة من أكبر مجموعات المخطوطات القديمة في المنطقة. تحتوي المكتبة، وهي غرفة كهفية مبطنة بأرفف الكتب والمخطوطات، على نصوص يعود تاريخها إلى قرون، وتقدم رؤى حول الفلسفة والسياسة والعلوم في ذلك الوقت. هذه الغرفة، بجدرانها العميقة ذات الألواح الخشبية وأرفف الكتب الشاهقة، هي مكان للتأمل. كان العلماء الملكيون سيقضون ساعات لا حصر لها هنا، يدرسون النصوص القديمة، ويناقشون أسرار الكون وحكمة أسلافهم. في وسط المكتبة تقف طاولة ضخمة، مضاءة بكوة، حيث قد يكون الملك نفسه قد جلس، محاطًا بالمستشارين، لدراسة مسائل الدولة أو التاريخ.

الفصل الثاني

علاقة القصر بالمدينة التي يطل عليها رائعة بنفس القدر. من وجهة نظره العالية، يوفر القصر إطلالة شاملة على المنطقة المحيطة؛ وهي مدينة صاخبة كانت في يوم من الأيام بمثابة القلب النابض للمملكة. حتى اليوم، المنظر خلاب. من ناحية، يمكنك رؤية اتساع المدينة وشوارعها المليئة بالتجارة والتقاليد وصخب الحياة اليومية. على الجانب الآخر، تنفتح المناظر الطبيعية على التلال المتدحرجة والسهول الخضراء المورقة، مما يذكرنا بالجمال الطبيعي الذي كان دائمًا جزءًا من سحر المنطقة.

على الرغم من وضعه الحالي كنصب تذكاري لحقبة ماضية، لا يزال القصر حيًا إلى حد كبير، ويزوره الآلاف الذين يأتون ليشهدوا روعته. غالبًا ما تقام المهرجانات في أراضي القصر، حيث تمتلئ القاعات بأصوات الموسيقى والرقص والاحتفال، مما يعكس الأحداث الكبرى في الماضي. خلال هذه المهرجانات، يتحول القصر مرة أخرى إلى مركز للنشاط، حيث يأتي الناس من جميع مناحي الحياة للاحتفال بالتراث الثقافي الغني للمنطقة.

لا يقف القصر الملكي، بمزيجه من العظمة المعمارية والأهمية التاريخية والجمال الفني، كدليل على ثروة وقوة الأسرة الحاكمة فحسب، بل كرمز لمرونة المنطقة وهويتها. كل حجر، كل نحت، كل قطعة فنية تحكي قصة؛ من الفتوحات والانتصارات، من التحالفات التي صنعت وكسرت، من الحب والطموح، من المملكة التي حكمت مرة واحدة العليا. بينما تمشي عبر قاعاتها وتنظر إلى عظمتها، يمكنك أن تشعر بنبض التاريخ في كل زاوية، وتدعوك لتصبح جزءًا من إرثها المستمر.

يقف راغاف كومار، البطريرك السياسي الحالي، طويل القامة على رأس واحدة من أقوى العائلات وأكثرها نفوذاً في سياسة الدولة. الآن في أواخر الخمسينيات من عمره، يحمل وجهه علامات حياة قضاها في الخدمة العامة، مع خطوط عميقة محفورة بسنوات من صنع القرار

والمسؤولية والتدقيق المستمر في الحياة السياسية. لا يزال كتفيه العريضان وموقفه الحازم يُظهران السلطة التي تأتي مع منصبه، ولكن هناك تلميحًا من التعب في عينيه ؛ تذكير بأن ثقل الحفاظ على الإرث السياسي لعائلته كان عبئًا ثقيلًا، عبء يزداد ثقلًا مع مرور الوقت.

ولد راغاف كومار في سلالة شكلت المشهد السياسي للدولة منذ ما يقرب من نصف قرن، وورث العباءة السياسية من والده وعمه، وهما شخصيتان أسطوريتان لا يزال المؤيدون والمنافسون يتحدثون بأسمائهم بتبجيل. بدأت الهيمنة السياسية لعائلة كومار في السبعينيات، عندما برز والد راغاف، فيريندرا كومار، لأول مرة. كقائد كاريزمي يتمتع بقدرة طبيعية على التواصل مع الجماهير، تم الترحيب بفيرندرا كبطل للشعب. كان لخطاباته، المليئة بالخطاب الناري والوعود بالارتقاء، صدى عميق لدى الطبقة العاملة والناخبين الريفيين. في الوقت الذي كانت فيه الدولة تتصارع مع الصراعات الاقتصادية وعدم الاستقرار السياسي، قدم فيريندرا الأمل، واستجاب الناس برفعه إلى منصب ذي تأثير هائل.

لم يكن صعود فيريندرا في السياسة رحلة فردية. كان شقيقه الأصغر، آرون كومار، ذكيًا وبارعًا سياسيًا على حد سواء، على الرغم من أن أسلوبه كان أكثر استراتيجية وحسابًا. شكل الأخوان معًا فريقًا رائعًا. كان فيريندرا وجه الحركة، الخطيب الذي يمكن أن يحفز الحشود، بينما عمل آرون خلف الكواليس، وسحب الخيوط وتشكيل تحالفات من شأنها أن تضمن طول عمرها السياسي. سرعان ما أدرك الأخوان كومار أنه للحفاظ على نفوذهما، يحتاجان إلى أكثر من مجرد دعم شعبي ؛ بل يحتاجان إلى بناء آلة سياسية.

بدأت هذه الآلة في التبلور عندما وسع الإخوة شبكتهم، وجذبوا الموالين من جميع أنحاء الولاية. تم جلب قادة القرى ورجال الأعمال المحليين وشخصيات المجتمع المؤثرة إلى الحظيرة، مما أدى إلى إنشاء شبكة شعبية قوية امتدت حتى إلى أبعد زوايا الدولة. فهم الأخوان أن السلطة الحقيقية تكمن في السيطرة ليس فقط على العاصمة، ولكن على المناطق والقرى التي يعيش فيها معظم السكان. من خلال معالجة المظالم المحلية وضمان توجيه مشاريع التنمية نحو معاقلهم، عزز الأخوان كومار هيمنتهم. ومع ذلك، كان لديهم

أخذ صعود الأسرة في السياسة منعطفًا كبيرًا عندما بدأت الحكومة الوطنية في الانتباه. في السنوات التي أعقبت نجاحهم الأولي، غالبًا ما وجد الحزب الحاكم في الوسط نفسه يكافح للحصول على أصوات حاسمة في البرلمان. خلال أحد هذه الأوضاع غير المستقرة، لجأوا إلى عائلة كومار للحصول على الدعم. رأى فيريندرا وأرون أن هذه فرصة ؛ فرصة لتوسيع نفوذهما خارج سياسة الدولة. اغتنموا الفرصة، ووضعوا أنفسهم كصانعي ملوك، وقادرين على تأرجح الأصوات الرئيسية لصالح الحكومة المركزية.

الفصل الثالث

ومع ذلك، لم يكن الإخوة راضين عن كونهم مجرد قادة دولة مؤثرين ؛ كانت عيونهم على جائزة أكبر. أدركت فيريندرا، مع مستشار آرون الاستراتيجي، أنه من أجل تأمين إرثهم حقًا، يحتاجون إلى أن يكون لهم صوت على الساحة الوطنية. اقتربوا من الحزب الحاكم باقتراح جريء كان مقابل تسليم أصوات دولتهم ؛ طالبوا بمقاعد برلمانية ومناصب وزارية. عرضت الحكومة المركزية، التي كانت في أمس الحاجة إلى الدعم، عليهم في البداية منصبًا وزاريًا مبتدئًا، وهي لفتة تهدف إلى استرضاء الإخوة دون منحهم الكثير من السلطة. لكن فيريندرا وآرون لم يكونا راضيين بسهولة.

استفاد الأخوان كومار من نفوذهما المتنامي بشكل كبير. وعندما جاءت الانتخابات اللاحقة وذهبت، زادت قوتهم التفاوضية فقط. ومع كل انتخابات ناجحة، طالب الإخوة بأدوار أكثر أهمية في الحكومة وحصلوا عليها. بحلول منتصف الثمانينيات، شغل كل من فيريندرا وآرون حقائب وزارية كاملة، حيث أدار أحدهما وزارة البنية التحتية الحيوية، بينما سيطر الآخر على إدارة اقتصادية رئيسية. مع هذه التعيينات، لم يكتسبوا السلطة فحسب، بل اكتسبوا أيضًا ثروة هائلة، حيث استخدموا مناصبهم لتوجيه العقود الحكومية المربحة نحو حلفائهم والشركات العائلية.

ومع نمو نفوذهم، ازدادت مكانتهم في المشهد السياسي الوطني. انتقل فيريندرا، الذي كان في السابق خادمًا متواضعًا للشعب، الآن إلى أعلى مستويات السلطة، وفرك أكتاف رؤساء الوزراء وأقطاب الأعمال. نشأ ابنه، راغاف، في هذا العالم، وشهد عن كثب صعود إمبراطورية عائلته. أصبحت ثروة عائلة كومار ونفوذها أسطوريًا، حيث أصبح اسمها مرادفًا لكل من القوة والازدهار.

كانت استراتيجية الأخوين دائمًا ذات شقين: الحفاظ على قبضتهما على سياسات الدولة مع توسيع نفوذهما على المستوى الوطني في الوقت نفسه. في سياسة الدولة، استمروا في الهيمنة من خلال ضمان أن

الموالين لهم يشغلون مناصب رئيسية في الحكومة والشرطة والبيروقراطية. تم تنسيق كل قرار اتخذته حكومة الولاية، من مشاريع البنية التحتية إلى السياسات الزراعية، بعناية لصالح قاعدتها. وفي الوقت نفسه، عملوا بجد لضمان النظر إلى محافظهم الوطنية على أنها لا غنى عنها لعمل الحكومة المركزية.

بحلول التسعينيات، وصلت عائلة كومار إلى ذروة قوتها. كانوا يسيطرون على الوزارات الرئيسية، وكان لديهم قاعدة سياسية موالية، وكانوا يتوددون من قبل كل من الأحزاب الحاكمة والمعارضة على حد سواء. غالبًا ما تتواصل الحكومة المركزية مع الأسرة قبل التصويت البرلماني الرئيسي، مع العلم أن دعمها يمكن أن يجعل أو يكسر التشريعات الحاسمة. وقد سمح ذلك للكومار بانتزاع المزيد من التنازلات، مما عزز مكانتهم كوزن سياسي ثقيل.

ومع ذلك، مع السلطة جاءت التحديات الحتمية. مع مرور السنين، كبر فيريندرا وأرون وأدى ثقل إدارة مسؤوليات الدولة والوطنية إلى خسائر فادحة. كانت هناك همسات عن التوترات الأسرية الداخلية والصراعات من أجل الخلافة. أدرك آرون، الخبير الاستراتيجي، أن مستقبل الأسرة يقع الآن على عاتق الجيل القادم.

كان راغاف كومار، الابن الأكبر لفيرندرا، هو الذي سيتولى هذا الدور. كان راغاف، الذي تم إعداده منذ سن مبكرة لتولي العباءة السياسية للعائلة، على دراية جيدة بتعقيدات السياسة، بعد أن لاحظ مناورات والده وعمه لعقود. ومع ذلك، على عكس أسلافه، افتقر راجاف إلى بعض الكاريزما التي حددت صعود والده. كان أكثر تحفظًا وحسابًا وعمليًا ؛ الصفات التي خدمته جيدًا في عصر أصبحت فيه السياسة أكثر اهتمامًا بالصفقات وأقل اهتمامًا بالمثل العليا.

بحلول الوقت الذي صعد فيه راجاف إلى منصب وزير الدولة، تغير المشهد السياسي. كانت المعارضة أقوى، والحكومة المركزية، في حين لا تزال تعتمد على عائلة كومار، أصبحت حذرة من نفوذها المتزايد. لكن راغاف، المصمم على الحفاظ على إرث عائلته، استخدم كل أداة تحت تصرفه للحفاظ على الآلة السياسية التي بناها والده وعمه. على الرغم من أن ضغوط القيادة أثقلت كاهله بشدة، إلا أن

راغاف ظل ثابتًا، مع العلم أن مستقبل سلالة كومار يعتمد على قدرته على التنقل في المد والجزر السياسي المتغير باستمرار.

الآن، بينما يعد ابنه الوحيد أبهيمانيو، للدخول في المعركة السياسية، يدرك راغاف أن الفصل التالي من إرث العائلة ستكتبه الخيارات التي يتخذها. يقع ثقل التاريخ على عاتقه، لكنه لا يزال حازمًا، مع العلم أن والده وعمه قد عهدوا إليه بمسؤولية حماية الإمبراطورية التي بنوها. قصة عائلة كومار، التي كانت ذات يوم قصة صعود وهيمنة، تدخل الآن فترة من الانتقال الدقيق، حيث ستحدد قرارات رجل واحد ما إذا كان الإرث يدوم أم يتعثر.

لم يكن صعود أبهيمانيو كومار إلى السياسة مسألة امتياز فحسب، بل كان مسألة إرث وظرف. تم تزويرهما في ظل كل من الانتصار والمأساة. وُلد في عائلة استحوذت على السلطة لأجيال، وكان محاطًا بالسياسة منذ يوم ولادته. كانت عائلة كومار سلالة، ليس فقط بالاسم ولكن في العمل. في وقت من الأوقات، تم انتخاب جميع أعضائها وجده وجده ووالده ووالدته وعمته كأعضاء في البرلمان، وهو إنجاز لا مثيل له في تاريخ الدولة. امتد نفوذهم عبر الوزارات والمقاطعات وممرات البرلمان الوطني.

بنى جد أبهيمانيو فيريندرا كومار وعمه آرون كومار الإمبراطورية السياسية للعائلة من خلال سنوات من الاستراتيجية والخدمة والمفاوضات الحكيمة. لكن لم يكن الرجال فقط هم الذين كانوا القوى المهيمنة في السياسة. كانت والدة أبهيمانيو، ساريتا كومار وعمته، نيتا كومار، هائلتين بنفس القدر. دخل كلاهما السياسة بصفتهما عضوين في البرلمان، حيث خصص كل منهما لنفسه مكانة خاصة. في حين كانت ساريتا تشتهر بعملها الإنساني، وتدافع عن حقوق المرأة والتنمية الريفية، اتخذت نيتا موقفًا قويًا بشأن التعليم والإصلاح الاقتصادي. تمثل الأسرة معًا قوة سياسية ذات أربعة محاور، حيث يلقي تأثيرها بظلاله الطويلة على كل قرار سياسي يتم اتخاذه في الدولة وعلى المستوى الوطني.

بالنسبة لأبيمانيو، كان النمو في مثل هذه البيئة يعني أن السياسة طبيعية مثل التنفس. منذ صغره، تعرض للأعمال الداخلية للسلطة السياسية.

كان يجلس بهدوء على طاولة العشاء، ويستمع إلى المحادثات حول استراتيجيات الانتخابات والتحالفات والمفاوضات. لقد استوعب تعقيدات المساومة؛ وتعلم كيف أن كل قرار في السياسة كان له طبقات متعددة. وشاهد والده وعمه يبنيان تحالفات، ويتفاوضان على المناصب الوزارية ويضمنان بقاء الأسرة في مركز السلطة.

ومع ذلك، على الرغم من امتياز تربيته، كان أبهيمانيو دائمًا على دراية بالمسؤولية التي تأتي مع اسم عائلته. لم يكن مجرد ابن سياسي؛ لقد كان وريثًا لسلالة سياسية. غالبًا ما ذكّره جده، فيريندرا، بأن القيادة ليست فقط حول ممارسة السلطة، ولكن حول كسب ثقة الناس. علمه عمه، آرون، أهمية الاستراتيجية، وشرح كيف أن كل خطوة في السياسة تتطلب حسابًا دقيقًا. كما غرست والدته وعمته فيه إحساسًا بالواجب لخدمة الناس، مؤكدين أن قوة الأسرة مبنية على قدرتها على تحقيق نتائج للدولة.

امتد تعليم أبهيمانيو إلى ما هو أبعد من طاولة العشاء. تم إرساله إلى أفضل المدارس، حيث برع في الأكاديميين، ولكن الأهم من ذلك، تم تعليمه فن الدبلوماسية والخطابة والتفاوض. وقضى إجازاته في مرافقة والده وعمه إلى الاجتماعات السياسية والتجمعات والجلسات البرلمانية. بحلول الوقت الذي وصل فيه إلى مرحلة البلوغ، كان على دراية جيدة بتفاصيل السياسة؛ كان يعرف كيفية قراءة الناس، وتوقع تحركاتهم واستخدام نفوذ عائلته لتأمين أفضل الصفقات.

14

الفصل الرابع

ومع ذلك، تغير كل شيء في يوم واحد مصيري.

كانت جلسة برلمانية روتينية، واحدة من العديد من الجلسات التي حضرها فيريندرا كومار والعم آرون كومار على مر السنين. كانوا يناقشون تشريعاً حاسماً من شأنه أن يؤثر على تطور الدولة، وهو أمر قريب من قلوبهم. بعد انتهاء الجلسة، استقل فيريندرا وأرون طائرة هليكوبتر للعودة إلى الولاية. كان من المقرر أن ينضم إليهم راغافندرا وأبهيمانيو ولكن في اللحظة الأخيرة، طلبت ساريتا كومار منهم البقاء في الخلف للانضمام إليها لإجراء مناقشة مهمة بشأن الانتخابات المقبلة.

وصلت أخبار الحادث مثل صاعقة. كانت المروحية، التي حلقت فوق سلسلة جبال في طريقها إلى المنزل، قد سقطت في وادي عميق. لم يكن السبب واضحًا ؛ أشارت التقارير الأولية إلى عطل ميكانيكي، لكن همسات اللعب الخبيث بدأت تنتشر على الفور تقريبًا. كان يشتبه في تورط الحزب السياسي المنافس، الذي يتمتع بنفس القوة والمعروف بتكتيكاته القاسية. كان الحادث أكثر من مجرد مأساة لعائلة كومار ؛ لقد كان زلزالًا سياسيًا للدولة بأكملها.

كانت موجات الصدمة للحادث محسوسة في كل مكان. تدفق الناس إلى الشوارع حدادًا على فقدان قادتهم المحبوبين. كان فيريندرا وآرون أكثر من مجرد سياسيين للدولة ؛ كانوا رموزًا للأمل والتقدم. تركت وفاتهم فراغًا كان من المستحيل ملؤه. كانت الدولة في حالة اضطراب، حيث طالب المؤيدون بالإجابات والعدالة. واجهت عائلة كومار، التي تعاني من المأساة الشخصية، ضغوطًا شديدة من قاعدتها السياسية للتحرك.

وجد راغاف، الذي لا يزال في حالة صدمة، نفسه مدفوعًا في وسط هذه العاصفة. أثناء حزنه على فقدان والده وعمه، تم تكليفه أيضًا بالحفاظ على الآلة السياسية للعائلة سليمة. أدركت والدته وعمته، على الرغم من دمارهما، أهمية اغتنام اللحظة. خلقت موجة التعاطف التي

أعقبت الانهيار فرصة غير مسبوقة للأسرة لإعادة تأكيد هيمنتها على سياسة الدولة. لم يكن راغاف على ما يرام لبعض الوقت. لم يفعل العلاج الكثير لجعله قويًا لمواصلة التعامل مع عباءة الحفلة. في غضون ستة أشهر، كان راغاف على السرير مع تقييد الحركة. حتى الطبيب لم يتمكن من العثور على سبب حالته الجسدية المتدهورة والمزيلة للشعر. استقال راجاف الذي طريح الفراش ببطء من إرادته للبقاء على قيد الحياة. لقد ترك هذا العالم دون أن يسمعه أحد، ودون مراقبة ودون أن يلاحظه أحد، دون أن يعرف أنها كانت خطة ساخرة لشخص أراد استبدال إرثه السياسي ؛ كان شخصًا خاصًا به ويغلقه. الله وحده يعلم من ؟

مع اقتراب الانتخابات، قرر كل من أبهيمانيو وساريتا ونيتا التنافس على المقاعد البرلمانية، مدعومين بطفرة ساحقة من الدعم الشعبي. أضافت وفاة راجاف معيار التعاطف الذي أثر على نمط التصويت لصالحهم. كانت الحملة مدفوعة بسرد الضحية ؛ لعائلة استهدفها العنف السياسي، وهي عائلة ضحت بقادتها باسم التقدم. وجد الحزب السياسي المنافس، الذي يشتبه الكثيرون في وقوفه وراء الحادث، نفسه في موقف دفاعي، غير قادر على مواجهة موجة التعاطف مع عائلة كومار.

كانت نتائج الانتخابات ساحقة. فاز أبهيمانيو ووالدته وعمته جميعًا بدوائرهم الانتخابية بهوامش ساحقة. لم تنج الأسرة من المأساة فحسب، بل خرجت أقوى من أي وقت مضى. أصبح أبهيمانيو، أصغر عضو في الأسرة، أصغر عضو في البرلمان وكان يُنظر إلى انتصاره على أنه علامة على أن سلالة كومار ستستمر في حكمها.

لكن المفاجأة الأكبر جاءت بعد الانتخابات، عندما عُرض على أبهيمانيو منصب وزاري. على الرغم من شبابه وقلة خبرته النسبية، إلا أن انتصاره دفعه إلى دائرة الضوء الوطنية. عرض عليه الحزب الحاكم، الحريص على توطيد علاقته مع عائلة كومار القوية، حقيبة وزارية. كانت مناسبة بالغة الأهمية عندما وقف أبهيمانيو أمام البرلمان وأدى اليمين الدستورية، وأصبح وزيرًا في مجلس الوزراء في عصر كان فيه معظم السياسيين لا يزالون يقطعون أسنانهم في السياسة المحلية.

عندما أدى اليمين، عرف أبهيمانيو أن صعوده إلى السلطة كان بتكلفة شخصية كبيرة. تركت وفاة جده وحفيده ووالده أيضًا ندبة دائمة، لكنها عززت أيضًا مكانته في العالم السياسي. لم يعد مجرد ابن لسياسيين أقوياء ؛ لقد أصبح الآن قائدًا في حد ذاته، مع مسؤولية المضي قدمًا في إرث عائلته. كان الضغط هائلاً، لكن أبهيمانيو كان مستعداً. كان يستعد لهذه اللحظة طوال حياته.

الآن، بينما كان يجلس في المقعد الذي شغله أجداده ذات مرة، تعهد أبهيمانيو بمواصلة العمل الذي بدأوه. كان يسعى لتحقيق العدالة في وفاتهم (هل كان ذلك وهمًا ؟) وسيضمن بقاء عائلة كومار في مركز السلطة. لقد تغير المشهد السياسي ولكن شيئًا واحدًا ظل ثابتًا ؛ كانت سلالة كومار لا تزال على قيد الحياة إلى حد كبير، وكان أبهيمانيو مصممًا على كتابة فصله التالي.

الفصل الخامس

كان اسمه رودرا سينغ، وهو رجل لم يتزعزع ولاؤه للعائلة المالكة في العقود التي خدمهم فيها. رودرا، الآن في أواخر الستينيات من عمره، كان مدير العقارات لأطول فترة يمكن لأي شخص أن يتذكرها. كان أكبر أفراد الأسرة وأكثرهم ثقة، وكان له حضور دائم في حياة عائلة كومار، ودائمًا في الخلفية، ويشاهد دائمًا، ويحمي دائمًا. لم تفتقد عيناه الحادتان، حتى في الشيخوخة، شيئًا وكان عقله متيقظًا كما كان دائمًا، شحذته سنوات من التنقل في تعقيدات خدمة مثل هذه العائلة القوية.

شهد رودرا كل شيء: الصعود النيزكي لفيرندرا وأرون كومار في سياسة الولاية والسياسة الوطنية، وانتصاراتهما وتحدياتهما، وتحالفاتهما المصممة بعناية والخيانات التي واجهوها على طول الطريق. لقد رأى نفوذ العائلة ينمو مع كل انتخابات، وقبضتهم على السلطة تتشدد مع كل انتصار. كان حاضراً عندما ولد أطفالهم، وامتلأت منازلهم بالضحك وصوت المناقشات السياسية. كان رودرا هو أول من حمل المولود الجديد أبهيمانيو بين ذراعيه، ابن فيريندرا كومار، الذي كان من المقرر أن يستمر في إرث العائلة. منذ تلك اللحظة، شعر بعلاقة عميقة مع الصبي، وتعهد لنفسه بأنه سيحمي أبهيمانيو بغض النظر عن أي شيء.

كانت حياة رودرا متداخلة مع تقاليد العائلة لفترة طويلة لدرجة أنه لم يعد يعتبر نفسه مجرد موظف. كان جزءًا من قصتهم، رحلتهم. عندما صعد الأخوان، فيريندرا وأرون، إلى الشهرة الوطنية، كان رودرا هناك في كل خطوة على الطريق، مما يضمن أن الحوزة تسير بسلاسة، وأن شؤونهم كانت مرتبة وأن سلامتهم لم تتعرض للخطر أبدًا. كان أكثر من مدير - كان وصيًا، حارسًا يراقب إرث العائلة.

هز الحادث الذي أودى بحياة فيريندرا وأرون رودرا حتى النخاع. لم تكن مجرد خسارة الرجلين اللذين خدمهما معظم حياته - بل كانت الضربة المدمرة للعائلة التي أقسم على حمايتها. لقد حزن، لكن حزنه

سرعان ما تحول إلى حل فولاذي. الآن، أكثر من أي وقت مضى، كانت الأسرة بحاجة إلى الحماية. كان أبهيمانيو، الوريث، مستقبل سلالة كومار، في قلب العواصف السياسية، وعرف رودرا أن سلامة الشاب كانت ذات أهمية قصوى. منذ لحظة التحطم، اتخذ رودرا قرارًا: لن يترك أبهيمانيو أبدًا ليكون ضعيفًا. سيكون حاميًا له، ودرعًا له، ورفيقًا دائمًا له.

لطالما كان رودرا يحمي أبهيمانيو بشدة، حتى عندما كان طفلاً. لقد رأى الصبي يكبر وسط مكائد سياسية، ويتعلم طرق السلطة من والده وعمه. ولكن الآن، بعد الخسارة المأساوية لكلا الأخوين، شعر رودرا بمسؤولية عميقة وشبه أبوية تجاه أبهيمانيو. كان الشاب يخطو إلى مشهد سياسي غير مؤكد، حيث كان الأعداء يتربصون في كل ظل، وكان رودرا يعرف كل المخاطر جيدًا.

منذ وفاة فيريندرا وأرون، أصبح رودرا جزءًا لا يتجزأ من حياة أبهيمانيو. أينما ذهب أبهيمانيو، كان رودرا هناك، حضور صامت ولكن يقظ. في القاعات الشاسعة للعقار الفخم للعائلة، تحرك رودرا بهدف، مما يضمن أن كل شيء في مكانه الصحيح لمسؤوليات أبهيمانيو السياسية المتزايدة. في الأماكن العامة، كان حضور رودرا بارزًا بنفس القدر، وهو تذكير للجميع في الأوساط السياسية بأن أبهيمانيو لم يكن وحده، وأن إرث كومار كان محميًا بشدة.

داخل مبنى البرلمان، عرف رودرا أنه لا يستطيع أن يتبع أبهيمانيو إلى الغرف، ولكن في اللحظة التي خرج فيها الوزير الشاب، كان رودرا إلى جانبه مرة أخرى، مما يضمن سلامته. تعرف قادة آخرون على رودرا على الفور ؛ بعد أن رآه بعضهم يرافق فيريندرا وآرون بنفس الطريقة قبل سنوات. كانوا يعرفون رودرا سينغ على أنه أكثر من مجرد خادم - لقد كان رمزًا حيًا لتحمل عائلة كومار. كان لاسمه وزن في الأوساط السياسية، لأنه كان مطلعاً على عدد لا يحصى من الاجتماعات والمفاوضات والأسرار. في عالم كان فيه الولاء سلعة نادرة، أكسبه إخلاص رودرا للعائلة احترامًا هائلاً.

لكن رودرا كان أكثر من مجرد شاهد على التاريخ. كان مشاركًا نشطًا في حماية الأسرة خلال لحظات الأزمات. عندما اندلعت التوترات

السياسية وظهرت التهديدات ضد الأسرة، كان رودرا هو الذي نسق مع الفرق الأمنية، التي راقبت عن كثب أولئك الذين يدخلون ويغادرون العقار. على مر السنين، بنى شبكة من الحلفاء الموثوق بهم، الأشخاص الذين يدينون بولائهم ليس للسلطة السياسية للكومار، ولكن لرودرا نفسه. كانت خبرته وحكمته وولائه الذي لا يتزعزع هو ما جعله لا غنى عنه.

على الرغم من أن العمر قد بدأ في التأثير على جسده، إلا أن عقل رودرا ظل حادًا. كان لا يزال أول من يستيقظ كل صباح، مما يضمن إدارة كل جانب من جوانب يوم أبهيمانيو بشكل مثالي، من الاجتماعات السياسية إلى السلامة الشخصية. كانت تحركاته أبطأ الآن، ولكنها لم تكن أقل تعمدًا. كانت كل خطوة اتخذها مدفوعة بهدف فريد: الحفاظ على شرف ومستقبل الأسرة التي خدمها لفترة طويلة. لم يكن لديه عائلة خاصة به ؛ كانت حياته مكرسة بالكامل للكومار. كانت الحوزة منزله وكان أبهيمانيو بمثابة ابن له.

الآن، بينما كان أبهيمانيو يقف على حافة العظمة السياسية، عرف رودرا أن المخاطر لم تكن أعلى من أي وقت مضى. لم تعد التهديدات مجرد شائعات هامسة بأنها مخاطر حقيقية وملموسة يمكن أن تضرب في أي لحظة. سعى المنافسون إلى تقويض إرث كومار والأعداء الكامنين في الظل، في انتظار الفرصة المناسبة للضرب. ولكن طالما كان رودرا سينغ على قيد الحياة، فإنه سيضمن عدم تعرض أبهيمانيو لأي ضرر. كان المدير العجوز قد تعهد لنفسه، ولذكرى فيريندرا وأرون وللشاب الذي شاهده ينمو ليصبح قائدًا: سيحمي أبهيمانيو بحياته إذا لزم الأمر.

في عالم السياسة، حيث تحولت التحالفات وكانت الولاءات متقلبة، وقف رودرا سينغ كمنارة للإخلاص الذي لا يتزعزع. كان وجوده تذكيرًا دائمًا بأن إرث عائلة كومار لم يكن مبنيًا على السلطة السياسية فحسب، بل على قوة أولئك الذين خدموها بشرف وولاء. طالما كان رودرا سينغ إلى جانب أبهيمانيو، فسيتعين على أعداء عائلة كومار التعامل مع أكثر من مجرد التأثير السياسي - سيتعين عليهم مواجهة رجل كرس حياته بأكملها لحماية هذا الإرث، بغض النظر عن التكلفة.

الفصل السادس

كان هوكوم سينغ رجلًا ذا حضور شاهق، جسديًا وسياسيًا. على مدى عقود، كان شخصية مركزية في المشهد السياسي، وقائدًا يتمتع بكاريزما وسلطة لا مثيل لهما. بنيت سمعته كزعيم جماهيري على مدى سنوات من الخدمة الدؤوبة، والقتال من أجل عامة الناس وبناء حركة سياسية كان لها صدى عميق في جميع أنحاء البلاد. قبل عشر سنوات، كان حزبه في ذروة قوته، يحكم البلاد بقبضة حديدية، ويشكل السياسات ويملي اتجاه الأمة. تحت قيادته، أصبح حزب المعارضة قوة سياسية هائلة، مخيفة ومحترمة بنفس القدر.

كان صعود هوكوم سينغ إلى السلطة أسطورة. كان قد بدأ حياته السياسية كشاب، مدفوعًا بإحساس عميق بالعدالة وشغف برفاهية الشعب. ولد في عائلة متواضعة في قرية صغيرة، ورأى عن كثب صراعات المناطق الريفية في الهند، والفقر، ونقص الفرص، والوزن الساحق للبيروقراطية. شكلت هذه التجارب المبكرة أيديولوجيته السياسية، مما غذى رغبته في تغيير النظام من الداخل. دخل السياسة ليس كجزء من أي أسرة أو سلالة سياسية راسخة ولكن كزعيم شعبي، شخص يفهم نبض الجماهير.

وقدرته على التواصل مع الناس، وخاصة في المناطق الريفية، جعلته قوة لا يمكن وقفها. ستجذب خطابات هوكوم سينغ حشودًا هائلة وستلهم كلماته الأمل والعمل. بمرور الوقت، بنى حزبًا من الألف إلى الياء، وجذب القادة ذوي التفكير المماثل الذين شاركوه رؤيته. أصبح هؤلاء الرجال والنساء رعايته، وتعلموا منه ليس فقط فن الحكم ولكن تعقيدات الاستراتيجية السياسية. وسيستمرون في أن يصبحوا قادة أقوياء في حد ذاتهم، لكن هوكوم سينغ هو الذي ظل في قلب الحزب.

عندما وصل حزبه إلى السلطة، فعل ذلك على خلفية موجة شعبوية، وحقق وعد التنمية والإصلاحات الاقتصادية والعدالة للمحرومين. تولى هوكوم سينغ، بصفته وجه هذه الحركة، دور رئيس الوزراء بتصميم شديد على إعادة تشكيل البلاد. كانت قيادته حاسمة، وأحيانًا لا

ترحم، لكنها ركزت دائمًا على تحقيق النتائج. شرعت حكومته في إصلاحات شاملة من مشاريع البنية التحتية التي تربط القرى النائية بالمدن، إلى برامج الرعاية الاجتماعية التي توفر الغذاء والرعاية الصحية للملايين.

لكن حكم هوكوم سينغ لم يكن بدون جدل. وحكم حزبه بمستوى من السلطة وصفه البعض بأنه استبدادي. لم يكن لديه صبر كبير على المعارضة، سواء من داخل صفوفه أو من المعارضة. تحت قيادته، تم تمرير القوانين بسرعة، وفي كثير من الأحيان مع القليل من النقاش. كفل نهجه الحديدي في الحكم الاستقرار، لكنه عزز أيضًا الاستياء بين أولئك الذين شعروا بالتهميش بسبب سياساته. واتهمه النقاد بخنق حرية التعبير وتركيز الكثير من السلطة في يديه. همس المنافسون السياسيون بالفساد والمحسوبية داخل حزبه، على الرغم من أنه لم يتمكن أي منهم من إثبات ذلك.

على الرغم من الانتقادات، كان تأثير هوكوم سينغ لا يمكن إنكاره. كانت آلته السياسية جيدة التزييت، وكان لديه قدرة خارقة على البقاء متقدماً على خصومه بخطوة واحدة. كان لديه شبكة من الموالين في كل ركن من أركان البلاد، القادة الذين يدينون بحياتهم المهنية لإرشاده والذين سيفعلون أي شيء لحماية إرثه. كانت هذه قوته الحقيقية ليس فقط السياسات التي نفذها أو الإصلاحات التي دفع بها، ولكن الولاء السياسي الذي قاده. كانت كلمته هي القانون داخل الحزب، ولم يجرؤ سوى القليل على تحدي سلطته.

لمدة عشر سنوات، هيمنت حكومة هوكوم سينغ على المشهد السياسي. لم تشكل المعارضة، المنقسمة وغير المنظمة، تهديدًا كبيرًا لحكمه. سيطر حزبه على البرلمان بأغلبية مريحة وبدا أنه لا شيء يمكن أن يهز قبضتهم على السلطة. لكن السياسة لعبة متقلبة وبمرور الوقت، بدأت الصدوع في الظهور. بدأت الانتكاسات الاقتصادية، والاستياء المتزايد بين قطاعات معينة من السكان، والمنافسات الداخلية داخل الحزب، في تآكل الأساس المتين الذي بناه هوكوم سينغ.

وجاءت الضربة الأخيرة في شكل حركة معارضة منسقة تنسيقاً جيداً، يقودها ائتلاف من الأحزاب المتنافسة التي كانت ذات يوم عاجزة في

مواجهة هيمنة هوكوم سينغ. برز الحزب الحاكم الحالي، بقيادة عائلة كومار، خلال هذا الوقت، مستفيدًا من الاستياء المتزايد. لقد صوروا أنفسهم على أنهم صوت التغيير، ووعدوا بإلغاء السياسات الاستبدادية لهوكوم سينغ واستعادة السلطة للشعب. كانت الانتخابات التي تلت ذلك منافسة مريرة، وللمرة الأولى منذ عقد من الزمان، وجد حزب هوكوم سينغ نفسه في الجانب الخاسر.

كانت الهزيمة ضربة شخصية لهوكوم سينغ. لقد أمضى حياته المهنية بأكملها في بناء حزبه، وتوجيه القادة وتشكيل سياسات الأمة. إن رؤية كل شيء يتفكك في انتخابات واحدة كان بمثابة حبة مريرة يجب ابتلاعها. قبضته على السلطة، مرة واحدة مطلقة جدا، قد انزلقت بعيدا في غمضة عين. ولكن وفيا لطبيعته، لم يتلاشى هوكوم سينغ في الخلفية. حتى في الهزيمة، ظل شخصية قوية، صانع ملوك داخل الحزب. على الرغم من أنه لم يعد في السلطة، إلا أنه استمر في ممارسة النفوذ من وراء الكواليس، وتقديم المشورة للجيل الجديد من القادة الذين تولوا زمام الحزب.

الفصل السابع

ومن بين أتباعه ابنته أناميكا سينغ، وهي سياسية شرسة وطموحة في حد ذاتها. استعدت من قبل هوكوم سينغ منذ سن مبكرة، تعلمت فن السياسة عند قدمي والدها. كانت أناميكا في طليعة جهود الحزب لاستعادة السلطة، وقيادة الاحتجاجات، وتنظيم التجمعات، والحفاظ على تنشيط قاعدة الحزب. كانت علاقتها مع والدها معقدة من جهة، وقد أعجبت بفطنته السياسية وقيادته، ولكن من ناحية أخرى، كانت مصممة على اقتطاع إرثها الخاص، بغض النظر عن ظله.

في السنوات التي تلت هزيمتهم، ظل حزب هوكوم سينغ قوة هائلة في المعارضة. لقد خسروا الانتخابات، لكنهم لم يفقدوا قاعدتهم. عرف هوكوم سينغ أن السياسة دورية وكان واثقًا من أن حزبه سيعود يومًا ما إلى السلطة. كانت الحكومة الحالية، بقيادة آل كومار، قوية، لكن هوكوم سينغ شهد سقوط حكومات أقوى. كان يعرف لعبة السياسة أكثر من أي شخص آخر وكان صبورًا. في الوقت الحالي، كان ينتظر وقته، في انتظار اللحظة المناسبة للهجوم.

خلف الكواليس، عمل هوكوم سينغ بلا كلل لإعادة بناء حزبه، وتعزيز التحالفات وتوجيه الجيل القادم من القادة. لم يكن هدفه الفوز في الانتخابات القادمة فحسب، بل تأمين هيمنة حزبه لسنوات قادمة. كان قد نزل من قبل وعرف كيف ينهض مرة أخرى. لم ينته إرث هوكوم سينغ وإرث حزبه بعد. لقد تغير المشهد السياسي، لكن هوكوم سينغ كان مصممًا على تشكيله مرة أخرى، وفقًا لشروطه.

كزعيم للمعارضة، كان هوكوم سينغ لا يزال قوة لا يستهان بها. كان الحزب الحاكم يعلم أنه على الرغم من فوزه، كان هوكوم سينغ عملاقًا سياسيًا لا يمكن التقليل من تأثيره. كانت المعركة بين عائلة كومار وحزب هوكوم سينغ بعيدة عن نهايتها وكانت المرحلة التالية من تنافسهما قد بدأت للتو.

كان لدى أناميكا سينغ موهبة نادرة ؛ القدرة على التواصل مع الجماهير على المستوى العاطفي، وقطع ضجيج الخطاب السياسي. كانت خطاباتها مثيرة ومليئة بمزيج من المنطق والعاطفة التي أثارت شيئًا عميقًا بين جمهورها. كانت لديها طريقة للتحدث مباشرة إلى قلوب الناس، مما يجعلهم يشعرون كما لو أنها تفهم صراعاتهم بشكل وثيق. سواء كانت تخاطب حشدًا من الآلاف في تجمع حاشد أو تلقي خطابًا موجهًا في البرلمان، فقد أتقنت أناميكا فن النفوذ.

على الرغم من عدم قدرة حزبها على الحصول على أغلبية في الانتخابات الأخيرة، إلا أن قيادة أناميكا هي التي حولتهم إلى معارضة هائلة. لم تكن مجرد سياسية ؛ كانت رمزا للمقاومة ضد النظام الحالي. غالبًا ما تركت مناقشاتها النارية في البرلمان معارضيها يتدافعون للرد. لم تتراجع أبدًا عن التحدي وقدرتها على البقاء متماسكة تحت الضغط عززت مكانتها فقط. أطلقت عليها وسائل الإعلام اسم "السيدة الحديدية للمعارضة" وحصلت على مستوى من الاحترام عبر الخطوط الحزبية لا يمكن أن يتطابق معه سوى القليل.

ما ميز أناميكا لم يكن خطبتها القوية فحسب، بل فهمها لعلم النفس البشري أيضًا. كان بإمكانها قراءة الغرفة وقياس المزاج العام وتعديل نهجها وفقًا لذلك. عندما يتعلق الأمر بحشد قاعدتها، عرفت متى تؤجج نيران السخط ومتى تقدم الأمل. استخدمت أناميكا هذه المهارة لبناء تحالف قوي داخل المعارضة، وتوحيد الفصائل المختلفة وتحويلها إلى قوة منظمة تنظيماً جيداً.

كان عقلها الاستراتيجي واضحًا في الطريقة التي أعدت بها ابنتها شارميلا لدخول السياسة. كانت أناميكا منذ فترة طويلة تعد شارميلا للمرحلة السياسية، وتعلمها الفروق الدقيقة في الحياة العامة، وفن التفاوض الدقيق وأهمية الحفاظ على ذكاء حاد. أصبحت شارميلا، تحت رعاية والدتها، نجمة صاعدة. أعطتها الانتخابات البرلمانية الأخيرة فرصة مثالية لتسليط الضوء عليها. في سن الخامسة والعشرين فقط، أصبحت شارميلا أصغر عضو في البرلمان، وهو حدث بارز ردد صعود والدتها المبكر في السياسة.

كان حفل أداء شارميلا اليمين لحظة فخر كبير لأناميكا. شاهدت أناميكا ابنتها تؤدي القسم على أرضية المنزل، وشاهدت تتويجًا لسنوات من التخطيط الدقيق والتوجيه. كان دخول شارميلا إلى البرلمان أكثر من مجرد الجيل القادم من قيادة سينغ ؛ لقد كان بيانًا للاستمرارية، وإرثًا من شأنه أن يمضي قدمًا.

لكن شارميلا لم تكن الوحيدة التي أحدثت موجات في ذلك اليوم. عبر الممر، أدى أبهيمانيو كومار، سليل الأسرة الحاكمة وأصغر وزير في الحكومة، اليمين أيضًا. كان وجوده رائداً، وقد ترسخت سمعته بالفعل كواحد من ألمع العقول في الحكومة، على الرغم من صغر سنه. عندما وقفت شارميلا في الغرفة، انغلقت عيناها مع عيني أبهيمانيو للحظة وجيزة وفي هذا التبادل، مر شيء غير معلن بينهما.

سمع أبهيمانيو عن ذكاء شارميلا وإمكاناتها قبل فترة طويلة من دخولها السياسة رسميًا. لقد أعجب بخطاباتها خلال الحملة الانتخابية، واتزانها في التعامل مع وسائل الإعلام والطريقة التي تجنبت بها الجدل ببراعة. كان هناك شيء مغناطيسي فيها، وهي صفة ذكرته بتربيته وسط العمالقة السياسيين. على الرغم من وقوفهم على طرفي نقيض من الطيف السياسي، إلا أن أبهيمانيو لم يستطع إنكار الإعجاب الذي شعر به.

بالنسبة لشارميلا، كان أبهيمانيو آسرًا بنفس القدر. لقد نشأت وهي تسمع عن سلالة كومار ونفوذها وآليتها السياسية الواسعة. ولكن شخصيًا، كان أبهيمانيو أكثر من مجرد رمز للقوة. كان واضحًا وواثقًا وحمل نفسه بقوة هادئة لفتت انتباهها. على الرغم من التنافس السياسي المرير لعائلاتهم، رأت شارميلا في أبهيمانيو شخصًا يفهم تعقيدات عالمهم المشترك حيث تتشابك الخدمة العامة والطموح السياسي.

ومع ذلك، فإن إعجابهم المتبادل جاء مع تعقيد. كلاهما كانا حاملي الشعلة لاثنتين من أقوى العائلات السياسية في البلاد وأكثرها تعارضًا تاريخيًا. بالنسبة للعالم الخارجي، كان من المفترض أن يكونوا خصوم سياسيين، بل وحتى أعداء. أملى إرث عائلاتهم أن يقفوا على طرفي نقيض من كل قضية وسارعت وسائل الإعلام إلى تسليط الضوء على كل مناوشات بسيطة بين طرفيها.

ولكن داخل جدران البرلمان وفي لحظات التأمل الهادئة، كان كل من أبهيمانيو وشارميلا يعرفان أن هناك المزيد في علاقتهما. كان الاعتراف بالوزن الذي يحمله كل منهم، ومسؤولية الارتقاء إلى مستوى أسمائهم العائلية أثناء رسم مساراتهم الخاصة. على الرغم من أنهما لم يتبادلا أبدًا أكثر من بضع كلمات مهذبة، إلا أن الإعجاب الذي يكنانه لبعضهما البعض آخذ في الازدياد، مما يترك مجالًا لمستقبل قد تتصادم فيه مصائرهما الشخصية والسياسية بطرق غير متوقعة.

بينما شاهدت أناميكا ابنتها وهي تبرز، لم تستطع إلا أن تلاحظ النظرات بين شارميلا وأبهيمانيو. شعرت الخبيرة الاستراتيجية السياسية فيها بوخز من القلق. كانت تعرف مخاطر عبور الخطوط الفاصلة بين الخصوم السياسيين، والتداعيات المحتملة التي يمكن أن تحدث لعائلتيهما. ولكن كان هناك أيضًا جزء منها يفهم العلاقة. شهدت أناميكا ذات مرة شيئًا مشابهًا في شبابها، وهي لحظة قصيرة تعارضت فيها المشاعر الشخصية مع الواجب السياسي. دفعت الفكرة جانباً. كان هذا وقت شارميلا وكانت المخاطر عالية للغاية.

في الوقت الحالي، ركزت أناميكا على ترسيخ موقف حزبها كمعارضة، مع إبقاء الحزب الحاكم على أصابع قدميه. كانت تعرف أن السياسة لعبة طويلة، تتطلب الصبر والاستراتيجية وفهم وقت الضرب. لقد علّمت شارميلا هذه الدروس وأعربت عن أملها في أن تتذكرها ابنتها وهي تبحر في المياه الصعبة للحياة البرلمانية.

أخبرتها غرائز أناميكا سينغ السياسية الحادة أن صعود شارميلا لن يمر دون أن يلاحظه منافسوها. كان المشهد السياسي لا يرحم، خاصة بالنسبة لشخصية شابة كاريزمية مثل شارميلا. بصفتها ابنة أحد أقوى قادة المعارضة، كان من المحتم أن تجذب شارميلا الانتباه، ليس فقط من وسائل الإعلام، ولكن من الخصوم السياسيين الذين يبحثون عن أي ضعف لاستغلاله. عرفت أناميكا أن دخول ابنتها المثير للإعجاب إلى البرلمان سيثير الريش داخل الحزب الحاكم، خاصة وأن شارميلا كانت تثبت بالفعل أنها أكثر من قادرة على الصمود في المناقشات.

لكن أكثر ما أثار قلق أناميكا هو السحر المتزايد بين شارميلا وأبهيمانيو كومار. على الرغم من خفتها، إلا أن النظرات والعلاقة

غير المعلنة بين الاثنين كانت كافية لإطلاق أجراس الإنذار في ذهن أناميكا. لقد أمضت حياتها المهنية بأكملها في محاربة عائلة كومار سياسيًا وكانت فكرة أن ابنتها قد تشكل رابطًا شخصيًا مع ابن منافسها الأكبر مقلقة. فهمت أناميكا تعقيدات السلطة والنفوذ وعرفت أن العواطف يمكن أن تطمس في كثير من الأحيان الخطوط الفاصلة بين الشخصية والسياسية.

ومع ذلك، لم تكن شارميلا حذرة. كانت معجبة بذكاء أبهيمانيو والطريقة التي كان يحظى بها بالاحترام في البرلمان. في حين أنها لم تعترف بذلك علنًا أبدًا، كان هناك شيء ما حول سلوكه الهادئ، وصعوده المطرد في الساحة السياسية، مما جذبها إليه. كانا شابين وطموحين وحملا عبء إرثهما العائلي على أكتافهما. ومع ذلك، كانوا مختلفين جدًا في مناهجهم. تدربت شارميلا على أن تكون نارية وعاطفية ولا هوادة فيها في سعيها لتحقيق العدالة، مثل والدتها. من ناحية أخرى، كان أبهيمانيو أكثر قياسًا واستراتيجية وخصائص قوية بهدوء موروثة عن والده وعمه.

مع استمرار تقاطع مساراتهما في الجلسات البرلمانية والأحداث السياسية، وجد شارميلا وأبهيمانيو نفسيهما في لحظات قصيرة من المحادثة. على الرغم من أن تفاعلاتهم كانت قصيرة ومهنية في كثير من الأحيان، كان هناك توتر لا يمكن إنكاره، واحترام متبادل يغلي تحت السطح. كان كلاهما يعرف الطبيعة الحساسة لعلاقتهما. أي اعتراف علني بالإعجاب بينهما يمكن تسليحه من قبل وسائل الإعلام أو الأطراف المعنية. يمكن اعتبار ذلك خيانة لعائلاتهم السياسية.

وفي الوقت نفسه، كانت أناميكا على دراية تامة باللعبة الأكبر في اللعبة. كانت عائلة كومار في السلطة لسنوات، وعلى الرغم من جهودها، إلا أنها أحكمت قبضتها على المشهد السياسي. تمكنت أناميكا من تحويل حزبها إلى معارضة قوية، لكنها عرفت أن الطريقة الوحيدة لتحدي الحكومة الحاكمة حقًا هي من خلال الوحدة والتركيز الثابت. يمكن لإلهاء مثل سحر شارميلا المتزايد مع أبهيمانيو أن يعرقل كل ما عملوا من أجله.

على انفراد، واجهت أناميكا ابنتها، على أمل قياس مكان عقل شارميلا. لم تذكر أبهيمانيو صراحة، لكن تحذيراتها كانت واضحة. قالت شارميلا ذات مساء: "السياسة ليست فقط حول ما نقوله أو نفعله علنًا"، بينما كانا يجلسان معًا في عقار العائلة المترامي الأطراف. "يتعلق الأمر بالتحالفات التي نشكلها، والخيارات التي نتخذها خلف الكواليس. العواطف ليس لها مكان في هذه اللعبة. في اللحظة التي تتخلى فيها عن حذرك، ستكون الذئاب في انتظارك.

فهمت شارميلا مخاوف والدتها، لكنها لم تستطع تغيير العلاقة التي شعرت بها مع أبهيمانيو. لم يكن الأمر مجرد جاذبية ؛ بل كان الفهم المشترك لما يعنيه الاندفاع إلى عالم السياسة في مثل هذه السن المبكرة، لتحمل توقعات الإرث السياسي بأكمله. كانت تعلم أن أي علاقة بينهما ستكون محفوفة بالمضاعفات، لكن جزءًا منها انجذب إلى التحدي. ماذا لو، في جيلهم، التنافس المرير بين الكومار والسينغ يمكن أن يفسح المجال لشيء أكثر إيجابية ؟ هل يمكنهم، معًا، سد الفجوة بين عائلاتهم ؟

كان أبهيمانيو، أيضًا، يتصارع مع أفكار مماثلة. ازداد إعجابه بشارميلا مع كل يوم يمر. احترم عقلها وشغفها وشجاعتها للوقوف في وجه الحزب الحاكم. ذكرته بالمثالية التي شعر بها ذات مرة، قبل أن تصلبه ثقل إرث عائلته ومسؤولياتها السياسية. كان أبهيمانيو يعلم أن السعي وراء أي نوع من العلاقة مع شارميلا سينظر إليه على أنه خيانة من قبل عائلته، وخاصة والدته، التي تولت دور الحامي بعد وفاة والده وعمه المأساوية.

ومع ذلك، فإن فكرة العمل مع شارميلا، حتى كمعارضين، أثارت اهتمامه. معا، يمكن أن يحدثوا تغييرا حقيقيا. كان أبهيمانيو مدركًا تمامًا للعيوب داخل حزبه، والفساد الذي تسلل إليه وركود السياسات التي كانت ثورية في يوم من الأيام تحت قيادة والده وعمه. في شارميلا، رأى نار الإصلاح، وربما، إذا وحدوا قواهم، يمكنهم إعادة تشكيل مستقبل البلاد.

لكن المشهد السياسي لن يسمح بمثل هذه المثالية. كان كل من أبهيمانيو وشارميلا محاطين بالمستشارين وقادة الأحزاب وأفراد الأسرة الذين

لن يتغاضوا أبدًا عن مثل هذا الاتحاد سواء كان شخصيًا أو سياسيًا. كان التنافس بين الكومار والسينغ متجذراً للغاية، ومتجذراً للغاية في نسيج سياسة الأمة. كانت عائلاتهم رموزًا للأيديولوجيات المتعارضة، وأي علامة على التعاون ستعتبر خيانة من قبل مؤيديهم.

ومع ذلك، استمر الاحترام المتبادل بين أبهيمانيو وشارميلا في النمو، دون أن يلاحظه معظمهم ولكن ليس من قبل المقربين منهم. كانت أناميكا، الخبيرة الاستراتيجية، تراقب ابنتها عن كثب، في حين ظلت والدة أبهيمانيو، الأم الأرملة لسلالة كومار، متيقظة لتفاعلات ابنها مع ابنة زعيم المعارضة. أدركت كلتا الأموميتين أن أي تحالف، حتى لو كان خفيًا، يمكن أن يغير ميزان القوى بطرق لا يمكن التنبؤ بها.

مع احتدام المناخ السياسي، مع استعداد كلا الحزبين للانتخابات المقبلة، سيجد أبهيمانيو وشارميلا نفسيهما في مفترق طرق. هل سيتبعون خطى أسرهم، ويستمرون في التنافس المرير الذي حدد سياسة البلاد لعقود؟ أم أنهم يجرؤون على صياغة مسار جديد، مسار يتحدى التقاليد ويسعى إلى الوحدة في أمة منقسمة؟

كانت المخاطر كبيرة والخيارات التي اتخذوها في الأشهر المقبلة لن تحدد حياتهم الشخصية فحسب، بل ستشكل مستقبل البلاد أيضًا. في الوقت الحالي، ظلوا على طرفي نقيض من الممر، وإعجابهم المتزايد ببعضهم البعض مختبئين وراء الأقنعة التي كانوا يرتدونها في الأماكن العامة. ولكن في اللحظات الهادئة، بعيدًا عن نظرة عائلاتهم وتدقيق وسائل الإعلام، عرف كلاهما أن هناك شيئًا أعمق يلعب دورًا؛ اتصال لا يمكن لأي منهما تجاهله، حتى لو كان ذلك يعني تحدي كل ما تعلما تصديقه.

الفصل الثامن

كانت عظمة مكتب رئيس الوزراء (PMO) لا لبس فيها حيث امتلأت قاعة المؤتمرات بأعضاء البرلمان في اجتماع مهم. كان تجمعًا لأصحاب الثقل السياسي والقادة الشباب والمحاربين القدامى المخضرمين، وكلهم يمثلون النسيج السياسي المتنوع للأمة. دخل رئيس الوزراء، وهو رجل في الستينيات من عمره بسلوك صارم ولكنه مدروس، وسكتت الغرفة. كان من المقرر أن ينتهي الاجتماع من تشكيل لجان برلمانية مختلفة ؛ وهو جانب حاسم من جوانب الحكم الذي يضمن المسؤولية الجماعية والإشراف على تنمية البلاد.

بعد لحظة صمت قصيرة، وقف رئيس الوزراء وألقى كلمة أمام التجمع. كانت لهجته موثوقة ولكنها شاملة، كما لو كان يتحدث إلى فريق من الزملاء الموثوق بهم بدلاً من غرفة مليئة بالمنافسين والخصوم السياسيين.

"سيداتي وسادتي" بدأ، وصوته العميق يتردد صداه في الغرفة، "أمتنا تقف عند منعطف حرج. إن التحديات التي نواجهها سواء كانت اقتصادية أو اجتماعية أو جيوسياسية تتطلب منا جميعًا أن نجتمع معًا، بغض النظر عن انتماءاتنا السياسية. الحوكمة ليست مسؤولية طرف واحد أو شخص واحد ؛ إنها جهد جماعي واجتماع اليوم هو شهادة على هذا المبدأ".

توقف مؤقتًا، مما سمح لوزن كلماته بالاستقرار. "نحن هنا لتعيين المسؤوليات من خلال تشكيل لجان برلمانية. وستشرف هذه اللجان على الوزارات والقطاعات الرئيسية، مما يضمن المساءلة والتقدم. وبذلك، يمكننا دفع أمتنا إلى الأمام. هدفنا بسيط: سيتحمل كل عضو في البرلمان المسؤولية عن خمسة مجالات مختلفة على الأقل من العمل التنموي. هذه ليست مجرد فرصة ؛ إنه واجب ندين به جميعًا للأشخاص الذين انتخبونا ".

تفحصت عينا رئيس الوزراء الغرفة، والتقت بأعضاء من حزبه والمعارضة. جلست شارميلا سينغ، أصغر عضو في البرلمان ونجمة صاعدة من المعارضة، باهتمام، وعقلها يعمل بالفعل من خلال المجالات المحتملة التي يمكن أن تساهم فيها. جلس أبهيمانيو كومار، أصغر وزراء الحكومة وسليل العائلة الحاكمة، على بعد بضعة صفوف خلفها، وركز بنفس القدر على المهمة المطروحة. على الرغم من انتمائهم إلى عائلات سياسية متنافسة، إلا أن تفانيهم المشترك في تنمية البلاد منحهم أرضية مشتركة.

وتابع رئيس الوزراء: "عند تشكيل هذه اللجان، التزمنا بمبدأ رئيسي: التمثيل من جميع الأطراف. ستعكس كل لجنة الطيف السياسي المتنوع لهذا البرلمان. فقط عندما نستنفد قائمة أعضاء الحزب الأصغر سننظر في إضافة أكثر من عضو واحد من نفس الحزب. وبهذه الطريقة، يتم سماع كل صوت، ولا يتم استبعاد أي حزب من عملية بناء الدولة".

أشار نحو شاشة كبيرة خلفه، حيث كانت القائمة الشاملة للجان على وشك العرض. "تم تشكيل 62 لجنة، تغطي جميع الوزارات. ستلعب كل لجنة دورًا حيويًا في ضمان تنفيذ سياساتنا بفعالية، وترجمة العمل الذي نقوم به في هذه القاعات إلى فوائد حقيقية للناس على الأرض.

عندما أضاءت الشاشة بأسماء الوزارات المختلفة ولجانها الخاصة، انتشرت نفخة من الترقب في الغرفة. كان الجميع حريصين على معرفة المكان الذي تم تعيينهم فيه. كانت اللجان متنوعة، وتغطي مجموعة من القطاعات الحاسمة:

- لجنة الشؤون المالية والاقتصادية: كانت هذه اللجنة من أعرق اللجان، وتشرف على وزارة المالية والبنك الاحتياطي والتخطيط الاقتصادي. تم وضع كبار الأعضاء من الحزب الحاكم والمعارضة بشكل استراتيجي هنا لضمان الرقابة المتوازنة.

- لجنة الصحة ورعاية الأسرة: مكلفة بالإشراف على سياسات الصحة العامة والتأهب للأوبئة وبرامج رعاية الأسرة. مع كون إصلاح الرعاية الصحية موضوعًا ساخنًا، كان لهذه اللجنة تأثير كبير.

- لجنة الزراعة والتنمية الريفية: ركزت هذه اللجنة على تحسين حياة المزارعين والمجتمعات الريفية، وكانت حاسمة في بلد لا تزال الزراعة فيه تشكل العمود الفقري للاقتصاد.
- لجنة الدفاع والأمن القومي: كانت هذه اللجنة مكلفة بضمان سلامة وأمن الأمة، وكانت مسؤولة عن التدقيق في ميزانيات الدفاع والعمليات العسكرية وسياسات الأمن القومي.
- لجنة الطاقة والبيئة: مع تركيز اهتمام العالم بشكل متزايد على تغير المناخ، كانت لهذه اللجنة مسؤولية مزدوجة في الموازنة بين احتياجات البلاد من الطاقة والاستدامة البيئية.

ومع استمرار القائمة، رأى أعضاء البرلمان أسماءهم مخصصة للجان مختلفة، كل منها يعكس مجالات خبرتهم واهتمامهم. ابتسم البعض بارتياح، بينما تبادل آخرون النظرات بهدوء مع أقرانهم.

جاءت اللحظة التي لفتت انتباه شارميلا وأبهيمانيو.

وأعلن رئيس الوزراء: "تحت إشراف مكتب رئيس الوزراء، شكلنا سبع لجان متخصصة. سيكون لهذه اللجان خط مباشر مع مكتب إدارة المشاريع وستلعب دورًا أساسيًا في تقديم المشورة بشأن السياسات والمبادرات الوطنية.

تعرض الشاشة ما يلي:

لجنة الهند الرقمية والحوكمة الإلكترونية

اللجنة المعنية بمشاريع البنية التحتية الوطنية الاستراتيجية

لجنة تنسيق الأمن القومي والاستخبارات

لجنة إصلاحات الحوكمة والسياسة العامة

لجنة العمل المناخي والاستدامة

لجنة التوظيف الوطني وتنمية المهارات

لجنة العلاقات الدولية والسياسة الخارجية للهند

اتسعت عيون أبهيمانيو قليلاً عندما رأى اسمه تحت ثلاث من هذه اللجان المرموقة. لقد كانت مسؤولية هائلة، لكنها مسؤولية تم إعداده

لها. ولدهشته، عندما نظر إلى أسماء أعضاء اللجنة الآخرين، لاحظ اسم شارميلا بجانب اسمه في نفس اللجان الثلاث: لجنة الهند الرقمية والحوكمة الإلكترونية، ولجنة التوظيف الوطني وتنمية المهارات، ولجنة الأمن القومي وتنسيق الاستخبارات.

للحظة وجيزة، تبادل كل من أبهيمانيو وشارميلا النظرات. لم يكونوا مستائين تمامًا. في الواقع، كان هناك ارتياح هادئ في معرفة أنهما سيعملان معًا بشكل وثيق. على الرغم من وقوفهم على أطراف سياسية متعارضة، إلا أن فكرة التعاون في المسائل ذات الأهمية الوطنية جلبت إحساسًا بالهدف.

واستمر رئيس الوزراء ولم يكن على علم بالتأملات الداخلية للزعيمين الشابين. "ستكون هذه اللجان التابعة لمكتب إدارة المشاريع محورية في تشكيل مستقبل بلدنا. الهند الرقمية، على سبيل المثال، لا تتعلق فقط بالتكنولوجيا ؛ إنها تتعلق بتغيير كيفية حكمنا، وكيفية تقديم الخدمات لشعبنا. سيركز التوظيف وتنمية المهارات على تجهيز شبابنا لتحديات القرن الحادي والعشرين. وبالطبع، يتطلب الأمن القومي أكثر العقول حدة، سواء من الحزب الحاكم أو المعارضة، لضمان بقاء بلدنا آمنًا من التهديدات الداخلية والخارجية ".

نظر مباشرة إلى شارميلا وأبهيمانيو وهو يتحدث بهذه الكلمات، كما لو كان يشعر بأهمية تكليفهما بهاتين اللجنتين. "لا أتوقع أقل من التفاني الكامل من كل واحد منكم. لقد وضع شعب هذا البلد ثقته بنا ومن واجبنا سداد هذه الثقة من خلال العمل الجاد والنزاهة والالتزام المشترك بتقدم الأمة ".

انتهى خطاب رئيس الوزراء بإحساس بالإلحاح والهدف. وقد ألقيت المسؤولية بشكل مباشر على عاتق الأعضاء البرلمانيين ولم يكن هناك مجال للتلاعب السياسي. تم تشكيل اللجان وتحديد الأهداف بوضوح والآن حان وقت العمل.

مع رفع الاجتماع، بقيت شارميلا وأبهيمانيو للحظة، كلاهما على دراية بالتحدي والفرصة التي تنتظرنا. على الرغم من تنافسهم، فإنهم سيعملون جنبًا إلى جنب في القضايا الوطنية الحرجة. لم يتحدث أي

منهما، لكن الاحترام المتبادل بينهما كان ملموسًا. لقد فهموا أهمية أدوارهم، ليس فقط كممثلين لأحزابهم، ولكن كحراس لمستقبل البلاد.

كان هذا الاقتران غير المحتمل، الذي تشكل من خلال المهام العشوائية على ما يبدو للجان البرلمانية، على وشك الشروع في رحلة يمكن أن تعزز إرثهم السياسي أو تتحدى كل ما تعلموه عن الولاء والسلطة والمسؤولية.

كان التوتر في الهواء ملموسًا. وراء عظمة السلطة السياسية والمناقشات الشرسة في البرلمان، كانت والدتان قلقتين للغاية بشأن التقارب المتزايد بين أبهيمانيو كومار وشارميلا سينغ. هؤلاء النساء، المحاربات القدامى في ساحة المعركة السياسية، فهمن الديناميكيات المعقدة لأحزابهن بشكل أفضل من أي شخص آخر. كانوا يعلمون أن علاقة أطفالهم المزدهرة، البريئة كما قد يبدو للبعض، لديها القدرة على إطلاق العنان للفوضى السياسية.

الفصل التاسع

كانت كلتا العائلتين في قلب سياسة دولتهما لأجيال. وقد بنى كل منهم إمبراطوريته على الولاء والتحالفات الاستراتيجية والتحركات المحسوبة، مما يضمن قبضتهم على السلطة. لكن هذا التطور غير المتوقع بين أبهيمانيو وشارميلا لم يكن مجرد مسألة شخصية ؛ بل كان كارثة محتملة لكلا الطرفين.

الشخصية مقابل السياسية

كانت في صميم مخاوفهم حقيقة بسيطة مفادها أن العلاقات الشخصية في السياسة لا تكون شخصية فقط. يتم التدقيق في كل إجراء وكل قرار وتحليله وتفسيره من خلال عدسة سياسية. لم يكن أبهيمانيو وشارميلا مجرد سياسيين شباب ؛ بل كانا ممثلين للفصائل المتنافسة. وقد بنت عائلاتهم إرثهم من خلال معارضة بعضهم البعض. كان حزباهما القوتين المهيمنتين في الدولة وكان تنافسهما جزءًا من النسيج السياسي الذي جمع الائتلافين معًا.

بالنسبة للأمهات، كانت عواقب أن تصبح هذه العلاقة علنية مرعبة. إذا تم الكشف عن قربهم، فسيشعر أعضاء الحزب بالخيانة. قام كل طرف بزراعة قاعدته من خلال وضع نفسه كبديل وحيد قابل للتطبيق للآخر. قاتل والد أبهيمانيو وعمه طويلاً وبقوة للحفاظ على السلطة ضد المعارضة، بينما قادت والدة شارميلا، أناميكا سينغ، حزبها بعزم وتصميم، وتعهدت بعدم المساومة أبداً مع الفصيل الحاكم.

خطر الخيانة

كان أساس كلا الطرفين على المحك. في حساباتهم، خشيت الأمهات من أن ينظر الموالون للحزب إلى العلاقة على أنها خيانة للقيم الأساسية. إذا تم النظر إلى قرب أبهيمانيو وشارميلا على أنه خطوة نحو تحالف بين العائلتين السياسيتين، فقد يؤدي ذلك إلى تفكيك عقود من التحالفات والهياكل السياسية. قد يشعر أعضاء الحزب كما لو أن

المعارك الأيديولوجية التي خاضوها، والتضحيات التي قدموها، قد تم التقليل من شأنها من خلال علاقة شخصية.

كانت وسائل الإعلام تضفي الإثارة على العلاقة، وتصورها على أنها تحالف سري يتشكل خلف ظهور أعضاء الحزب. ستكتسب رواية الخيانة زخماً بين الجمهور. يمكن أن يشعر الناخبون، وخاصة الموالين لحزب المعارضة، بخيبة أمل من شارميلا، وينظرون إليها على أنها شخص تخلى عن قضيتهم لتحقيق مكاسب شخصية. يمكن أن يؤدي هذا الاستياء إلى هجرة جماعية للموالين للحزب، مما قد يضعف قاعدة المعارضة في وقت تحتاج فيه إلى تعزيز الدعم.

بالنسبة لعائلة أبهيمانيو، كانت المخاطر عالية بنفس القدر. على الرغم من أن حزبه سيطر على السلطة، إلا أنه كان يدرك جيدًا الخط الرفيع بين النصر والهزيمة في الانتخابات المقبلة. إذا انتشرت شائعات عن قربه من شارميلا، فستكون هناك اتهامات بالتسوية والضعف. يمكن للمنافسين السياسيين داخل حزبه استخدام هذا كذخيرة للتشكيك في ولائه لموقف الحزب المتشدد ضد المعارضة.

الخوف من الانشقاق: التحول المحتمل لشرميلا

ربما كان السيناريو الأكثر إثارة للقلق، خاصة بالنسبة لأناميكا سينغ، هو احتمال أن تحول شارميلا تحالفها نحو حزب أبهيمانيو. سرعان ما حصلت شارميلا، الشابة والديناميكية، على عدد كبير من المتابعين، خاصة بين الشباب والعناصر التقدمية في المعارضة. إذا كانت ستنحاز علنًا إلى أبهيمانيو، كان هناك خوف حقيقي من أنها ستجلب جزءًا كبيرًا من مؤيديها معها.

سيكون هذا الانشقاق كارثيًا لحزب المعارضة. أمضت أناميكا سنوات في إعداد شارميلا لتولي قيادة الحزب في المستقبل، مما يضمن انتقالًا سلسًا واستمرار قوة قاعدتهم السياسية. لن يكون التحول في التحالف خيانة شخصية فحسب، بل سيترك أيضًا فراغًا في السلطة في صفوف المعارضة.

كانت الحسابات قد بدأت بالفعل بين المطلعين على الحزب. ماذا سيحدث إذا اختارت شارميلا، في محاولة لتجنب الصراع، التوافق مع حزب أبهيمانيو؟ هل يمكن للحزب الحاكم استيعاب أتباعها دون كسر

دينامياته الداخلية ؟ هل يمكن أن يؤدي انشقاق شارميلا إلى إعادة تنظيم القوى السياسية في الدولة ؟

العواقب على حزب أبهيمانيو

بالنسبة لحزب أبهيمانيو، فإن فكرة انضمام شارميلا إليهم ستمثل فرصًا ومخاطر على حد سواء. بطريقة ما، يمكن أن يؤدي جلب شخصية شعبية مثل شارميلا إلى الحظيرة إلى تعزيز موقف الحزب الحاكم، خاصة في المناطق التي تتمتع فيها المعارضة بحضور قوي. يمكن أن تساعد قاعدة دعمها، خاصة بين جيل الشباب، الحزب الحاكم على توسيع نطاقه.

ومع ذلك، فإن مثل هذا الانشقاق لن يأتي دون عواقب. كان حزب أبهيمانيو بالفعل آلة سياسية جيدة التزييت مع مجموعته الخاصة من الموالين وديناميكيات السلطة الداخلية. إن تقديم شخصية جديدة قوية مثل شارميلا يمكن أن يخل بتوازن القوى الدقيق داخل الحزب. قد يرى كبار الأعضاء، وخاصة أولئك الذين تم تهميشهم في السنوات الأخيرة، أن هذه فرصة للرد على نفوذ أبهيمانيو.

علاوة على ذلك، فإن قبول شارميلا في الحزب يمكن أن ينفر المؤيدين الأساسيين الذين أمضوا سنوات في معارضة سياسات عائلتها وقيادتها. هل سيكون هؤلاء الموالون على استعداد لقبولها كواحدة منهم ؟ أم سينظرون إليها على أنها انتهازية، وتسعى إلى الاستفادة من علاقتها الشخصية مع أبهيمانيو ؟

الضغط على ديناميكيات الأسرة

كانت العواقب الشخصية للعبة الشطرنج السياسية هذه مقلقة بنفس القدر. بالنسبة لشارميلا، كان هناك توتر متزايد بينها وبين والدتها، أناميكا. كسياسية محنكة، كانت أناميكا دائمًا هي المسيطرة، حيث كانت ترشد ابنتها على أمل أن تقود شارميلا في نهاية المطاف حزب المعارضة. ولكن مع تزايد مشاعر شارميلا تجاه أبهيمانيو، كان هناك خطر متزايد من أنها ستعطي الأولوية لعلاقتها الشخصية على التزاماتها السياسية.

كان هذا الخلاف المحتمل بين الأم وابنتها مصدر قلق كبير لحزب المعارضة. كانت قيادة أناميكا بلا منازع لسنوات، ولكن إذا اختارت ابنتها الوقوف ضدها، فقد يؤدي ذلك إلى صراع داخلي داخل الحزب. كانت هناك بالفعل همسات بين المطلعين على الحزب حول التوتر المتزايد بينهم وأي تداعيات عامة يمكن أن تضعف قدرة المعارضة على تقديم جبهة موحدة.

موازنة الإيجابيات والسلبيات

في الشبكة المعقدة للحسابات السياسية، كان على كلتا العائلتين أن تقيما إيجابيات وسلبيات العلاقة. فمن ناحية، يمكن أن يؤدي التحالف بين أبهيمانيو وشارميلا إلى إنشاء قوة سياسية جديدة، وسد الفجوة بين الحزب الحاكم والمعارضة. يمكن أن يرمز اتحادهم إلى حقبة جديدة من السياسة، حقبة تجاوزت المنافسات القديمة وركزت على المستقبل.

من ناحية أخرى، كانت المخاطر المباشرة هائلة. يمكن أن تواجه كلتا العائلتين رد فعل عنيف من مؤيديهما ويمكن أن يتحول المشهد السياسي بطرق لا يمكن التنبؤ بها. يمكن أن تتعرض بنية أحزابهم للتهديد، حيث شكك الموالون في الدوافع والنوايا الكامنة وراء العلاقة.

في النهاية، عرفت كلتا الأمين أنهما يتعاملان مع قوى أكبر بكثير من مجرد السياسة. كانوا يتنقلون في تعقيدات الأسرة والولاء والسلطة؛ الحقائق التي شكلت حياتهم لعقود. ومع استمرار الحسابات، كان هناك شيء واحد واضح: العلاقة بين أبهيمانيو وشارميلا لديها القدرة على تغيير المشهد السياسي إلى الأبد، للأفضل أو للأسوأ.

الفصل العاشر

جلب الإعلان عن جولات اللجنة القادمة إحساسًا واضحًا بالإثارة إلى البرلمان. بالنسبة للأعضاء، لم تكن فرصة لزيارة الدول الأجنبية فحسب، بل كانت أيضًا فرصة للتعمق في بعض القضايا الأكثر إلحاحًا التي تواجه الهند ومقارنتها بالحلول الدولية. تم تشكيل اللجان بمهمة واحدة: دراسة أفضل الممارسات العالمية واستكشاف كيفية تكييفها مع السياق الهندي. كجزء من اللجنة البرلمانية للتنمية الحضرية والرفاه العام، وجد كل من أبهيمانيو وشارميلا نفسيهما في نفس الفريق، المكلف بدراسة مبادرات التخطيط الحضري والرعاية الصحية والاستدامة البيئية في النرويج والسويد.

التحديات التي تواجهها الهند

كانت المشاكل التي تواجه الهند واسعة ومعقدة. أدى التوسع الحضري السريع إلى النمو المترامي الأطراف للمدن، حيث كافحت البنية التحتية لمواكبة النمو السكاني. واجهت الهند قضايا مثل عدم كفاية وسائل النقل العام، والافتقار إلى الإسكان الميسور التكلفة، وسوء إدارة النفايات، وعدم كفاية الوصول إلى المياه النظيفة. كان التدهور البيئي، بسبب النمو الصناعي وضعف التخطيط الحضري، يضع ضغطًا هائلاً على الموارد الطبيعية، في حين أصبح التلوث بسرعة أحد أخطر التهديدات في البلاد.

كما واجه نظام الرعاية الصحية في الهند تحديات خطيرة. على الرغم من اتخاذ خطوات واسعة في بعض المناطق، إلا أن هناك فجوات صارخة في الوصول إلى الرعاية الصحية الجيدة، لا سيما في المناطق الريفية. كانت البنية التحتية للرعاية الصحية مرهقة للغاية وكانت الحاجة إلى إصلاحات شاملة لتحسين كل من الصحة العامة والتعليم الطبي واضحة.

وفي هذا السياق، كان من المقرر إيفاد وفد إلى النرويج والسويد. عُرفت الدول الاسكندنافية منذ فترة طويلة بنهجها التقدمية في الرعاية

الاجتماعية والتخطيط الحضري والاستدامة. سيشرع الوفد الهندي، بما في ذلك أبهيمانيو وشارميلا وأعضاء آخرون في البرلمان، في جولة لتقصي الحقائق لمدة أسبوعين لجمع رؤى حول كيفية معالجة هذه البلدان لتحديات مماثلة وكيف يمكن تطبيق هذه الدروس في الوطن.

الرحلة إلى النرويج

كانت الرحلة إلى أوسلو طويلة وكان الترقب في الهواء ملموسًا. جلس أبهيمانيو وشارميلا على بعد بضعة صفوف، وتبادلوا النظرات، وكلاهما يدرك أهمية هذه الرحلة. كانت أوسلو وجهتهم الأولى وكان الوفد حريصًا على التعرف على التخطيط الحضري وأنظمة النقل العام في المدينة، والتي حظيت بإشادة عالمية.

ولدى وصولهم، استقبلهم المسؤولون المحليون الذين أطلعوهم على نهج النرويج في معالجة التحضر والاستدامة البيئية. كانت إحدى المحطات الرئيسية في جولتهم هي محطة أوسلو المركزية، وهي مركز دمج بسلاسة أشكالًا متعددة من وسائل النقل العام، بما في ذلك القطارات والحافلات والترام. كانت المحطة نموذجًا للكفاءة وأصبح من الواضح أن نجاح النرويج يكمن في تخطيطها الدقيق ورؤيتها طويلة الأجل. تعجب الوفد الهندي من الطريقة التي تمكنت بها البلاد من الحد من الازدحام المروري وتحسين جودة الهواء من خلال تشجيع استخدام وسائل النقل العام.

وعلى النقيض من ذلك، واجهت الهند أزمة في وسائل النقل العام. في مدن مثل دلهي ومومباي وبنغالورو، أدى الاعتماد المفرط على المركبات الشخصية إلى اختناقات مرورية هائلة وتلوث الهواء. أمضى الوفد بعض الوقت في مناقشة كيفية تكييف نموذج النرويج مع المدن الهندية، مع التأكيد على الحاجة إلى استثمار أقوى في النقل العام والبنية التحتية الحضرية. كان أبهيمانيو، مع خلفيته في السياسة، مهتمًا بشكل خاص بكيفية تمويل هذه المبادرات. وعلم أن النرويج لديها نظام فريد من الشراكات بين القطاعين العام والخاص يمكن أن ينجح في الهند أيضًا.

الاستدامة الحضرية في أوسلو

بعد ذلك، تم نقل الوفد إلى مناطق "الحزام الأخضر" في أوسلو، حيث شرح مسؤولو المدينة كيف تمكنوا من مزج التنمية الحضرية مع الحفاظ على البيئة. كان التزام أوسلو بالتنمية المستدامة واضحًا في مساحاتها الخضراء واستخدام الطاقة المتجددة واللوائح الصارمة بشأن انبعاثات الكربون. نفذت المدينة برامج مبتكرة لإدارة النفايات تضمنت إعادة التدوير والتسميد على نطاق غير مسبوق، بالإضافة إلى تحويل النفايات إلى طاقة.

أبدت شارميلا، التي كانت شغوفة للغاية بالقضايا البيئية، اهتمامًا كبيرًا بالسياسات التي جعلت أوسلو واحدة من أكثر المدن وعيًا بالبيئة في العالم. كانت تعلم أن إدارة النفايات في الهند مشكلة حرجة ؛ حيث كانت مدافن النفايات تفيض وتفتقر العديد من المدن إلى الأنظمة الأساسية لفرز النفايات أو إعادة تدويرها. ناقش الوفد الهندي كيف يمكن تنفيذ هذه الممارسات في الوطن، من مبادرات فصل النفايات المحلية إلى مشاريع تحويل النفايات إلى طاقة على نطاق أوسع.

كانت المحطة الأخيرة للوفد في النرويج هي زيارة أحد المستشفيات الرائدة في أوسلو، حيث لاحظوا نظام الرعاية الصحية النرويجي في العمل. ترك تركيز البلاد على الرعاية الصحية الوقائية، والوصول المجاني إلى الخدمات الطبية والتكنولوجيا الطبية المتطورة انطباعًا عميقًا لدى الفريق الهندي. أدرك كل من أبهيمانيو وشارميلا التناقض الصارخ مع الهند، حيث كانت الرعاية الصحية في كثير من الأحيان غير متاحة لشرائح كبيرة من السكان.

الانتقال إلى السويد

بعد أسبوعين مكثفين في النرويج، سافر الوفد إلى ستوكهولم، حيث انضموا إلى ندوة حول "التخطيط الحضري والتنمية المستدامة". "تم تنظيم الندوة من قبل وزارة الإسكان والبيئة السويدية وشارك فيها مشاركون من جميع أنحاء العالم. وجد أبهيمانيو وشارميلا نفسيهما جالسين بجانب بعضهما البعض خلال الجلسة الافتتاحية، حيث قدم الخبراء دراسات حالة للمبادرات الحضرية الناجحة من مدن مثل ستوكهولم وكوبنهاغن وأمستردام.

سلطت الندوة الضوء على كيفية معالجة ستوكهولم لقضية الإسكان الميسور التكلفة من خلال بناء أحياء ذات دخل مختلط، حيث يمكن للأشخاص من خلفيات اقتصادية مختلفة العيش على مقربة. تم تصميم هذه الأحياء مع إمكانية الوصول إلى وسائل النقل العام والمدارس ومرافق الرعاية الصحية والمساحات الخضراء، مما خلق بيئة حضرية شاملة تعزز التماسك الاجتماعي.

كانت أزمة الإسكان في الهند قضية ملحة ابتلي بها صانعو السياسات لسنوات. كان أبهيمانيو، الذي كان ينتقد في كثير من الأحيان سياسات الإسكان غير الفعالة في بلده، مفتونًا بالكيفية التي تمكنت بها السويد من بناء مساكن بأسعار معقولة دون التضحية بالجودة أو الاستدامة. قام بتدوين ملاحظات مفصلة حول نماذج التمويل التي تستخدمها الحكومة السويدية، بما في ذلك إعانات الإيجار والتخطيط طويل الأجل الذي توقع النمو السكاني.

كما غطت الندوة نهج السويد في الرعاية الصحية، والذي أعطى الأولوية للمساواة وإمكانية الوصول والابتكار. وأشارت شارميلا إلى كيف نجحت السويد في تحقيق اللامركزية في نظام الرعاية الصحية، مما سمح للسلطات المحلية بإدارة الخدمات الصحية بناءً على الاحتياجات الإقليمية. في الهند، غالبًا ما يعني نظام الرعاية الصحية المركزي أن المناطق الريفية قد تخلفت عن الركب، مع عدم كفاية التمويل والموارد. اتفق كل من أبهيمانيو وشارميلا على أن الهند يمكن أن تتعلم الكثير من النموذج اللامركزي في السويد.

سند تم تشكيله على أساس الرؤية المشتركة

وبينما قضى الوفد المزيد من الوقت معًا، وجد أبهيمانيو وشارميلا نفسيهما يتبادلان الأفكار ووجهات النظر بشكل متكرر. على الرغم من خلافاتهما السياسية، إلا أنهما اتحدا برؤية مشتركة لهند أفضل. خلال المناقشات التي دارت في وقت متأخر من الليل في الفندق، تحدثوا عن كيفية تطبيق الدروس التي تعلموها من النرويج والسويد على دوائرهم الانتخابية.

كانت شارميلا، التي كانت دائمًا مناصرة للبيئة، مهتمة بشكل خاص بالضغط من أجل مبادرات التنمية المستدامة. ركز أبهيمانيو، مع

خلفيته في الحكم، على الجوانب العملية لتنفيذ الإصلاحات الحضرية واسعة النطاق. بدأوا معًا في رسم خطة محتملة لكيفية العمل عبر الخطوط الحزبية للترويج لبعض الأفكار التي واجهوها في جولتهم.

بحلول الوقت الذي استقل فيه الوفد رحلته إلى الهند، كان كل من أبهيمانيو وشارميلا يعرفان أن الرحلة قد غيرتهما. لقد رأوا كيف عالجت أكثر دول العالم تقدمية مشاكل مماثلة لتلك التي تواجهها الهند وكانوا مصممين على جلب هذه الدروس إلى الوطن. عندما هبطوا في دلهي، كان هناك شعور بأن شراكتهم ـ المهنية والشخصية ـ كانت قد بدأت للتو، على الرغم من التحديات السياسية التي كانت تنتظرهم.

الفصل الحادي عشر

لم يكن لدى أبهيمانيو وشارميلا أي فكرة عن أن رئيس الوزراء نفسه مهتم شخصيًا بتقاريرهما. عندما تلقوا الاستدعاء إلى مكتب إدارة المشاريع، افترضوا أنه كان اجتماع متابعة روتيني مع البيروقراطيين وأمناء اللجان. لم يعرفوا أن هذا الاجتماع سيكون بعيدًا عن الروتين!

الاجتماع المفاجئ مع رئيس الوزراء

عندما دقت الساعة في الساعة المحددة، دخل أبهيمانيو وشارميلا مبنى مكتب إدارة المشاريع المترامي الأطراف. على الرغم من تنافسهما السياسي، فقد كبرا على احترام وجهات نظر بعضهما البعض خلال جولتهما الدراسية المشتركة في النرويج والسويد. كانت فرصة التعاون في شيء يتجاوز الخطوط الحزبية مثمرة بشكل منعش وكلاهما كان حريصًا على رؤية إلى أين قد يؤدي هذا المسار الجديد.

تم اصطحابهما إلى غرفة اجتماعات خاصة وعند دخولهما، فوجئ كلاهما برؤية رئيس الوزراء جالسًا على رأس الطاولة، وابتسامة ناعمة ولكن عارفة على وجهه. قال وهو يشير إلى الكرسيين اللذين يواجهانه: "من فضلك، اجلس".

وقد عزز حضور رئيس الوزراء أهمية هذا الاجتماع على الفور. أوضح سلوكه الهادئ ولكن القوي أن هذا لم يكن مجرد مراجعة روتينية. كان رئيس الوزراء معروفًا دائمًا بقدرته على اغتنام الفرص والاستفادة من المواهب، واليوم، كان من الواضح أنه رأى شيئًا فريدًا في هذا الثنائي.

مناقشة النتائج

بدأ رئيس الوزراء قائلاً: "أولاً وقبل كل شيء، اسمحوا لي أن أهنئ كلاكما. لقد تمت قراءة تقاريرك ليس فقط من قبلي ولكن من قبل العديد من كبار المسؤولين والرؤى التي جمعتها رائعة ".

وأشار إلى مجموعة من الأوراق أمامه ؛ تقاريرهم المعدة بدقة حول التخطيط الحضري والاستدامة والرعاية الصحية والبنية التحتية العامة بناءً على جولتهم الاسكندنافية.

بدأت المناقشة بشكل جدي، حيث كان أبهيمانيو وشارميلا يمشيان مع رئيس الوزراء من خلال النقاط الرئيسية. وأكد أبهيمانيو على كفاءة أنظمة النقل العام في النرويج، مشيرًا إلى كيفية تمكنها من الحد من الازدحام الحضري وتحسين جودة الهواء من خلال تشجيع استخدام السيارات الكهربائية وتقديم الدعم للنقل العام. وأوضح كيف يمكن تكييف هذه الأنظمة مع مدن مثل مومباي ودلهي وبنغالورو، التي كانت تختنق تحت وطأة حركة المرور والتلوث.

التقطت شارميلا الخيط من خلال التركيز على إدارة النفايات، وهو موضوع قريب من قلبها. "في ستوكهولم، تمكنوا من تحويل جميع النفايات تقريبًا إلى طاقة. وأوضحت أن محطات تحويل النفايات إلى طاقة ليست نظيفة فحسب، بل مربحة أيضًا". وسلطت الضوء على كيفية تحويل مدافن النفايات الفائضة في الهند وأنظمة التخلص من النفايات غير الفعالة من خلال الاستثمار في تقنيات مماثلة، والتي يمكن أن توفر الطاقة لملايين الأشخاص في المناطق الريفية.

استمع رئيس الوزراء باهتمام، وأحيانًا تدخل في أسئلة استقصائية حول تكاليف التنفيذ والاستقبال العام والتحديات البيروقراطية التي قد تنشأ. كان مهتمًا بشكل خاص بتوصيات الرعاية الصحية. لاحظ كل من أبهيمانيو وشارميلا كيف سمح نموذج الرعاية الصحية اللامركزية في السويد بتخصيص الموارد بشكل أكثر كفاءة. سأل رئيس الوزراء عما إذا كانوا يعتقدون أن اللامركزية المماثلة يمكن أن تنجح في الهند، حيث غالبًا ما كانت الرعاية الصحية محاصرة في عنق الزجاجة المركزي.

أومأت شارميلا برأسها بثقة. "إذا أنشأنا سلطات صحية إقليمية ومنحناها المزيد من السيطرة، فيمكننا تلبية الاحتياجات المحلية بشكل أسرع بكثير. والمفتاح هو الشفافية والمساءلة. سنحتاج إلى إطار قوي لضمان عدم إساءة استخدام هذه الهيئات المحلية لاستقلاليتها المكتشفة حديثًا".

أجاب أبهيمانيو، "مع الإشراف المناسب، يمكن أن يكون ثوريًا. لقد رأينا أنها تعمل في الدول الاسكندنافية وبدعم مالي وإرادة سياسية مناسبة، أعتقد أنه يمكننا تحقيق ذلك في الهند ".

تنفيذ المناقشات

في هذه المرحلة، توقف رئيس الوزراء بعمق في التفكير. ثم أشار إلى كبير أمنائه، الذي استدعى على الفور أمناء الإدارات ذات الصلة ؛ المالية والتنمية الحضرية والرعاية الصحية. في غضون دقائق، دخلوا الغرفة، واستقبلوا رئيس الوزراء وأخذوا مقاعدهم حول الطاولة.

قال رئيس الوزراء لفريقه المجتمعين: "نحن ننظر إلى شيء مهم هنا". لقد أعاد أبهيمانيو وشارميلا أفكارًا، إذا تم تنفيذها بشكل صحيح، يمكن أن تغير وجه مدننا وأنظمة الرعاية الصحية لدينا. ولكن قبل أن نمضي قدمًا، أريد أن أعرف كيف يمكننا تحقيق ذلك.

تحدث وزير المالية أولاً، مشيرًا إلى التكاليف المحتملة. فعلى سبيل المثال، ستتطلب محطات تحويل النفايات إلى طاقة استثمارات ضخمة مقدمًا. وعلى الرغم من أن إصلاحات النقل العام ضرورية، إلا أنها ستحتاج إلى تخصيص هائل للأموال ".

أومأ رئيس الوزراء برأسه لكنه لم يردعه أحد. "سنجد المصادر. ما أحتاج إلى معرفته هو ما إذا كان لدينا القدرة المؤسسية على تنفيذ هذه التغييرات.

تدخل وزير التنمية الحضرية. "إذا قمنا بتبسيط التنسيق بين الحكومة المركزية وحكومات الولايات، خاصة بتفويض واضح من مكتب إدارة المشاريع، فيمكننا البدء بمشاريع تجريبية في عدد قليل من المدن. بمجرد أن نظهر النتائج، سيكون من الأسهل التوسع.

وتدفق الحديث، وتطرق إلى كل شيء من مخصصات الميزانية إلى الأطر التنظيمية. كانت المناقشة تقنية ولكنها إيجابية، حيث أدرك الجميع حول الطاولة أهمية المبادرات المقترحة. بحلول نهاية الاجتماع، ظهر مخطط تقريبي: ستبدأ مبادرات إدارة النفايات في خمس مدن رئيسية وسيتم تجريب إصلاحات النقل العام في مركزين

حضريين رئيسيين. سيتم إدخال نماذج الرعاية الصحية اللامركزية في مناطق ريفية مختارة كخطوة أولى.

انحنى رئيس الوزراء على كرسيه، وابتسامة راضية على وجهه. "جيد. الآن، أريد أن يشرف كل من أبهيمانيو وشارميلا على هذه المشاريع. ستقدم تقاريرك لي مباشرة ".

فوجئ كل من أبهيمانيو وشارميلا، على الرغم من أنهما فوجئا بسرور. لقد كان شرفًا نادرًا أن يُعهد إلي بمثل هذه المسؤولية، خاصة عبر الخطوط الحزبية. استطاع رئيس الوزراء أن يرى بصيص الإثارة في أعينهم.

وأضاف رئيس الوزراء: "ستدعمك المؤسسات المالية". "ستكون الأموال موجودة وسيضمن الأمناء هنا حصولك على جميع الموارد التي تحتاجها."

حركة محسوبة

مع انتهاء الاجتماع، كان هناك شعور عالق بشيء أعمق في اللعب. كان كل من أبهيمانيو وشارميلا مبتهجين بفرصة العمل معًا مرة أخرى، ولكن كان هناك تيار خفي متزايد من التكهنات. هل كانت هذه مجرد مهمة مشروع أم أن رئيس الوزراء لديه خطة أوسع في الاعتبار ؟

غادر الأمناء الغرفة، تاركين رئيس الوزراء والسياسيين الشباب فقط. خف تعبير الميم عندما نظر إليهم. قال بشكل عرضي تقريبًا: "كما تعلم، في بعض الأحيان، يعتمد مستقبل هذا البلد على أكتاف أشخاص مثلك. لقد أظهر كلاكما رؤية وقيادة تتجاوزان السياسة الحزبية ".

كانت الكلمات معلقة في الهواء. هل كان رئيس الوزراء يحاول بمهارة تعزيز علاقة بين شارميلا وأبهيمانيو تتجاوز التعاون المهني ؟ هل كان هذا جزءًا من استراتيجية طويلة الأجل لتقريب شارميلا من الحزب الحاكم ؟ بعد كل شيء، إذا غيرت شارميلا التحالفات في نهاية المطاف، وجلبت متابعيها العامين المهمين معها، فقد يؤدي ذلك إلى إضعاف المعارضة بشكل كبير. إن لعبة السلطة التي يمارسها رئيس الوزراء، إذا كان الأمر كذلك، يمكن أن تعيد تشكيل المشهد السياسي.

عندما غادروا مكتب إدارة المشاريع، دق جرس الاحتمال بهدوء في ذهنهم. هل تم إعدادهم لشيء أكبر، أم كانت هذه مجرد مسؤولية مشتركة ؟ الوقت وحده هو الذي سيخبرنا، لكن شرارة شيء أكبر قد أُشعلت بلا شك.

الفصل الثاني عشر

في منزل الدائرة الهادئ والبعيد، كان الهواء كثيفًا مع الترقب، على الرغم من أن كل من أبهيمانيو وشارميلا لم يكونا على دراية تامة بالعاصفة التي تختمر من حولهما. لقد وصلوا إلى موقع تنفيذ المشروع قبل بضعة أيام فقط وكانت الأمور تتقدم بشكل جيد تحت إشرافهم المشترك. ويخضع التعاون الذي طال انتظاره بين الحزب الحاكم والمعارضة للاختبار، وقد حظي عملهم بشأن الإدارة المستدامة للنفايات بالفعل باهتمام القادة الوطنيين.

كانت أمسية هادئة بشكل غير عادي بينما كانوا يجلسون في الحديقة المترامية الأطراف خارج بيت الضيافة، ويناقشون أحداث اليوم. كان مسؤولوهم منتبهين بشكل خاص، مما يضمن أن كل شيء كان في مكانه ليلاً. اقترحت شارميلا أن يتشاركا العشاء ووافق أبهيمانيو دون تردد. كان هناك جو من الصداقة الحميمة بينهما اثنين من القادة الشباب المرتبطين بثقل الموروثات السياسية لعائلاتهم، ومع ذلك يسعون جاهدين للتحرر من تلك القيود وشق مسار جديد.

عندما استقروا على كراسي مريحة في الحديقة، ضحكوا على حوادث جولتهم الأوروبية، واسترجعوا لحظات محرجة ومزيفة ثقافية، وكل ذلك أثناء الاسترخاء بعد يوم طويل آخر من الإشراف على المشروع. يلقي وهج شمس الغروب صبغة ذهبية على وجوههم، ويمتزج مع الضوء الناعم للفوانيس الموضوعة حول العشب. كان المساء لا يزال مبكرًا في الساعة 7:30 مساءً فقط وأصدروا تعليمات إلى الممرضين بعدم إحضار العشاء حتى الساعة 9 مساءً. أرادوا وقتًا للتفكير والتفكير والاستمتاع بصحبة بعضهم البعض.

لم يلاحظ شارميلا ولا أبهيمانيو النظرات الخفية المتبادلة بين المنظمين أثناء عملهم في الخلفية. بدا أحد الممرضين، وهو رجل طويل ذو عيون حادة وحسابية، أكثر اهتمامًا بتفاعلاتهم من الواجبات التي في متناول اليد. كان يتفقد هاتفه كثيرًا، ويلتقط صورًا لأبهيمانيو وشارميلا عندما

لا ينظران. في كل مرة، أرسل الصور إلى مستلم غير معروف وفي المقابل، تلقى رسائل مشفرة.

دوافع غير مرئية

كان الممرض في مهمة. لأسابيع، كان يقدم المعلومات لشخص قوي، شخص لديه أجندته الخاصة. بينما كان أبهيمانيو وشارميلا عالقين في نشوة تعاونهما، كانت الآلية السياسية وراء الكواليس تعمل لوقت إضافي. وقد تسبب التقارب المتزايد بينهما في حدوث تموجات في كلا الطرفين. كانت أمهاتهم قلقات للغاية وبدأت همسات الخيانة تنتشر داخل دوائرهن السياسية. دون علمهم، تمت مراقبة هذا العشاء البريء على ما يبدو عن كثب وتم اتخاذ قرارات من شأنها أن تغير مسار حياتهم قريبًا.

وبينما واصلوا الدردشة، تحدثوا عن تجاربهم في النرويج والسويد، وتعمقوا في تعقيدات الحكم والتحديات التي واجهتها الهند في تنفيذ مشاريع مماثلة. ولكن تحت السطح، كانت هناك طاقة هادئة وعصبية. شعر كلاهما بذلك، على الرغم من عدم اعتراف أي منهما بذلك. ربما كان وزن إرث عائلاتهم، أو ربما كانت الكيمياء التي لا يمكن إنكارها هي التي تطورت بينهم بمرور الوقت.

وصل العشاء على الفور في الساعة 9 مساءً وتم تقديم الاثنين تحت السماء المضاءة بالنجوم. تم وضع أطباق من الطعام الهندي التقليدي أمامهم وتراجع الممرضون بسرية، مما منحهم الخصوصية التي طلبوها. ضحكوا وتحدثوا وهم يستمتعون بالوجبة، غافلين عن حقيقة أن المساء لم يكن طبيعياً.

في الساعة 10:30 مساءً، بعد الانتهاء من عشاءهم، بقوا لفترة أطول، يستمتعون بالجو اللطيف. عندما أصبح الليل أكثر برودة، قرروا التقاعد في أجنحتهم الخاصة، ولا يزالون يتبادلون الابتسامات أثناء افتراقهم. شاهد أبهيمانيو شارميلا تسير نحو غرفتها، وهي تشعر بمزيج غريب من الإعجاب والقلق. كان هناك شيء لم يستطع أن يضع إصبعه عليه، وهو إحساس استمر وهو يتجه نحو غرفته الخاصة.

دخيل صامت

داخل جناحها، أغلقت شارميلا الباب خلفها وأخرجت تنهيدة ناعمة. شعرت بالراحة والسعادة حتى. امتلأ عقلها بمحادثات المساء ولم تستطع التخلص من الشعور بأن شيئًا ما يتغير ؛ شيء جيد. عندما بدأت تستعد للنوم، استنشقت بعمق، على أمل أن تصفي ذهنها، لكن الهواء بدا ثقيلًا، كما لو كان مشوبًا بشيء غير مألوف.

وفجأة، ملأت أنوفها رائحة غريبة لاذعة. كانت حادة وقوية وقبل أن تتمكن من الرد، شعرت بمشبك كبير وبارد على فمها. تم ضغط قطعة قماش مبللة، غارقة في مادة كيميائية ضارة، بإحكام على وجهها. ركلت غرائز شارميلا وكافحت، وخفق قلبها وهي تحاول الصراخ، لكن القبضة كانت قوية للغاية.

انتشر الذعر في جسدها مع بدء تأثير الكلوروفورم، مما أدى إلى تهدئة حواسها. رؤيتها ضبابية وأطرافها أصبحت أضعف. سحقت قبضة المهاجم، لكن قوتها تراجعت وسرعان ما استهلكها الظلام. أصبح جسدها عرجاء وانهارت بين ذراعي الدخيل.

وضع الممرض، وهو نفس الرجل الذي كان يلتقط الصور ويتلقى التعليمات طوال الليل، شارميلا على السرير بسرعة وكفاءة. تحقق للتأكد من أنها كانت فاقدة للوعي تمامًا قبل الخروج من الغرفة. أجرى مكالمة هاتفية سريعة. قال بصوت منخفض وسارع: "لقد انتهى الأمر". في غضون دقائق، توقفت سيارة دفع رباعي سوداء إلى بيت الضيافة، وأطفأت مصابيحها الأمامية لتجنب لفت الانتباه.

كانت أناميكا سينغ، والدة شارميلا والعقل المدبر وراء الاختطاف، تجلس في المقعد الخلفي. كان وجهها قناعًا من التصميم البارد. كانت قد حذرت ابنتها مرارًا وتكرارًا من الاقتراب جدًا من أبهيمانيو. لقد رأت العلامات، وشعرت بالرابطة المتنامية بين السياسيين الشابين وعرفت أنه إذا استمر هذا، فسيكون ذلك كارثيًا لحزب المعارضة. يمكن أن يؤدي انشقاق شارميلا المحتمل، أو حتى تصور تأثرها بأبهيمانيو، إلى تقسيم الحزب بطرق لا يمكن إصلاحها أبدًا.

خرجت أناميكا من السيارة وسارت بسرعة إلى بيت الضيافة. دخلت جناح شارميلا ووقفت فوق ابنتها اللاواعية، وخف تعبيرها للحظات.

كرهت أن يصل الأمر إلى هذا الحد، لكنها لم تستطع السماح لابنتها بارتكاب خطأ من شأنه أن يدمر كل شيء عملت بجد لبنائه.

"خذها"، همست أناميكا للمنظم، الذي أطاع دون سؤال. رفع بلطف جسم شارميلا العرجاء وحملها إلى سيارة الانتظار. وضعوها عبر المقعد الخلفي وسرعان ما صعدت أناميكا إلى السيارة بجانبها. عاد محرك السيارة الرياضية متعددة الأغراض إلى الحياة وفي غضون ثوانٍ، كانوا يسرعون في الطرق الضيقة والمظلمة المؤدية إلى بيت الضيافة.

تحركت السيارة بسرعة خلال الليل، واختفت في الظل كما لو أنها لم تكن هناك من قبل. لم تكن الوجهة معروفة، حتى للسائق، الذي كان ببساطة يتبع أوامر أناميكا. كانت قد خططت لهذا بدقة. لم يكن أحد يعرف إلى أين هم ذاهبون وبحلول الوقت الذي لاحظ فيه أي شخص غياب شارميلا، سيكون قد فات الأوان لإيقافهم.

الصدمة الصباحية

في صباح اليوم التالي، استيقظ أبهيمانيو في وقت مبكر، وشعر بالانتعاش بشكل غريب. كان لديه يوم كامل من الاجتماعات وعمليات التفتيش المخطط لها مع شارميلا وكان يتطلع إلى مواصلة الزخم الذي بنوه. ولكن مع مرور الدقائق ولم تظهر شارميلا، بدأ شعور زاحف بعدم الارتياح في نخره.

طرق بابها، لكن لم يكن هناك جواب. اتصل بهاتفها، لكنه ذهب مباشرة إلى البريد الصوتي. بدأ الذعر يرتفع في صدره كما دعا الممرضين، الذين لم يروها أيضًا منذ الليلة السابقة. كان هناك خطأ ما.

بحلول الوقت الذي أطلق فيه أبهيمانيو الإنذار، كان الأوان قد فات. ذهبت شارميلا، وانتقلت بعيدًا في الليل، ولم تترك وراءها سوى أسئلة بلا إجابة وعاصفة سياسية كانت على وشك الانفجار.

في صباح اليوم التالي لاختفاء شارميلا، بزغ فجر ثقيل بصمت مخيف كان يخيم على الدائرة الكهربية ككرة. كان أبهيمانيو يسير بلا كلل، وعقله يتسابق بينما كان ينتظر بعض علامات شارميلا. كان قد فحص غرفتها بالفعل، وطرق الأبواب، واتصل بهاتفها عدة مرات ؛ كل ذلك

دون جدوى. مع مرور الدقائق، أفسح عدم الارتياح المجال للذعر. كان هناك شيء خاطئ بشكل رهيب.

أبلغ أبهيمانيو الشرطة المحلية على الفور وفي غضون ساعة، كان الضباط في دار الضيافة، وحولوا الموقع الهادئ إلى موقع يخضع لتدقيق مكثف. وصل قائد الشرطة، برفقة فريق من المحققين الذين توجهوا مباشرة إلى العمل. قاموا باستجواب الممرضين وأبهمانيو وجميع الموظفين المناوبين في تلك الليلة. ومع ذلك، كانت كل قصة هي نفسها ؛ لم ير أحد أو يسمع أي شيء مشبوه بعد أن تقاعدت شارميلا إلى غرفتها. ظل المنظم الذي كان على اتصال مباشر مع أناميكا يواجه الحجارة، ويجيب على الأسئلة بهدوء تام، كما لو أن شيئًا غير عادي لم يحدث.

كان قلق أبهيمانيو يصل إلى درجة الحمى. بدا الأمر سرياليًا ؛ كان يجلس مع شارميلا في الليلة السابقة فقط، ويضحك ويناقش خططهم. الآن، كانت قد رحلت. قضمه اليأس وهو يفكر في مصيرها. هل تم اختطافها ؟ وإذا كان صحيحًا، فمن فعل ذلك ؟ لم يستطع التخلص من الشعور بأن هذا أكبر بكثير من مجرد جريمة معزولة ؛ شعرت أنها متعمدة ومحسوبة. لم يكن لديه أي فكرة أن الشرطة قد عثرت بالفعل على آثار الكلوروفورم في غرفة شارميلا لكنها كانت تحجب المعلومات. كانت هناك لعبة أكبر في اللعب وتم القبض على أبهيمانيو في منتصفها.

الهيجان الإعلامي

بينما واصلت الشرطة تحقيقاتها، بدأت أخبار اختفاء شارميلا تنتشر كالنار في الهشيم. في غضون دقائق، احتشد الصحفيون على أبواب بيت الضيافة، والكاميرات جاهزة، والميكروفونات تتقدم إلى الأمام تحسبًا لقصة مثيرة. ظهرت أول لافتة إخبارية عاجلة عبر شاشات التلفزيون الوطنية: "كسر: شارميلا سينغ مفقودة! هل تم اختطافها ؟" في أي وقت من الأوقات، تمسكت وسائل الإعلام بأبي مانيو كمشتبه به محتمل، وانتشر اسمه عبر الشاشات في جميع أنحاء البلاد مع التعليق الملعون: "هل اختطف أبهيمانيو كومار شارميلا ؟"

اتصل أبهيمانيو بوالدته بعد أن شعر بالقلق من سرعة خروج الوضع عن السيطرة. استمعت بهدوء، واستشعرت غرائزها السياسية على الفور الطبيعة الحقيقية لما كان يحدث. قالت ببرود: "هذا إعداد". "شخص ما يريد تلفيق التهمة لك، وتشويه سمعتك." كانت تجري مكالمات بالفعل، وتحشد شبكتها الخاصة من الموالين، حتى عندما تحدثت إلى ابنها. "عليك أن تعود إلى العاصمة على الفور. نحن بحاجة إلى المضي قدمًا في هذا الأمر".

بحلول الوقت الذي رتب فيه أبهيمانيو رحلة طيران مبكرة إلى العاصمة، كان جنون وسائل الإعلام خارج بيت الضيافة قد وصل إلى درجة الحمى. كان العشرات من المراسلين هناك، يسجلون لقطات حية لأخبار وقت الذروة. كان لكل قناة نفس السؤال الذي يحترق على شفاههم: "من اختطف شارميلا سينغ؟" غمرت التكهنات والنظريات الجامحة وسائل التواصل الاجتماعي، مما أدى إلى تضخيم الفوضى. حتى أن البعض اتهم أبهيمانيو بتنظيم الحادث بأكمله لتخريب المعارضة. وادعى آخرون أنه كان نزاعًا داخليًا داخل عائلة سينغ، وهو نزاع بين الأم وابنتها خرج عن نطاق السيطرة. في كل مكان، كان الهواء يعج بالشائعات.

مقابلة مكتب إدارة المشاريع

بالكاد كان لدى أبهيمانيو الوقت للتنفس بمجرد هبوطه في العاصمة. بمجرد أن هبطت طائرته، تم نقله بعيدًا إلى مكتب رئيس الوزراء (PMO)، حيث كان الجو مليئًا بالتوتر. كان كبار المسؤولين، بمن فيهم رئيس الوزراء نفسه، في انتظاره، حريصين على سماع رواية مباشرة للحدث الغامض في مقر الدائرة.

روى أبهيمانيو الأمسية بأكبر قدر ممكن من التفاصيل، مؤكدًا كيف استمتعوا بعشاء سلمي وافترقوا دون حوادث. لم يترك شيئًا ؛ ولا حتى الشعور الغريب بالتوتر الذي شعر به أثناء محادثتهما. ولكن بينما كان يتحدث، كان يشعر أن هناك شيئًا خاطئًا. لماذا لم تذكر الشرطة الكلوروفورم ؟ لماذا كانوا يحجبون المعلومات عنه ؟ بدا الأمر كما لو أن الجميع كانوا يعرفون أكثر مما كانوا يدعونه ويقضمه الفكر.

استمع رئيس الوزراء بعناية، ولم تغادر نظرته الفولاذية أبهيمانيو أبدًا. عندما انتهى الوزير الشاب، انحنى رئيس الوزراء على كرسيه، متأملاً في خطورة الوضع. كان يعلم أن فضيحة سياسية بهذا الحجم يمكن أن تهز أسس الحكومة، خاصة إذا تورطت فيها ابنة زعيم المعارضة.

قال رئيس الوزراء أخيرًا بصوت منخفض ولكنه حازم: "أبهيمانيو، لدينا سبب للاعتقاد بأن هذا أكثر من مجرد نزاع شخصي أو جريمة عشوائية. حقيقة أن والدة شارميلا، أناميكا سينغ، قد اختفت أيضًا تثير المزيد من علامات الخطر. وهذا يمكن أن يزعزع استقرار المشهد السياسي. نحن بحاجة إلى العثور عليهما ؛ كلاهما ؛ ونحن بحاجة إلى القيام بذلك بسرية ".

ودعا رئيس الوزراء إلى عقد اجتماع طارئ مع رؤساء الأجهزة الأمنية وضباط المخابرات. وكانوا بحاجة إلى التصرف بسرعة لضمان عودة شرميلا الآمنة ومنع الوضع من التصعيد أكثر. وفي الوقت نفسه، تم تكليف أبهيمانيو بالإشراف على جوانب معينة من التحقيق، حيث وثق رئيس الوزراء بولائه وتقديره.

أناميكا ميديا بليتز

حتى مع تحرك الحكومة، تكشفت منعطف جديد في الحكاية. بينما كان أبهيمانيو في مكتب إدارة المشاريع، عاودت أناميكا سينغ الظهور فجأة ؛ ولكن ليس شخصيًا. ظهرت على قناة إخبارية خاصة، ووجهها مليء بالعاطفة أثناء إجراء مقابلة حصرية.

امتلأ صوتها بالغضب واليأس وهي تندد بأبهيمانيو والحزب الحاكم. "أين ابنتي ؟" سألت، وعيناها تلمعان من الغضب الصالح." لقد وثقت بهذه الحكومة لحمايتها، لكنني الآن أخشى الأسوأ. ابنتي مفقودة، يجب تحميل أبهيمانيو كومار المسؤولية. إذا لم يتم العثور عليها قريبًا، فلن يكون لدي خيار سوى اتخاذ إجراء جذري. دعوني أكون واضحًا ؛ لن يمر هذا دون عقاب ".

تم بث كلماتها على الهواء مباشرة في جميع أنحاء البلاد، مما أرسل موجات صدمة من خلال المؤسسة السياسية. في غضون ساعات، انتشرت اتهاماتها على نطاق واسع، مما أشعل عاصفة من الجدل. قام النقاد السياسيون في كل قناة إخبارية رئيسية بتشريح تصريحاتها،

حيث اندلعت مناقشات ساخنة حول ما إذا كان أبهيمانيو متواطئًا بالفعل في اختفاء شارميلا. واغتنم حزب المعارضة الفرصة لتكثيف هجماته، حتى أن البعض أشار إلى أن الحزب الحاكم نظم عملية الاختطاف لإضعاف صفوفه.

التداعيات

بحلول فترة ما بعد الظهر، كان كل منفذ إخباري ومنصة تواصل اجتماعي تعج بنفس السؤال الملح: "من اختطف شارميلا ؟ تكهن المعلقون السياسيون إلى ما لا نهاية، وتضاعفت نظريات المؤامرة وتزايد انقسام الجمهور بشكل متزايد. هل كانت هذه مؤامرة لتقويض سلطة أناميكا سينغ ؟ هل كان ثأرًا شخصيًا، أو شيء أكثر شراً ؟

وفي الوقت نفسه، خلف أبواب مغلقة، كان جهاز الأمن الحكومي يعمل على مدار الساعة لتعقب مكان وجود شارميلا. قامت وكالات الاستخبارات بتمشيط لقطات المراقبة واعتراض الاتصالات ونشر فرق برية في مواقع مختلفة. ومع ذلك، على الرغم من بذل قصارى جهدهم، لم يكن لديهم الكثير لمواصلة العمل. يبدو أن شارميلا ووالدتها اختفتا في الهواء، تاركتين وراءهما الفوضى فقط.

مع مرور اليوم، تصاعدت التوترات. وجد أبهيمانيو نفسه في وسط دوامة سياسية، حيث تم فحص كل تحركاته من قبل الجمهور ووسائل الإعلام على حد سواء. لم يفقد السيطرة على السرد فحسب ؛ بل أصبح السرد. سيتم تحليل كل قرار اتخذه منذ تلك اللحظة والتشكيك فيه ومناقشته.

وفي خضم كل ذلك، بقي سؤال واحد دون إجابة: أين كانت شارميلا ؟ هل كانت آمنة، أم كان هناك شيء أكثر خطورة في اللعب ؟

كانت الساعة تدق وكان أبهيمانيو يعلم أن العثور على شارميلا سيكون الطريقة الوحيدة لتبرئة اسمه ومنع الفضيحة من الخروج عن السيطرة. ولكن مع مرور الساعات، أصبح شيء واحد واضحًا بشكل متزايد ؛ لم يكن هذا اختطافًا عاديًا. كانت هذه لعبة شطرنج سياسية وكان أبهيمانيو بالفعل متأخراً بعدة خطوات.

الفصل الثالث عشر

عندما استعادت شارميلا حواسها ببطء، بدت الغرفة غير واقعية تقريبًا في وفرتها. خفق رأسها من الآثار اللاحقة للكلوروفورم، لكنها لم تستطع زعزعة الشعور بالألفة حول محيطها. الوهج الذهبي الناعم للثريات، وبريق أثاث العصر الفيكتوري، وانعكاس وجهها المحير في مرآة زجاجية بلجيكية هائلة ؛ كان كل ذلك مزيجًا مربكًا من الماضي والحاضر. للحظة، كافحت لوضع نفسها، في محاولة لتذكر كيف انتهى بها المطاف في مثل هذا المكان.

شعرت السجاد الفارسي تحت قدميها العاريتين بالفخامة، ومع ذلك فإن عدم الإلمام بوضعها أدى إلى قشعريرة في عمودها الفقري. كانت في غرفة مناسبة للملوك، غرفة كبيرة من الماضي مباشرة. ثم، بينما كانت عيناها تفحصان التصاميم المعقدة على الجدران والصور الكبرى المعلقة أعلاه، استقرت ذاكرتها أخيرًا في مكانها. لقد كانت هنا من قبل ؛ منذ سنوات عديدة، عندما كانت طفلة. كان هذا قصر الملك تيج بهادور الذي كان قوياً في يوم من الأيام، وهو اسم استحضر ذكريات العظمة الأرستقراطية والنفوذ السياسي.

العلاقة بين اختطافها وهذا المكان جعلتها أكثر ارتباكًا. لماذا تم إحضارها إلى هنا ؟ وبواسطة من تم إحضارها ؟ حاولت أن تتذكر آخر شيء تذكرته ؛ منزل الدائرة، العشاء مع أبهيمانيو، محادثة خفيفة تحولت بشكل غير متوقع إلى تجاربهم المشتركة في أوروبا. لكن في اللحظة التي حاولت فيها تذكر كيف انتهت الأمسية، أصبح عقلها فارغًا. الشيء الوحيد الذي كانت تعرفه على وجه اليقين أن شيئًا فظيعًا قد حدث وأصبحت الآن بيدقًا في لعبة خطيرة.

بينما كانت تجلس على السرير، في محاولة لتثبيت نفسها، انفتح باب الغرفة الكبرى. قفز قلبها، متوقعًا دخيلًا. لكن لدهشتها، لم تكن شخصية مقنعة أو بلطجية، بل امرأة أنيقة التقت بها قبل فترة طويلة، خلال زيارة طفولتها. كانت مدبرة المنزل الرئيسية في القصر، السيدة كاور،

التي أصبحت الآن أكبر سناً ولكنها لا تزال تحمل نفسها بنفس جو الكرامة.

قالت السيدة كاور بهدوء: "أنت مستيقظة"، وهي تدخل وتغلق الباب خلفها. "لقد مررت برحلة رائعة، آنسة شارميلا."

نظرت شارميلا إليها وهي لا تزال مشوشة ولكنها الآن في حالة تأهب. "أين أنا ؟ ماذا حَدثَ ؟ لماذا أنا هنا ؟"

تنهدت السيدة كاور، كما لو كانت مثقلة بالمعرفة التي تحملها. "أنت في قصر الملك تيج بهادور، كما يجب أن تتذكر. أحضرتك والدتك إلى هنا ذات مرة عندما كنت صغيرًا، لكن الظروف تغيرت. تلقيت تعليمات بالاعتناء بك في الوقت الحالي. هذا كل ما أعرفه ".

تسابق عقل شارميلا مع الاحتمالات. "من أحضرني إلى هنا ؟ لماذا ؟"

"لا أستطيع أن أقول على وجه اليقين"، أجابت السيدة كاور، لهجتها حذرة ومسيطر عليها. "كل ما أعرفه هو أنك بأمان هنا في الوقت الحالي. تم إبلاغ والدتك بسلامتك ".

أصبح وجه شارميلا صارماً. "تقصدين أمي ؟ هل كانت تعرف ما حدث لي ؟ هل أرسلت في طلبي ؟"

ترددت السيدة كاور للحظة قبل أن تجيب. "إنها متورطة، لكنني لا أعرف إلى أي مدى. أنصحك بالراحة الآن، آنسة شارميلا. سيتم توضيح كل شيء قريبًا ".

وفي الوقت نفسه، يأس أبهيمانيو

مع استمرار الساعات دون أي علامة على شارميلا، كان أبهيمانيو يزداد يأسًا. لقد جرب كل قناة ممكنة للعثور عليها ؛ الاتصال بالشرطة، والتحدث إلى المسؤولين الحكوميين وحتى التواصل مع مصادره الخاصة داخل وكالات الاستخبارات. ولكن لم يكن هناك شيء ؛ لا خيوط، لا معلومات والأسوأ من ذلك كله، لا ملاحظة فدية.

محبطًا وعلى حافة الذعر، تذكر أبهيمانيو جهاز النداء الذي أهداه لشارميلا. لقد كان خط اتصال سريًا، وهو شيء استخدموه عدة مرات

لتبادل الرسائل دون أن يعرف أي شخص آخر. تحسس هاتفه وحاول استدعائها، لكن ما أثار استيائه أنه كان مغلقاً.

لماذا تم إيقافه ؟ تساءل. كانت شارميلا حذرة دائمًا ؛ لم تكن لتغلق هذا الجهاز طواعية. كان هناك شيء خاطئ بشكل رهيب وغرق قلبه عند التفكير في ما قد يحدث لها.

بينما كان يفكر في خطوته التالية، تلقى أبهيمانيو رسالة من الشرطة. لقد عثروا على آثار الكلوروفورم في غرفة شارميلا. وبينما أبقته الشرطة طي الكتمان، أصبحت الآثار واضحة الآن ؛ فقد تم تخدير شارميلا واختطافها. ولكن من كان لديه الموارد والجرأة للقيام بمثل هذه الحيلة ؟ ولماذا ؟

مع كل دقيقة تمر، كان قلق الأمة ينعكس من تلقاء نفسه. كانت القنوات الإخبارية تعج بالتكهنات، وحتى أعضاء حزبه كانوا يتساءلون عن دوره في اختفاء شارميلا. حذرته والدته من فخ محتمل والآن يبدو أن الفخ يقترب.

تاريخ القصر المظلم

بالعودة إلى القصر، كانت شارميلا تجمع الأشياء ببطء. لم تمنحها إجابات السيدة كاور الغامضة الكثير للمضي قدمًا، لكن حقيقة أن والدتها كانت متورطة بطريقة ما أثارت أسئلة مقلقة. لماذا تنظم أناميكا، زعيمة المعارضة، اختطاف ابنتها ؟ وما هو الدور الذي لعبه قصر الملك تيج بهادور القوي في كل هذا ؟

تجولت شارميلا في الممرات الكبرى للقصر، وعقلها يتسابق وهي تحاول فهم كل شيء. كان القصر ذات مرة مقرًا للسلطة، لكنه سقط منذ فترة طويلة في حالة إهمال بعد أن تضاءل نفوذ الملك تيج بهادور السياسي. ومع ذلك، حتى في حالته المتضائلة، احتفظ القصر بسحر معين. حافظت العائلة المالكة دائمًا على علاقات مع القادة السياسيين المؤثرين وكانت عائلة شارميلا قريبة منهم خلال طفولتها.

لكن لماذا أحضرتها إلى هنا الآن ؟ بدا القصر أشبه بسجن مذهب أكثر من كونه مكانًا للجوء.

بينما كانت تتجول في قاعات القصر، تعثرت شارميلا على باب كبير ثقيل في نهاية ممر خافت الإضاءة. بشكل غريزي، دفعتها مفتوحة، وكشفت عن غرفة مبطنة بالصور والوثائق والرسائل القديمة. كان من الواضح أن هذا كان نوعًا من الأرشيف، وكنزًا دفينًا للقصر ؛ وربما أسرار العائلة المالكة.

بدأت شارميلا في غربلة الوثائق، على أمل العثور على بعض الأدلة حول سبب إحضارها إلى هنا. وبعد ذلك، مدسوسًا في زاوية رف كتب قديم، وجدت رسالة موجهة إلى والدتها، أناميكا سينغ. كان خط اليد لا لبس فيه ؛ كان ينتمي إلى الملك تيج بهادور نفسه.

ارتجفت يداها عندما فتحت الرسالة، حيث تشير محتوياتها إلى وجود علاقة أعمق وأكثر شراً بين العائلة المالكة وعائلتها. كانت هناك إشارات إلى الصفقات السياسية والخيانات والوعود التي قطعت قبل وقت طويل من ولادة شارميلا. كلما قرأت أكثر، أصبح الأمر أكثر وضوحًا، لم يكن هذا اختطافًا عاديًا. كان هذا نتيجة لاتفاق عمره عقود بين عائلتين قويتين، وهو الاتفاق الذي وضعها الآن في قلب لعبة قوة خطيرة.

التهديد المتنامي

مع غروب الشمس في يوم آخر بدون شارميلا، ظلت الأمة بأكملها على الحافة. استمرت وسائل الإعلام في تأجيج التكهنات ووصلت التوترات السياسية إلى نقطة الغليان. في مؤتمر صحفي في وقت متأخر من الليل، أدلت أناميكا سينغ ببيان علني، صوتها مليء بالغضب بالكاد. نادت أبهيمانيو مباشرة، متهمة إياه بتدبير اختفاء ابنتها لإضعاف المعارضة.

أعلنت أناميكا: "لن أرتاح حتى يتم العثور على ابنتي". "وإذا اعتقد الحزب الحاكم أنه يمكنه إسكاتي من خلال هذا العمل الجبان، فإنهم مخطئون بشكل خطير."

أرسلت كلماتها موجات صدمة عبر المشهد السياسي، تاركة لأبهيمانيو المزيد لإثباته. ولكن على الرغم من الضغط المتزايد، كان مصمماً على العثور على شارميلا بغض النظر عن التكلفة.

لم يكن يعلم أنها كانت بالفعل أقرب إلى الحقيقة مما أدركه أي شخص وأن الوحي الذي كشفت عنه داخل جدران القصر سيغير مسار حياتهما إلى الأبد.

الفصل الرابع عشر

جلست شارميلا في غرفة الطعام المزخرفة، وأصابعها تجتاح حافة كرسيها وهي تحاول السيطرة على زوبعة العواطف المستعرة داخلها. بدت الثريات الكبرى المعلقة فوقها، والأثاث المنحوت بشكل معقد، والخلط الهادئ للخدم في الخلفية كلها فاخرة للغاية بالنسبة للموقف الذي وجدت نفسها فيه. عبر الطاولة جلست راجا تيج بهادور، التي كانت ذات يوم ملكة قوية والآن نائبة رئيس حزبها، وبجانبه والدتها، أناميكا سينغ ؛ زعيمة المعارضة. لقد نسقوا اختطافها، والآن كانوا يجلسون هنا كما لو كان هذا مجرد نقاش عائلي.

خيانة عميقة. كانت والدتها، المرأة التي أعجبت بها واحترمتها طوال حياتها، قد رتبت لاختطافها مثل بيدق في لعبة سياسية. دق قلبها في صدرها، لكنها أجبرت نفسها على البقاء هادئة. كانت هنا للحصول على إجابات، وفقدان السيطرة لن يجعلها أقرب إليهم.

"آمل أن تفهمي أن هذا،" أشارت حولها، "ليس هو السبيل لحل المشاكل، أمي." كان صوتها جليديًا، وغضبها مسيطر عليه بإحكام.

ظل تعبير أناميكا هادئًا ولكنه متوتر، وضغطت شفتيها على خط رفيع. انحنى راجا تيج بهادور، أو راجاجي كما كان يشار إليه في كثير من الأحيان، إلى الأمام قليلاً، مما يشير إلى أن شارميلا تخفض صوتها. قال وهو يلقي نظرة على الخدم الذين كانوا يتحركون بسرية في جميع أنحاء الغرفة: "دعونا نحافظ على هذه المحادثة متحضرة". "لا نحتاج إلى أن يعرف الجميع هنا أعمال عائلتنا."

أمسكت شارميلا فكها لكنها لم تتحدث أكثر من ذلك، في انتظار تفسير. شعرت بثقل اللحظة يستقر بشدة فوق الغرفة.

قال رجحي بصوت ثابت ولكنه موثوق: "اجلسي يا شارميلا". "نحن بحاجة إلى التحدث."

جلست شارميلا على مضض، وهي تطوي ذراعيها وهي تحدق في الشخصين اللذين كانت تثق بهما أكثر في حياتها. كان الهواء كثيفًا بالتوتر، لكنها كانت مصممة على سماعهم.

بدأ راجاجي. "يجب أن تفهم، نحن لا نفعل هذا لإيذائك. نحن نحاول حمايتك وحماية الحفلة. المشهد السياسي الحالي هش، ولا يمكننا تحمل أي أخطاء ".

ضاقت عينا شارميلا. "إذن، اختطافي هو جزء من خطتك"لحمايتي "؟ هذه ليست الطريقة للتعامل مع السياسة، راجاجي، وأنت تعرف ذلك.

تحدثت أناميكا، التي كانت صامتة حتى الآن، أخيرًا. "شارميلا، هذا لا يتعلق بك فقط. إنه يتعلق بمستقبل حزبنا، الإرث الذي بنيناه على مدى عقود. أنت قريب جدًا من أبهيمانيو. إنه أمر خطير ".

غرق قلب شارميلا أكثر. كان هذا عن أبهيمانيو ؛ عن قربها منه. كانت تشك في ذلك، لكن سماعها يؤكد ذلك جعل معدتها تلتف. "خطير ؟ كيف ؟ نحن نعمل فقط على مشروع معًا، لا شيء أكثر من ذلك ".

انحنت والدتها إلى الأمام وعيناها حادتان. "هذا ما تؤمن به، ولكن هناك المزيد هنا. أبهيمانيو ليس مجرد سياسي آخر. إنه ابن المرأة المسؤولة عن سقوط حزبنا. هل تعتقد حقًا أنها مصادفة أنه مهتم بك فجأة ؟"

شد فك شارميلا. "لا أرى أن لهذا علاقة بأي شيء."

تبادل راجاجي نظرة سريعة مع أناميكا قبل المتابعة. "شارميلا، قد لا ترين ذلك، لكن أبهيمانيو يمكن أن يكون خلدًا زرعته والدته لكسر حزبنا. اهتمامه بك مناسب للغاية. وإذا أدى ذلك إلى شيء أكثر من ذلك، فقد يكون كارثيًا للمعارضة ".

حدقت شارميلا في رجحي غير مصدقة. "أنت تقول أن أبهيمانيو يحاول التلاعب بي ؟ أنه يستغلني لإفساد حفلتنا ؟"

أومأت أناميكا برأسها ببطء. "ليس لدينا دليل، لكننا نحقق. قربه المفاجئ منك يثير الكثير من علامات الخطر. عليك أن تفهم أن أفعالك لها عواقب، ليس فقط بالنسبة لك ولكن للحزب بأكمله. إذا واصلت

هذه... الصداقة مع أبهيمانيو، سيتحدث الناس. سوف يشككون في ولائك، وهذا من شأنه أن يضعفنا ".

هزت شارميلا رأسها غير مصدقة. "إذن، ماذا تتوقع مني أن أفعل ؟ هل تريد إنهاء جميع الاتصالات معه ؟ تجنبه في كل منعطف لمجرد أنك مصاب بجنون العظمة ؟"

أصبح صوت رجحي بارداً. "نحن لسنا مذعورين، شارميلا. نحن واقعيون. والحقيقة هي أنه كلما بقيت على مقربة من أبهيمانيو، وكلما وضعته هو ونفسك في خطر. إذا بدأ الناس في الاعتقاد بأنكما متورطان عاطفياً، فسيعتقدون أنكما تخونان الحفلة. والأسوأ من ذلك، قد يعتقدون أنك تخطط للانتقال إلى معسكر والدته ".

تخطي قلب شارميلا نبضة. لم تخطر الفكرة على بالها أبدًا، ولكن الآن بعد أن قالوا ذلك بصوت عالٍ، أدركت مدى خطورة وضعها. كانت الآثار السياسية لعلاقتها مع أبهيمانيو، حتى لو كانت مهنية بحتة، بعيدة المدى. لن تقبل المعارضة أبدًا مثل هذا الاتحاد، ولا شك أن الحزب الحاكم سيستغله لخلق شرخ داخل المعارضة.

خف صوت أناميكا، لكن كلماتها كانت مليئة بالتحذير. "نحن لا نطلب منك قطع العلاقات معه إلى الأبد. فقط لفترة من الوقت. دع الأمور تهدأ. دع الشائعات تموت. خذ استراحة، اذهب في إجازة، سافر لمدة ستة أشهر ؛ أي شيء لخلق مسافة بينك وبينه.

حدقت شارميلا في والدتها في عدم تصديق. "هل تريدني أن أختفي لمدة ستة أشهر ؟ أن أترك عملي، ومسؤولياتي، لمجرد أنك تعتقد أن علاقتي مع أبهيمانيو تشكل تهديدًا ؟"

لم تتذبذب نظرة أناميكا. "نعم. إنها الطريقة الوحيدة لحمايتك وحمايته. إذا واصلت هذا الطريق، فقد تكون حياته في خطر ".

تجمدت شارميلا. "ماذا ؟ ماذا حدث لحياته ؟ ما الذي تتحدث عنه ؟"

أصبح وجه رجحي صارماً. "إذا كان الحزب يعتقد أن أبهيمانيو يشكل تهديدًا لوحدتنا، فهناك أولئك الذين سيتولون زمام الأمور بأيديهم. أنت تعرف كيف تعمل السياسة يا شارميلا. إنه لا يرحم. سيفعل الناس كل ما يلزم لحماية سلطتهم ".

تمخضت معدة شارميلا. كانت فكرة أن حياة أبهيمانيو يمكن أن تكون في خطر بسبب علاقتهما، مهما كانت بريئة، مرعبة. لكنها لم تستطع قبول حلهم ؛ فالاختفاء لمدة ستة أشهر بدا وكأنه هروب، مثل الاعتراف بالهزيمة.

"وإذا لم أوافق ؟ سألت شارميلا صوتها بصوت منخفض ولكن ثابت.

تشدد تعبير رججي. "ثم سيكون أبهيمانيو تحت رحمة أولئك الذين يرون أنه يشكل تهديدًا. وكذلك أنت ".

خففت عينا والدتها، وتوسلت إليها بطريقة لم تكن تتوقعها. "شارميلا، نحن نفعل هذا فقط لأننا نهتم بك. نريد حمايتك أنت وأبهمانيو أيضًا. ولكن عليك أن تتخذ القرار الصحيح. ابتعد عنه الآن، قبل فوات الأوان ".

ضغط ثقل الموقف على شارميلا، ولحظة، لم تكن متأكدة مما يجب القيام به. كانت المخاطر أعلى مما كانت تتخيل، وكانت العواقب حقيقية. لم تكن تريد أن تخسر أبهيمانيو، لكنها أيضًا لم تستطع المخاطرة بحياته، أو حياتها، بسبب شيء قد يكون خارج سيطرتهم.

أخيرًا، تحدثت، وصوتها حازم. "سأفكر في الأمر. لكن لا تتوقع مني أن أختفي. لدي حياتي الخاصة لأقودها، ولن يتم التلاعب بي هكذا ".

استندت راجاجي إلى الوراء، راضية عن ردها في الوقت الحالي. "هذا كل ما نطلبه، شارميلا. خذ وقتك، ولكن اتخذ القرار الصحيح. إنه من أجلك ومن أجله ".

عندما نهضت شارميلا من الطاولة، كان عقلها عبارة عن دوامة من المشاعر المتضاربة. كانت تعرف شيئًا واحدًا مؤكدًا ؛ كان لوالدتها ورجاجي أجندتهما الخاصة، ولم يكن الأمر يتعلق بحمايتها فقط. كان السؤال، هل ستلعب، أم ستقاوم ؟

عندما غادرت غرفة الطعام، ظلت إحدى الأفكار تتكرر في ذهنها: إذا كانوا على استعداد للذهاب إلى هذا الحد لفصلها عن أبهيمانيو، فما الذي كانوا قادرين على فعله ؟

والأهم من ذلك ؛ ماذا كانت ستفعل حيال ذلك ؟

الفصل الخامس عشر

جلست شارميلا بمفردها في المكتب الهادئ، وأصابعها تتدفق على حواف الكتب المربوطة بالجلد مكدسة بدقة على الرفوف. يلقي الضوء الخافت من مصباح الطاولة القريب ظلالًا ناعمة عبر الغرفة، لكن عقلها كان بعيدًا عن الهدوء. كانت محاصرة في عالم من عدم اليقين، حيث بدا كل قرار وكأنه خطوة إلى المجهول. هل يجب أن تتواصل مع أبهيمانيو ؟ ماذا لو كان الاتصال به يعرض حياته للخطر ؟ إذا كان رد فعله عاطفيًا أو اندفاعيًا للغاية، فقد يلاحظ الآخرون. وفي السياسة، حتى أصغر زلة يمكن أن يكون لها عواقب مميتة.

كان جهاز النداء أبهيمانيو قد أعطاها الاستلقاء في حضنها، وهو شريان الحياة للشخص الوحيد الذي تثق به أكثر خارج عائلتها. لكن استخدامه بدا وكأنه يحمل سيفًا ذا حدين. فكرت في العواقب إذا سمعه شخص ما، أو ما هو أسوأ، إذا اكتشف الشخص الخطأ اتصاله السري. كانت أصابعها تحوم فوق الجهاز، وقلبها ينبض. كانت تتوق إلى أن تسمع منه، لتعرف أنه آمن وغير متورط في الفوضى المحيطة باختطافها. لكن الاتصال به قد يفضح كليهما.

تنهدت شارميلا، متكئة على الكرسي الفخم، في محاولة لوزن المخاطر. كان عليها أن تفكر بوضوح. بعد كل شيء، تعلمت ما يكفي عن الاستراتيجية السياسية لمعرفة أن اتخاذ قرارات متسرعة غالبًا ما يؤدي إلى كارثة. في قلبها، كانت تثق في أبهيمانيو، لكنها لم تستطع تجاهل حقيقة وضعهم. كانوا متشابكين في شبكة أكبر بكثير من مشاعرهم الشخصية. أغمضت عينيها، وقاومت القلق المتزايد في صدرها.

ربما سيحاول الوصول إلي، فكرت. سيكون من الأسهل بهذه الطريقة. هناك مخاطر أقل في ذلك. سمحت لنفسها بلحظة قصيرة من الأمل، ثم دفعتها إلى أسفل. الأمل لن يحل هذه المعضلة. كانت بحاجة إلى خطة. أخذت نفسًا عميقًا، ووضعت جهاز النداء على المكتب، وقررت البقاء هادئة ؛ في الوقت الحالي. أخبرتها غرائزها أن أبهيمانيو

سيتواصل عندما يحين الوقت المناسب، وعندما يفعل ذلك، كان عليها أن تكون حذرة، حذرة للغاية.

في جميع أنحاء البلاد، كانت الفوضى تختمر. كانت كل من المعارضة والحكومة تبحثان عن شارميلا مع تزايد اليأس. أثارت وسائل الإعلام الغضب العام، وكان الناس يطالبون بإجابات. واندلعت الاحتجاجات في الشوارع، حيث ألقى المتظاهرون باللوم على الحكومة، بينما أشار آخرون بأصابع الاتهام إلى المعارضة. لا أحد يعرف الحقيقة ؛ أن كلا الطرفين كانا يطاردان الظلال. كان الجناة الحقيقيون قد اعترفوا بالفعل.

دون علم الجمهور، تم التقاط اثنين من الممرضين من منزل الدائرة بهدوء من قبل عملاء سريين ليلة الاختطاف. أثناء الاستجواب المكثف، اعترفوا بكل شيء، وكشفوا عن المؤامرة والأسماء التي تقف وراءها. لكن لم يتم مشاركة هذه المعلومات مع الجمهور. في الواقع، كانت مخبأة في أعماق طبقات من السرية. ثلاثة رجال فقط في الحكومة بأكملها كانوا يعرفون الحقيقة ؛ رئيس الوزراء ووزير الداخلية ومستشار الأمن القومي. قرروا معًا إبقاء الاعتراف طي الكتمان في الوقت الحالي، واختاروا التركيز على العواقب السياسية الأكبر بدلاً من التصرف بناءً على الاعتراف على الفور.

تم نقل الممرضين إلى مكان غير معروف، ودفنوا تحت طبقات من السرية. في الوقت الحالي، كانوا خارج الشبكة، واستمرت جهود البحث الرسمية للحكومة كما لو لم يتم الكشف عن أي شيء. كان من المهم الحفاظ على وهم التحقيق الجاري لمنع الذعر أو الشك. في اليوم الثالث من اختفاء شارميلا، بدأت شائعة تنتشر على إحدى القنوات الإخبارية الأكثر عدوانية: ربما تكون شارميلا قد غادرت البلاد. تكهنت المرساة بعنف، مما يشير إلى أنها قد تكون في دولة أجنبية، ربما تحت حماية "حكومة صديقة". "أرسلت الأخبار موجات صدمة في جميع أنحاء البلاد، على الرغم من عدم وجود دليل يدعم هذا الادعاء.

شعر أبهيمانيو، وهو جالس في مكتبه ويشاهد الأخبار التي تتكشف، بمزيج من الخوف والإحباط. مع عدم وجود خيوط حقيقية، بدا أن

البحث يتحرك في دوائر، وكان يزداد قلقًا بمرور الوقت. كانت شارميلا هناك في مكان ما، وكل ثانية مرت دون اتصال عمقت قلقه.

نظر إلى جهاز النداء الذي أعطاه لها قبل أشهر، وسيلة سرية لهم للتواصل دون جذب الانتباه. أصبح إغراء استخدامه أقوى مع مرور كل ساعة، والآن، مع عدم وجود طريقة أخرى للوصول إليها، قرر أن الوقت قد حان. التقط جهاز النداء وكتب رسالة بسيطة: مرحباً.

انتظر، قلبه يدق، على أمل الحصول على رد. شعرت وكأنها الأبدية، على الرغم من مرور دقيقة واحدة فقط قبل وصول الرسالة. كان رد شارميلا موجزًا ولكنه كافٍ لمنحه بعض الراحة: *يرجى الذهاب إلى مكان لا يستطيع فيه أحد رؤيتك أو ردة فعلك.*

تسارع نبض أبهيمانيو. غمرته الإغاثة ؛ كانت آمنة. وقف، وسرعان ما اعتذر عن الخروج من الغرفة، وشق طريقه إلى منطقة منعزلة، مؤكدًا أنه لا يمكن لأحد أن يسمعه أو يراه. وجد زاوية هادئة، مخبأة عن أعين المتطفلين، وجلس، يمسك بجهاز النداء بإحكام.

جاءت رسالتها التالية على الفور تقريبًا: *أنا بخير، لكن عليك أن تبقى هادئًا. لا يمكننا المخاطرة بمعرفة أي شخص أننا على اتصال. تصرف وكأن شيئًا لم يحدث. من فضلك، من أجل سلامتك.*

ابتسم أبهيمانيو على الرغم من نفسه، شاكرًا حتى على هذا التواصل الصغير. بدأ في الرد، مع إبقاء إجاباته موجزة وحذرة. *أين أنت ؟* سأل.

ترددت شارميلا قبل أن تجيب. كانت قد قررت بالفعل عدم الكشف عن الكثير. إذا اكتشف أي شخص اتصالهم، فلن تسمح بتورطه أو جره إلى مزيد من الخطر. *أنا مع والدتي. لا تقلقي. أنا بأمان. هذا كل ما تحتاج إلى معرفته الآن.*

تسارع قلب أبهيمانيو. على الرغم من ارتياحه لكونها آمنة، إلا أن الطبيعة الغامضة لرسالتها أقلقته. *لماذا كل هذه السرية ؟ هل هناك خطب ما ؟* سأل.

كانت رسالتها التالية حازمة ولكنها مطمئنة: *فقط ثق بي يا أبهيمانيو. سيصبح كل شيء منطقيًا قريبًا. ولكن في الوقت الحالي، نحتاج إلى التصرف كما لو أن شيئًا لم يتغير. لا يمكن لأحد أن يعرف أننا نتحدث*

بهذه الطريقة. *إذا اشتبه* أي شخص... فقد تركت بقية الجملة تتعقب، مع العلم أنه سيتفهم المخاطر.

تبادلوا بعض الرسائل الموجزة، وكلاهما حريص على تجنب مناقشة أي تفاصيل عن اختطافها. شعرت شارميلا أنها اضطرت إلى توجيه المحادثة بعيدًا عن الخطر المحيط بهم. كانت تعلم أنه قلق، لكنها لم تستطع السماح له بالدخول إلى الصورة الكاملة حتى الآن. لم يكن آمناً ؛ ليس لأي منهما.

قبل أن ينهوا المحادثة، أرسلت شارميلا رسالة أخيرة: *لنتحدث مرة أخرى في نفس الوقت غدًا. ولكن من فضلك، كن حذرا. وبغض النظر عما يحدث، حافظ على كل شيء طبيعي من جانبك. لا يمكننا إثارة الشكوك.*

وافق أبهيمانيو، على الرغم من أن اهتمامه بها ظل قائماً. كان يثق في حكم شارميلا، لكن ثقل الموقف أثقل عليه. عندما جلس في هدوء مكتبه، لم يستطع التخلص من الشعور بأن شيئًا أكبر بكثير كان يحدث خلف الكواليس. كان ينتظر حتى الغد، لكن في قلبه، كان يعلم أنهما ينجذبان إلى لعبة خطيرة ؛ لعبة لم يفهمها أي منهما تمامًا بعد.

بينما وضعت شارميلا جهاز النداء الخاص بها بعيدًا، غمرها شعور بالهدوء. كان أبهيمانيو آمنًا، وفي الوقت الحالي، كان ذلك كافيًا. لكن في أعماقها، كانت تعرف أن الوقت سيأتي عندما يتعين عليهم مواجهة حقيقة ما كان يحدث معًا.

الفصل السادس عشر

كان من المفترض أن تكون زيارة أبهيمانيو للقرية بادرة تضامن بسيطة ؛ فرصة لتقديم دعم حقيقي لعائلة المزارع الحزينة التي انتزعت حياته بشكل مأساوي. كان الجو متوتراً عندما دخل القرية، ورأى مدى عمق تأثير الانتحار ليس فقط على الأسرة المباشرة ولكن على المجتمع بأكمله. مشهد وصول قادة المعارضة بشيكات حرارية ؛ وعود وهمية ملصقة على ألواح كبيرة ؛ أغضبه. أصبحت هذه الأعمال المثيرة السياسية الضحلة شائعة، وأصابته بالغثيان لمشاهدتها تستغل موت المزارع للدعاية.

سلم أبهيمانيو، جنبًا إلى جنب مع زملائه، شيكًا حقيقيًا من اثنين من البحيرات للأرملة وأكد لها أن الحكومة ستوفر وظيفة لابنها الأكبر. لقد كان عزاءً صغيرًا في مواجهة مثل هذه الخسارة، لكنه كان حقيقيًا. ومع ذلك، سئمت العائلة من تدفق الزوار الذي لا نهاية له، حيث يقدم كل منهم كلمات فارغة. عندما أغلقوا بابهم أخيرًا، رافضين مقابلة أي شخص آخر، فهم أبهيمانيو إحباطهم.

عندما غادر موكب أبهيمانيو القرية، شعر بمزيج من الحزن والغضب. لم يكن الحادث مجرد انعكاس ليأس رجل واحد ؛ بل كان أحد أعراض القضايا الأعمق التي يعاني منها القطاع الزراعي في البلاد. كان يعلم أنه يجب بذل المزيد من الجهد لمعالجة المشاكل النظامية التي دفعت المزارعين إلى مثل هذه التطرف، لكن المناخ السياسي جعل من الصعب التركيز على حلول حقيقية. انقطعت أفكاره بسبب الظهور المفاجئ لمجموعة من القرويين يسدون الطريق. أصبح الهواء ثقيلًا مع صيحات الغوغاء الغاضبين، ووجهت إحباطاتهم مباشرة إلى الحزب الحاكم.

أصبح الفريق الأمني لأبهيمانيو على الفور في حالة تأهب، في محاولة لإدارة الحشد ونزع فتيل التوتر. كما بدا أن الوضع يزداد خطورة، تقدم رجل من الحشد واقترب من سيارة أبهيمانيو. كان هادئًا لكنه تحدث بسرعة وبشكل عاجل من خلال النافذة المفتوحة قليلاً.

قال الرجل بهدوء: "سيدي، يمكن أن يؤذيك الغوغاء". "من فضلك غادر الآن. وشيء آخر ؛ من فضلك، من أجل سلامتك، امتنع عن البقاء على اتصال وثيق مع السيدة شارميلا. السيدة أناميكا غاضبة جدا منك. شكرًا لك يا سيدي ".

قبل أن يتمكن أبهيمانيو من الرد، اندمج الرجل مرة أخرى في الحشد، واختفى بالسرعة التي ظهر بها. بدأ الغوغاء، كما لو كانوا في إشارة، في التفرق. كان من الواضح أن شخصًا ما قد نسق المشهد بأكمله، وترك لأبهيمانيو أسئلة أكثر من الإجابات.

عندما عاد أخيرًا إلى المنزل، سعى على الفور إلى والدته لمناقشة أحداث اليوم. استمعت والدته، وهي سياسية محنكة تتمتع بعقود من الخبرة، بعناية. كانت تعرف أن التحذير من القروي حول غضب أناميكا كان خطيرًا. لم تكن أناميكا سينغ زعيمة المعارضة فحسب، بل كانت أيضًا خبيرة استراتيجية هائلة لم تستخف بالخيانات المتصورة.

حذرت والدته: "قد يُنظر إلى تورط شارميلا معك على أنه تهديد لخطط والدتها السياسية". "إن التقارب بينكما يمكن أن يخلق تكهنات، وفي السياسة، يمكن أن تكون الشائعات خطيرة مثل الحقائق. يجب أن تخطو بحذر ".

أومأ أبهيمانيو برأسه، متفهمًا خطورة الموقف. اقترحت والدته أن يتراجع كلاهما عن الخلاف السياسي لفترة من الوقت. لقد حان الوقت لاستراحة ـ انسحاب استراتيجي من دائرة الضوء، حتى لو لبضعة أسابيع فقط. جاء اقتراح العطلة بشكل طبيعي، ولكن بينما كانوا يناقشون الوجهات المحتملة، بقيت الفكرة في ذهنه: *هل ستكون شارميلا آمنة ؟* هل يمكن أن تكون جزءًا من نفس الخطة، وتواجه نفس التهديدات ؟

في وقت لاحق من تلك الليلة، بينما كان أبهيمانيو جالسًا في مكتبه، التفت إلى جهاز النداء الخاص به ؛ الوحيد الذي تعرفه شارميلا. تردد للحظة، متسائلاً عما إذا كان من الحكمة التواصل معه. لكن قلقه على سلامتها دفعه إلى إرسال رسالة: *" هل أنت بخير ؟ أعتقد أننا بحاجة إلى التحدث ".*

استغرق الأمر بضع دقائق، ولكن في النهاية، جاء الرد: *"أنا بخير.*
دعونا لا نقلق أي شخص. أوافق على أننا يجب أن نتحدث. هناك شيء
مهم نحتاج إلى مناقشته ".

كان هذا كل ما قالته، لكنه كان كافياً لطمأنته بأنها آمنة، على الأقل في الوقت الحالي. احتاج كلاهما إلى وقت بعيدًا عن الفوضى التي كانت تتراكم حولهما ـ وقت للتفكير، لمعرفة كيفية التنقل في العاصفة التي كانت تختمر بين أسرتيهما والتحالفات السياسية.

الفصل السابع عشر

في صباح اليوم التالي، وضعت والدة أبهيمانيو اللمسات الأخيرة على خطط سفرهم. ستكون عطلة بسيطة، بعيدًا عن الضوضاء السياسية، في مكان ما سري. وفي الوقت نفسه، كانت شارميلا، أيضًا، تخطط لتراجعها الخاص ؛ "عطلة" لتهدئة مخاوف والدتها والحفاظ على مظهرها. لم يبلغ أي منهما عائلته بنواياه الحقيقية، وكانا وحدهما يعرفان الحقيقة: لن تكون عطلتهما مجرد استراحة من السياسة بل فرصة للقاء.

بينما كانا يستعدان، ظل السؤال في ذهن أبهيمانيو: *هل كان هذا من قبيل الصدفة، أم أن شخصًا ما صمم مساراته للعبور ؟* هل كانوا أحرارًا حقًا في اتخاذ خياراتهم الخاصة أم كانوا أيديًا غير مرئية توجههم نحو مواجهة لا مفر منها ؟ كان التحذير الذي تلقاه في القرية يتردد صداه في أفكاره، وكذلك ثقته في شارميلا.

كان الأمر محفوفًا بالمخاطر ؛ خطير، حتى، لكن المخاطر كانت عالية جدًا بحيث لا يمكنهم تجاهلها. كان عليهم أن يجتمعوا، لمعرفة الخطوات التالية، وأن يقرروا ما إذا كانت علاقتهم مسؤولية أو مسارًا.

كانت الغرفة في مكتب رئيس الوزراء مضاءة بشكل خافت، مع توتر ملموس في الهواء. لم يكن الاجتماع المعتاد. بصرف النظر عن رئيس الوزراء ووزير الداخلية ومستشار الأمن القومي (NSA)، كان هناك ضيف خاص يجلس على الطاولة ؛ والدة أبهيمانيو، وهي شخصية سياسية رئيسية في حد ذاتها. كان التجمع سريًا، وكانت المخاطر عالية، وكان يتم حساب كل خطوة بدقة.

بدأت وكالة الأمن القومي، وهو رجل معروف بعقله التحليلي البارد، المناقشة. قال بصوت هادئ وموثوق: "حتى الآن، كل شيء يسير وفقًا للخطة. عملاؤنا ؛ الممرضون ؛ قاموا بعملهم بشكل لا تشوبه شائبة. لقد نجحوا في زرع بذور الشك والارتباك، مع مراقبة أبهيمانيو

وشارميلا عن كثب. علاوة على ذلك، كلاهما غير مدركين تمامًا أننا كنا نراقب اتصالاتهما من خلال جهاز النداء الذي أعطاه لها أبهيمانيو.

استمعت والدة أبهيمانيو باهتمام ؛ وجهها بلا تعبير. تم إطلاعها قبل الاجتماع، لكن سماع التفاصيل مباشرة عزز اعتقادها بأن هذه الخطة كانت حاسمة ليس فقط لمستقبل أبهيمانيو، ولكن لاستقرار إرثهم السياسي. كانت تعرف أن ابنها موهوب، لكن في عالم السياسة الغادر، لم تكن الموهبة الخام كافية. كان التلاعب والاستراتيجية والبصيرة ضروريين للبقاء والازدهار.

واصلت وكالة الأمن القومي، وحددت المرحلة التالية من العملية. "تخطط شارميلا لمغادرة البلاد قريبًا لقضاء عطلة، على الأرجح تحت ذريعة الابتعاد عن الحياة السياسية. هذا بالطبع جزء من استراتيجية والدتها ؛ أناميكا ؛ لإبعادها عن أبهيمانيو. نحن نعلم أنها يتم إرسالها إلى الخارج لتجنب أي تقارب آخر معه، خاصة وأن الشائعات تدور حول علاقتهما. لكننا سنتركها تذهب. في الواقع، نريدها أن تغادر البلاد ".

توقف للحظة، ومسح الغرفة للتأكد من أن الجميع يتابعون خطورة الموقف. "بمجرد أن تستقر شارميلا في وجهتها، سنرتب لأبهيمانيو أن يتبعها. يجب أن يبقى على مقربة منها، بغض النظر عن أي شيء. لقد قمنا بالفعل بتأمين المباني المجاورة في وجهتها المحتملة، وحتى لو كان رجال أناميكا متمركزين هناك، فستكون لنا اليد العليا. سيكون وجودنا متحفظًا، ولكنه فعال ".

انحنى رئيس الوزراء، الذي ظل صامتًا حتى الآن، إلى الأمام قليلاً، ووجهه محجوب جزئيًا بسبب الظلال. سأل بهدوء: "وأبهيمانيو ؟". "هل يفهم الدور الذي يلعبه في هذا ؟"

أجابت والدة أبهيمانيو. "لا يحتاج إلى معرفة كل شيء. لقد قيل له ما يكفي للاعتقاد بأن قربه من شارميلا يصب في مصلحته الشخصية والسياسية. يعتقد أنه يتصرف وفقًا لغرائزه الخاصة، غير مدرك أننا نسير على المسار ".

أومأ رئيس الوزراء برأسه راضياً. "جيد. من الأهمية بمكان أن يظل غير مطلع على الخطة الأكبر. إذا أصبح على علم، فإننا نخاطر بتعريض كل شيء للخطر ".

أجاب وزير الداخلية ؛ لهجته حذرة. "ماذا عن أناميكا ؟ إنها منافسة هائلة. لقد رأينا بالفعل تصرفها بسرعة وبشكل حاسم من خلال تنسيق اختطاف شارميلا. لا يمكننا التقليل من شأنها. إذا شعرت بتدخلنا، فسوف تنتقم، ولا يمكننا تحمل صراع مفتوح في هذه المرحلة ".

ردت وكالة الأمن القومي: "تركز أناميكا على إبعاد ابنتها عن أبهيمانيو. إنها تتصرف بدافع الخوف، وهذا يجعلها قابلة للتنبؤ. تحركاتها دفاعية. إنها تعتقد أنها تبقي شارميلا تحت سيطرتها عن طريق إرسالها إلى الخارج، لكن هذا بالضبط ما نريده. بحلول الوقت الذي تدرك فيه أننا ناورنا من حولها، سيكون الأوان قد فات ".

كان هناك صمت قصير حيث استوعبت الغرفة الآثار المترتبة على المحادثة. تحدثت والدة أبهيمانيو أخيرًا، والتي كانت هادئة في معظم النقاش. "نحن بحاجة إلى التأكد من أن شارميلا لا تشك في أي شيء أيضًا. يجب أن تستمر في الاعتقاد بأن علاقتها مع أبهيمانيو تتطور بشكل طبيعي. إذا أدركت أن هذه خطوة استراتيجية، فسوف تغلق، وسنفقد أي تأثير لدينا عليها.

أومأت وكالة الأمن القومي برأسها. "تُظهر مراقبتنا لمحادثات أجهزة الاستدعاء الخاصة بهم أنهم على اتصال منتظم، لكنهم حذرون. تحاول شارميلا الحفاظ على سرية اتصالاتهم، على الأرجح خوفًا من أن يراقبها شعب والدتها. هذا يصب في مصلحتنا. لقد اعترضنا رسائلهم دون أن يعرفوا، وحتى الآن، كل شيء يشير إلى أن رابطتهم تنمو. إذا تمكنا من الاستمرار في رعاية ذلك، مع إبقائهم قريبين جسديًا خلال فترة وجود شارميلا في الخارج ؛ يمكننا ترسيخ سيطرتنا على الوضع ".

انحنى رئيس الوزراء على كرسيه، وابتسامة باهتة تتشكل على شفتيه. قال بتمعن: "قد تكون هذه لحظة حاسمة". "إذا لعبنا أوراقنا بشكل صحيح، فلن نحيد التهديد الذي يشكله أناميكا فحسب، بل سنؤمن أيضًا

مستقبل حزبنا من خلال أبهيمانيو. وبوجود شارميلا إلى جانبه، يمكننا إعادة تشكيل المشهد السياسي ".

أومأت والدة أبهيمانيو برأسها بالموافقة. "هذا لا يتعلق بالسياسة فقط. يتعلق الأمر بضمان الجيل القادم من القيادة. أبهيمانيو شاب وقادر وكاريزمي. لكنه يحتاج إلى أن يرتكز على شخص له تأثير؛ شخص مثل شارميلا. إذا نجحنا في هذا، فإننا نضمن مستقبلًا يقود فيه كلاهما معًا، مع وجود حزبنا على رأس القيادة ".

اختتمت وكالة الأمن القومي الاجتماع بتذكير أخير. "يجب أن نظل متيقظين. ستستمر مراقبتنا لكل من أبهيمانيو وشارميلا، ووكلاؤنا مستعدون للتدخل إذا لزم الأمر. لكن في الوقت الحالي، كل شيء يسير كما هو مخطط له ".

مع اقتراب الاجتماع من نهايته، كان ثقل استراتيجيتهم معلقًا في الهواء. لم يكونوا يلعبون لعبة سياسية فحسب؛ بل كانوا ينسقون المستقبل، ويتلاعبون بالعلاقات الشخصية والسياسية لضمان هيمنتهم. كان أبهيمانيو وشارميلا، على الرغم من قوتهما في حد ذاتهما، بيادق في لعبة أكبر بكثير؛ لعبة لم يتمكنوا حتى من البدء في فهمها.

عندما بدأ الحضور في المغادرة، بقيت والدة أبهيمانيو للحظة، في أعماق الفكر. كانت تعرف دائمًا أن عالم السياسة لا يرحم، لكنها الآن، أكثر من أي وقت مضى، أدركت مدى تعرضها للخطر. إذا سار كل شيء وفقًا للخطة، فإن ابنها لن يؤمن مستقبله السياسي فحسب، بل يحتمل أيضًا أن يكسب تحالفًا يمكن أن يغير مسار البلاد.

ولكن كان هناك دائمًا السؤال العالق؛ *ماذا لو حدث خطأ ما؟* ماذا لو اكتشف أبهيمانيو الحقيقة؟ هل سيسامحها على التلاعب بحياته، أم أنه سيتمرد؟ كانت هذه مخاطر كان عليها أن تتحملها، لأنه في لعبة القوة هذه، لم يكن هناك مجال للفشل.

الفصل الثامن عشر

كانت أمسية هادئة في متحف بيكاسو في برشلونة. سارت شارميلا، برفقة حارسها الشخصي، عبر الممرات، معجبة بتألق روائع بيكاسو. تحكي كل لوحة قصة، وتضيع في السكتات الدماغية النابضة بالحياة، ومزيج الألوان والعواطف، وكل قطعة فنية ترسمها أعمق في ذهن الفنان. كانت مفتونة، تمشي من غرفة إلى أخرى، تستوعب كل التفاصيل. ولكن وسط حشد من عشاق الفن، كان هناك شيء آخر يحدث، شيء لاحظته فقط. كان رجل، متمركزًا بشكل استراتيجي، يشير إليها بتكتم. وهي، دون كسر إيقاع تقديرها للفن، اعترفت بمهارة بإشاراته.

ظل حارسها الشخصي، الذي ركز على مهمة ضمان سلامتها، غافلاً عن هذه التبادلات. بمجرد انتهاء جولة المتحف، عادت شارميلا إلى فندقها، وهو مؤسسة فاخرة حيث تم حجز جناح لكبار الشخصيات لها. عندما دخلت الجناح، طلبت من الحارس الشخصي أن يتقاعد الليلة. قالت بصوت هادئ ومتحمس: "يمكنك الذهاب الآن". انحنى الحارس الشخصي، دون تفكير ثانٍ، قليلاً وغادر إلى غرفته الخاصة في قسم دار الضيافة في الفندق.

بمجرد أن أغلق الباب خلفه، شعرت شارميلا باندفاع الترقب. كانت تعرف من سيأتي. شق أبهيمانيو، الذي كان ينتظر بصبر في الظل حتى يغادر الحارس، طريقه نحو جناحها. تحرك بحذر، وقلبه ينبض بإثارة اللقاء السري. لم يكن هذا اجتماعًا عاديًا. كان حبهم، المخفي عن أعين الجمهور، توازنًا دقيقًا بين السياسة والسلطة والرغبة الشخصية. ومع ذلك، في لحظات كهذه، كانوا هم فقط ؛ أبهيمانيو وشارميلا.

فتح الباب، والتقت أعينهم. أضاء وجه شارميلا بالارتياح والفرح. سمحت له بالدخول بسرعة. همست: "أنت هنا"، وأغلقت الباب خلفه. تلاشى التوتر في الأيام القليلة الماضية أثناء جلوسهم للتحدث. لمدة ساعتين، تحدثوا بأصوات خافتة، وتبادلوا القصص، وناقشوا وزن

علاقتهم الخفية، وحتى ضحكوا على سخافات العالم السياسي التي تفرقهم باستمرار. في تلك اللحظة، لم يكن هناك شيء آخر مهم.

بينما كانوا يتحدثون، التقط أبهيمانيو، بدافع العادة، قطاعة أظافر ترتكز على إبريق الشاي. دون التفكير كثيرًا في الأمر، بدأ في تقليم أظافره أثناء الدردشة. لقد كان عملاً صغيرًا يبدو تافهًا. سقطت القطع الصغيرة من المسامير برفق على الطاولة، دون أن يلاحظها كلاهما.

عندما انتهى وقتهما معًا، وقف أبهيمانيو للمغادرة. تبادلوا عناقًا أخيرًا، وكلاهما غير راغبين في الانفصال ولكن مع العلم أنه يتعين عليهم ذلك. همست شارميلا أثناء خروجه من الجناح: "سنلتقي مرة أخرى قريباً".

بمجرد إغلاق الباب، شعرت شارميلا بشعور عميق بالرضا. كانت واقعة في الحب، وخلال هاتين الساعتين، رفع ثقل العالم عن كتفيها. استلقت على السرير، وأعادت الأمسية في ذهنها، واستمتعت باللحظات التي قضاها مع أبهيمانيو. كانت أفضل ليلة لها، ليلة مليئة بالحب والمودة، خالية من الواقع القاسي للسياسة.

لكن غير معروف لهم، كان هناك شيء أكثر شراً يتكشف. لم يتم وضع قاطع الأظافر الذي استخدمه أبهيمانيو بشكل عرضي على الطاولة عن طريق الصدفة. شخص ما تركها عمدا هناك، متوقعا أنه سيستخدمها. وبمجرد أن تناثرت قطع أظافره على الطاولة، تم جمعها بعناية.

بعد أن غادر أبهيمانيو، دخلت شخصية غامضة إلى الجناح، تتحرك بصمت، كما لو كانوا ينتمون إلى هناك. بدقة دقيقة، جمع الشخص القطع الصغيرة من أظافر أبهيمانيو، ووضعها في حزمة صغيرة. تم حساب كل خطوة، وتم القيام بها لغرض ما. غادر الشخص الغرفة بهدوء كما دخل، دون أن يلاحظه أحد شارميلا، التي كانت قد انجرفت بالفعل إلى نوم هادئ.

تم تسليم الحزمة، التي تحتوي على قصاصات أظافر أبهيمانيو، إلى شخص آخر ؛ شخص كان ينتظر هذه اللحظة بالضبط. كان التسليم سريًا، حيث تم في زاوية مظلمة من ساحة انتظار السيارات في الفندق، بعيدًا عن أعين المتطفلين. لكن الأسئلة بقيت: *من أراد الحمض النووي لأبهيمانيو ؟ ولماذا يريدون ؟*

تعمق اللغز مع كل لحظة تمر. يمكن أن يعني جمع حمضه النووي شيئًا واحدًا فقط ؛ كان شخص ما يستعد لاستخدامه لشيء أكثر خطورة بكثير مما يمكن أن يتخيله شارميلا أو أبهيمانيو. هل كان خصماً سياسياً يتطلع إلى تلفيق التهمة له ؟ أو ربما كان ثأرًا شخصيًا ضد الزوجين الشابين ؟

الحمض النووي، كما أثبت العلم، يمكن أن يفتح العديد من الأسرار. باستخدام عدد قليل من الخلايا، يمكن للمرء أن يكشف عن هوية الشخص، أو يتتبع نسبه، أو حتى يزرع أدلة لتوريط شخص ما في جريمة. إن مجرد امتلاك الحمض النووي لأبهيمانيو فتح عالماً من الاحتمالات، لا شيء منها جيد.

عندما اختفى الشكل في الليل مع حزمة قصاصات الأظافر، فجر إدراك تقشعر له الأبدان ؛ لم تكن اللعبة قد انتهت بعد. كانت المخاطر قد ارتفعت للتو، وقد تكون العواقب مدمرة لكل من أبهيمانيو وشارميلا. كان هناك شخص ما، يسحب الخيوط، وكانوا يلعبون لعبة لم يشترك فيها أبهيمانيو ولا شارميلا. إنها لعبة، حيث يمكن لكل خطوة أن تغير حياتهم إلى الأبد.

الفصل التاسع عشر

جلست أناميكا في مكتبها الخافت، وضغط الهاتف بإحكام على أذنها. كان صوتها هادئًا، لكن التوتر الكامن كان واضحًا عندما تحدثت إلى ابنتها شارميلا. قالت: "تذكر التحذير الذي أعطيتك إياه". "هذه ليست لعبة. تعتمد سمعة الحزب وسمعتي كزعيم للمعارضة على تقديرك ".

بدا صوت شارميلا على الطرف الآخر متألقاً، على الرغم من أن تلميحاً من العصبية بقي تحت كلماتها. أكدت لوالدتها، "أنا على دراية جيدة بالمخاطر، أمي. لن أفعل أي شيء يعرض الحزب أو أنت للخطر. لم أكن على اتصال مع أبهيمانيو، وليس لديه أي فكرة عن مكاني ".

استمعت أناميكا بعناية، ووزنت كلمات ابنتها. كانت شارميلا ذكية، لكن أناميكا عرفت أنها يجب أن تظل متيقظة. كانت العلاقة بين شارميلا وأبهيمانيو خطيرة، خاصة في عالمهما السياسي حيث تحولت التحالفات مثل الرمال المتحركة. بعد دقيقة من الصمت، تحدثت مرة أخرى، هذه المرة بحافة من التحذير. "جيد. لكن لا تنس أننا مراقبون طوال الوقت. خطوة واحدة خاطئة، وكل ما عملنا من أجله يمكن أن ينهار ".

مع ذلك، أنهت أناميكا المكالمة، وعقلها يتسابق بالفعل إلى المهمة التالية في متناول اليد. ألقت نظرة خاطفة على الظرفين المختومين على مكتبها. احتوت إحداها على قصاصات الأظافر الصغيرة لأبهيمانيو، والتي تم جمعها بعناية من غرفة الفندق في برشلونة. احتفظت الأخرى بنتائج اختبار الحمض النووي الذي كلفت به. لم تكن هذه نتائج اختبار عادية ؛ بل امتلكت القوة والنفوذ والقدرة على تدمير الأرواح.

دون تردد، أغلقت أناميكا كلا الظرفين في غرفة بنكها القوية. شخص واحد فقط يعرف عن هذا ؛ الرجل الذي كان إلى جانبها منذ شبابها، براكاش جا.

لم يكن براكاش ملازمًا عاديًا. لقد كان مع عائلة أناميكا لأطول فترة يمكن أن تتذكرها، يخدم والدها بولاء لا يتزعزع. كان والدها قد وثق في براكاش بحياته، وسلّمه المسؤولية النهائية: حماية ابنته، أناميكا، بأي ثمن. لقد أوفت براكاش بهذا الواجب بدقة، حيث قادت أناميكا عبر المياه الوعرة للسياسة، مما يضمن صعودها إلى قمة حزبها. لقد وقف إلى جانبها خلال كل انتصار سياسي وهزيمة، والآن، من خلال تشابك ابنتها المتقلب مع أبهيمانيو.

لكن حتى براكاش، الموثوق به، لم يكن يعرف المدى الكامل للتحقيق في الحمض النووي. احتفظت أناميكا بهذا الجزء لنفسها، محبوسة في نفس القبو مثل التقرير وقصاصات الأظافر. بقي السؤال في ذهنه: *لماذا ؟* لماذا اتخذت مثل هذه الخطوة الجذرية للحصول على الحمض النووي لأبهيمانيو ؟ ماذا كانت خطتها الحقيقية ؟

اشتبه براكاش في شيء أعمق بكثير من مجرد العلاقة بين شارميلا وأبهيمانيو. كان يعرف أناميكا أكثر من أي شخص آخر، ولم تكن من النوع الذي يتصرف دون غرض محسوب بعناية. هل كانت تخطط لاستخدام هذا الحمض النووي كوسيلة ضغط ضد أبهيمانيو ؟ أو ربما، بشكل أكثر إثارة للقلق، هل كانت تستعد لتوريطه في شيء أكثر شراً ؟

بينما كان يقف بصمت في ظلال عالم أناميكا، عرف براكاش أن كل ما كانت تخطط له، كان شيئًا يمكن أن يهز أسس مشهدهم السياسي. لم يكن التحقيق في الحمض النووي يتعلق فقط بحماية شارميلا من أبهيمانيو ؛ بل كان يتعلق بالسيطرة والسلطة والتأكد من أن إرث أناميكا لا يزال سليماً، بغض النظر عن التكلفة.

في هذه الأثناء، جلست أناميكا بهدوء بعد حبس الأدلة. كانت تعرف أنها لا تستطيع الوثوق بأي شخص بشكل كامل ؛ ولا حتى براكاش. يمكن أن تدمر المعلومات الموجودة في تلك الأظرف أبهيمانيو، لكنها يمكن أن تدمر ابنتها أيضًا إذا لم يتم التعامل معها بعناية. كان عليها أن تمشي بحبل مشدود، وتوازن بين طموحاتها السياسية والحاجة إلى حماية أسرتها.

عاد عقلها إلى المحادثة مع شارميلا. بدت ابنتها واثقة، لكن أناميكا لم تكن متأكدة من ذلك. كان الحب بين شارميلا وأبهيمانيو عائقًا، وإذا ظهر، فقد يكون كارثيًا. لهذا السبب اتخذت الخطوة الاستثنائية المتمثلة في جمع الحمض النووي لأبهيمانيو. لم يكن الأمر يتعلق فقط هنا والآن ؛ بل كان يتعلق بضمان أن يكون لها اليد العليا في كل سيناريو ممكن.

ولكن كان هناك شيء أكثر من ذلك، شيء أعمق قضمها. كانت عائلة أبهيمانيو قوية، تمامًا كما كانت عائلتها. كانت هناك أسرار مدفونة في الماضي، وصلات بين عائلاتهم تجاوزت التنافس السياسي. عرفت أناميكا أن الحمض النووي يمكن أن يكشف الحقائق الخفية، تلك التي قد تغير كل شيء. هل كان هناك شيء في سلالة أبهيمانيو يمكن استخدامه ضده؟ أم كان هناك سر أكثر قتامة يربط عائلاتهم معًا بطرق لم يدركها أحد بعد ؟

مع اقتراب هذه الأسئلة من ذهنها، أدركت أناميكا أنها لا تستطيع تحمل ارتكاب أي أخطاء. يجب أن تكون كل خطوة دقيقة، ويجب حساب كل إجراء. لقد قطعت شوطًا طويلاً حتى تفقد السيطرة الآن.

في الوقت الحالي، كانت الأسرار مخفية، ولا يعرفها سوى هي. لكن الساعة كانت تدق.

الفصل العشرون

صمتت الغرفة. تجلس شارميلا على حافة الأريكة، ووجهها شاحب ومتوتر، وتتجنب نظرة والدتها الثاقبة. سؤال أناميكا معلق في الهواء مثل ضباب كثيف:. من هو الصبي ؟

عرفت شارميلا أن السؤال لا مفر منه، لكنها لا تزال تشعر بأنها غير مستعدة للإجابة. كانت حريصة، أو على الأقل اعتقدت أنها كانت كذلك. الاجتماعات السرية، واللقاء في وقت متأخر من الليل مع أبهيمانيو، وعمل التوازن الدقيق الذي قاموا به في الأماكن العامة ؛ لقد لعبوا أدوارهم بشكل جيد، متظاهرين بأنهم غرباء في النهار بينما كانوا يقتربون في ظلال الليل. ولكن الآن، بدا أن كل هذا الحذر يتفكك.

أغمضت عينيها، في محاولة لقمع موجة الغثيان التي طغت عليها في قاعة البرلمان. تسابق عقلها بالأفكار، لكن لم تأت أي كلمات. لم تكن أناميكا، والدتها، زعيمة المعارضة التي لا تقهر، شخصًا يمكن خداعه بسهولة. لقد رأت شارميلا تلك النظرة الفولاذية في عينيها من قبل، وهي نظرة تعني أنها كانت تعرف الإجابة بالفعل لكنها أرادت التأكيد. لم يعد هناك مخبأ الآن.

بعد توقف طويل، تحدثت شارميلا أخيرًا، وصوتها مهتز ولكنه حازم. "لا يوجد أحد يا أمي".

ضيقت عينا أناميكا تعبيرها. سارت ببطء في جميع أنحاء الغرفة، وكعبها ينقر بحدة على الأرض الرخامية. "هل تعتقد أنني لا أعرف ؟" قالت بصوت منخفض ولكن بحافة لا لبس فيها." لقد كنت تقابله، أنا أعرف كل شيء. لطالما عرفت ".

غرق قلب شارميلا. بالطبع، كانت والدتها تعرف. كان لأناميكا عيون وآذان في كل مكان. لكن ما لم تعرفه ؛ ما صلت شارميلا أنها لا تعرفه ؛ هو عمق علاقتها مع أبهيمانيو. كانت حقيقة قربهم واجتماعاتهم السرية أكثر بكثير من مجرد مواقف سياسية. كان حقيقيا، وكان خطيرا.

قالت شارميلا: "كنت حريصة"، صوتها بالكاد يهمس، لكن حتى هي عرفت أنه بدا وكأنه دفاع ضعيف.

توقفت أناميكا أمام ابنتها، وشاركت ذراعيها وهي تحدق بها. "احذر ؟ لقد كنت مهملًا ومتهورًا. هل تعرف ماذا يمكن أن يحدث إذا انتشر هذا ؟ أو إذا اكتشف *أي شخص* الحقيقة ؟"

شعرت شارميلا أن نبضها يتسارع. "الأمر ليس كما تظنين يا أمي. إنه ليس... لا شيء خطير ".

لكن أناميكا لم تقتنع. انحنت أكثر، وانخفض صوتها إلى همسة كانت بطريقة ما أكثر تهديدًا من نبرتها السابقة. "لا تكذبي علي يا شارميلا. أستطيع أن أرى ذلك على وجهك. أستطيع أن أرى ذلك في الطريقة التي تتفاعل بها كلما ذكر اسمه. هل تعتقد أنني لم ألاحظ ؟ لقد كنت تلعب لعبة خطيرة ؛ لعبة لا تفهمها تمامًا ".

ابتلعت شارميلا بقوة، وعقلها يتسابق من خلال الاحتمالات. كانت تعرف أن والدتها قوية، وأنها تسيطر على كل شيء وكل من حولها. ولكن ما مدى معرفتها الحقيقية ؟ هل رآهم شخص ما معًا ؟ أو ما هو أسوأ من ذلك، هل كان لديها الدليل الذي تحتاجه لتحطيم كل شيء ؟

وقفت أناميكا مستقيمة، وتعبيرها غير قابل للقراءة الآن. "سألتك سؤالاً بسيطاً يا شارميلا. وأتوقع إجابة صريحة. من هو الصبي ؟"

تصاعدت أفكار شارميلا. هل يجب أن تعترف بذلك ؟ تعترف بمشاعرها تجاه أبهيمانيو وتخاطر بغضب والدتها ؟ أم يجب أن تستمر في إنكار ذلك، على أمل ألا تتعمق والدتها أكثر ؟

أخذت نفسًا عميقًا، ونظرت إلى أناميكا، صوتها أكثر ثباتًا الآن. "لا يوجد ولد يا أمي، قالت مرة أخرى، بحزم أكبر هذه المرة.

بقيت عينا أناميكا على وجه ابنتها للحظة طويلة. ثم، دون كلمة أخرى، التفتت وسارت نحو الباب. قبل أن تغادر الغرفة مباشرة، توقفت وظهرها لا يزال يدور. كما تعلمون، قالت بهدوء، "لقد علمتك دائمًا أن تلعب اللعبة الطويلة، شارميلا. لقد خيبت ظني إذا كنت تعتقد أنني لا أعرف كل شيء بالفعل. لا تجعلني أندم على ثقتي بك.

ومع ذلك، ذهبت، تاركة شارميلا جالسة بمفردها على الأريكة، وعقلها يحوم بالخوف وعدم اليقين. كانت تعلم أن هذا لم ينته. كانت والدتها قد بدأت شيئًا ما، وشعرت بالجدران تقترب.

ومع ذلك، فإن ما لم تعرفه هو مقدار ما خططت له والدتها ؛ أو إلى أي مدى كانت أناميكا على استعداد للذهاب لحماية سلالتها السياسية، حتى لو كان ذلك يعني تمزيق حياة شارميلا في هذه العملية.

جلست شارميلا بهدوء على الأريكة الفخمة في غرفة الرسم الواسعة لوالدتها، لكن عقلها كان لا يزال. بدا أن الدق الناعم للساعة العتيقة على الحائط يتردد صداه بصوت عالٍ في الصمت بينها وبين أناميكا. كان سؤال والدتها قد هزها إلى صميمها: "من هو الصبي ؟"

بدت الكلمات بسيطة بما فيه الكفاية، لكن الثقل وراءها كان خانقًا. دق قلب شارميلا في صدرها وهي تحاول الحفاظ على رباطة جأشها. كانت تعلم أن استجوابات والدتها لم تكن عاطلة أبدًا، ولم تكن عارضة أبدًا. لم تطرح أناميكا سينغ، زعيمة المعارضة وواحدة من أقوى النساء في البلاد، أسئلة ما لم تكن تعرف الإجابات بالفعل. لم تكن بحاجة إلى اعتراف - كانت بحاجة إلى السيطرة. السيطرة على ابنتها، وعلى السرد، والأهم من ذلك كله، على الوضع الذي كان يتفكك أمام عينيها.

تسارع نبض شارميلا وهي تعيد في الأسابيع القليلة الماضية في ذهنها، بحثًا عن أي زلة قد تكون أدت إلى هذه اللحظة. اعتقدت أنها كانت حذرة. التقى أبهيمانيو وهي سرًا، دائمًا بعد غروب الشمس، في أماكن لا يتعرف عليها أحد. لقد أتقنوا التمثيل ؛ غرباء في النهار، وعشاق في الليل. لم يبقوا طويلاً في شركة بعضهم البعض في الأماكن العامة، ولم يعطوا أي شخص سبباً للشك في علاقتهم. لكن أناميكا لم تكن أمًا عادية، ولم تكن هذه علاقة عادية. بدأت شارميلا تدرك أنه لا يمكن لأي قدر من الحذر أن يتفوق على عين والدتها اليقظة.

لم تتوقع حدوث ذلك ؛ الغثيان، موجة الدوخة المفاجئة التي اجتاحتها خلال جلسة البرلمان في وقت سابق من ذلك اليوم. كانت قد اعتذرت بهدوء عن الخروج من القاعة، ولم ترغب في جذب أي انتباه، لكن والدتها لاحظت ذلك. لاحظت أناميكا دائمًا. الآن، جالسة في صمت

غرفة الرسم، شعرت شارميلا بنظرة والدتها المثبتة عليها، باردة وحسابية.

وقفت أناميكا بالقرب من النافذة الكبيرة ؛ وصورتها الظلية محاطة بضوء المساء الخافت الذي يرشح من خلال الستائر الثقيلة. كانت وضعيتها جامدة، وذراعاها متقاطعتان، كما لو كانت تستعد لأي إجابة قد تقدمها شارميلا. لكن شارميلا عرفت أن والدتها لم تكن تبحث عن الحقيقة ؛ كانت تبحث عن تأكيد. تم صقل غرائز أناميكا السياسية بدقة، وقضت عقودًا في إتقان فن قراءة الناس. كان بإمكانها الشعور بالضعف والخوف والخداع مثل المفترس الذي يطارد فريسته.

قاومت شارميلا الرغبة في التململ والنظر بعيدًا، لكن التوتر في الغرفة كان لا يطاق. بقي سؤال والدتها دون إجابة. فتحت فمها لتتحدث، لكن الكلمات علقت في حلقها. ماذا يمكن أن تقول ؟ هل تنكر كل شيء ؟ تعترف بالحقيقة وتخاطر بغضب والدتها ؟ في كلتا الحالتين، كانت محاصرة.

قالت أناميكا بصوت منخفض وثابت وقطعت الصمت: "لقد طرحت عليك سؤالاً". "من هو الصبي ؟"

شعرت شارميلا بموجة من الذعر تغمرها. كانت لهجة والدتها حادة، وعرفت شارميلا أنه لا يوجد مجال للتهرب. لم تكن أناميكا من النوع الذي يسأل مرتين. أومضت عيناها على الأرض، وابتلعت بقوة، في محاولة لشراء بضع ثوانٍ أخرى من الوقت للتفكير.

"لا يوجد أحد"، تمكنت شارميلا أخيرًا من القول، صوتها بالكاد يهمس.

لم يتغير تعبير أناميكا. واصلت التحديق في شارميلا، دون أن ترمش، وضغطت شفتيها على خط رفيع. امتد الصمت بينهما، وأصبح أثقل مع مرور كل ثانية.

تسابق عقل شارميلا. هل من الممكن أن تكون والدتها تعرف بالفعل عن أبهيمانيو ؟ هل رآهم شخص ما معًا ؟ أم أنها تعرضت للخيانة من قبل شخص ما داخل دائرتها ؟ لا، لا يمكن أن يكون كذلك. لقد كانوا حذرين للغاية - لم يجتمعوا إلا في جوف الليل، في مواقع كانوا على

يقين من أنه لن يتم التعرف عليهم فيها. ولكن حتى عندما فكرت في ذلك، تسلل الشك. ربما لم يكونوا غير مرئيين كما اعتقدوا.

أخذت أناميكا خطوة بطيئة إلى الأمام، وكعبها ينقر بهدوء على الأرضية الرخامية المصقولة. قالت بصوت هادئ بشكل مخادع: "شارميلا، ليس لدي وقت للألعاب. لقد كنت تتصرف بغرابة لأسابيع. هل تعتقد أنني لم ألاحظ؟ أعلم أنك كنت تقابل شخصًا ما، وأعرف من هو."

تخطى قلب شارميلا نبضة. شعرت بأن معدتها تلتف في عقدة بينما كانت كلمات والدتها تغرق. ما مدى معرفتها الحقيقية؟ هل كان هذا مجرد تخمين، أم كان لديها دليل فعلي؟ أجبرت شارميلا نفسها على البقاء هادئة، لكن الذعر كان يرتفع في صدرها، ويهدد بالامتداد.

قالت شارميلا وهي تحاول إبقاء صوتها ثابتًا: "لا أعرف ما الذي تتحدث عنه". "لا يوجد أحد."

ضاقت عينا أناميكا. قالت ببرود: "لا تكذبي عليّ". "لقد كنت تقابل أبهيمانيو."

أرسل صوت اسمه هزة في جسد شارميلا. كانت على حق؛ كانت والدتها تعرف. لم يعد هناك جدوى من إنكار ذلك. ولكن ما الذي يجب القيام به الآن؟ إذا علمت أناميكا بعلاقتها مع أبهيمانيو، فقد عرفت أيضًا الخطر الذي تشكله. كانت عائلاتهم منافسين سياسيين؛ ورسخ الأعداء في معركة مريرة من أجل السيطرة. كانت العلاقة بين نجل الحزب الحاكم وابنة زعيم المعارضة أكثر من مجرد مسألة شخصية؛ كانت فضيحة محتملة يمكن أن تدمر حياتهما المهنية.

نظرت شارميلا إلى والدتها وعيناها تتوسل. قالت بصوت صاخب: "أمي، ليس الأمر كما تعتقدين". "أنا أحبه."

تصلب وجه أناميكا، وتحول تعبيرها إلى جليدي. "الحب؟" كررت، لهجتها تقطر بازدراء." أنت أحمق إذا كنت تعتقد أن الحب له علاقة بهذا."

تراجعت شارميلا عن كلمات والدتها، لكنها لم تتراجع. قالت بصوت مرتفع: "لا أهتم بالسياسة". "أنا أهتم لأمره."

اقتربت أناميكا خطوة، وعيناها تومضان بالغضب. "يجب أن تهتم بالسياسة. يجب أن تهتم بعواقب أفعالك. هل لديك أي فكرة عما فعلته؟ هل لديك أي فكرة عما قد يعنيه هذا لحزبنا ولعائلتنا ؟"

شعرت شارميلا بالدموع تدمع في زوايا عينيها، لكنها رمشتها بعيداً. قالت وهي ترتجف: "لم أختر أن أقع في حبه". "لقد حدث ذلك للتو."

أخرجت أناميكا ضحكة قاسية ومريرة. "الحب لا " يحدث فقط،" شارميلا. هذه ليست قصة خيالية رومانسية. هذه هي الحياة الحقيقية. وفي الحياة الواقعية، قراراتك لها عواقب ".

أمسكت شارميلا بقبضتيها، وغلى إحباطها. "ماذا تريدين مني أن أفعل يا أمي ؟ الابتعاد عنه ؟ التظاهر بأن لا شيء من هذا حدث على الإطلاق ؟"

خف تعبير أناميكا للحظة، لكنها هزت رأسها بعد ذلك. قالت بحزم: "نعم". "هذا بالضبط ما أريدك أن تفعله. ستبتعد عنه، وستنسى أن أيًا من هذا حدث على الإطلاق. ستقطع كل العلاقات مع أبهيمانيو، وستفعل ذلك الآن، قبل فوات الأوان ".

غرق قلب شارميلا. كانت تخشى هذه اللحظة، لكن سماع الكلمات من فم والدتها جعلها حقيقية للغاية. هل يمكنها حقًا الابتعاد عن أبهيمانيو ؟ هل يمكنها أن تدير ظهرها للرجل الذي أحبته، كل ذلك من أجل السياسة ؟ لم تكن تعرف ما إذا كان بإمكانها ذلك، لكنها عرفت أيضًا أن تحدي والدتها سيكون له عواقب خاصة به.

انحنت أناميكا أقرب، وصوتها منخفض ومهدد. "لا يهمني ما تشعرين به تجاهه، شارميلا. إذا بقيت مع أبهيمانيو، فسوف يدمر كل ما عملنا من أجله. ولن أسمح بحدوث ذلك ".

علقت أنفاس شارميلا في حلقها. كانت كلمات والدتها تذكيرًا صارخًا بالواقع القاسي الذي كانت تعيش فيه. لم يكن هناك مكان للحب في عالم السياسة، ولا مساحة للرغبات الشخصية. كان كل شيء يتعلق بالسلطة والسيطرة والولاء للحزب.

لكن في أعماقها، عرفت شارميلا أنها لا تستطيع ببساطة التخلي عن أبهيمانيو. بغض النظر عن مقدار الضغط الذي مارسته والدتها،

وبغض النظر عن عدد التهديدات التي وجهتها، فإن مشاعرها تجاهه لن تختفي بين عشية وضحاها. كان عليها أن تجد طريقة للتنقل في هذا الوضع المستحيل ؛ دون أن تفقد الرجل الذي أحبته، أو مكانها في إمبراطورية والدتها السياسية.

أخذت نفسًا عميقًا وقابلت نظرة والدتها، والتصميم يقوي عزمها. قالت بهدوء: "لن أبتعد يا أمي". "ليس بعد."

الفصل الحادي والعشرون

كانت أناميكا سينغ امرأة ذات استراتيجية ورباطة جأش وطموح لا مثيل له. ولكن في تلك اللحظة، داخل منزلها الفخم، سمحت لنفسها بأن تصبح تجسيدًا لأم حزينة، محطمة تمامًا بأخبار حمل ابنتها غير المتوقع. كان أداؤها محسوبًا وشرسًا، مصممًا لهز شارميلا في صميمها.

كان طبيب الأسرة، الذي تم إطلاعه بعناية على دورها في هذه الدراما، قد أكد للتو حمل شارميلا. كان غضب أناميكا واضحًا في اللحظة التي نطق فيها الطبيب بالكلمات، "إنها حامل." كما لو كانت في إشارة، أخرجت أناميكا نحيبًا، وهو نوع من البكاء الدرامي الذي من شأنه أن يرسل قشعريرة حتى عبر أبرد قلب. كان صوتها يتردد عبر القاعات الرخامية للقصر، ويتردد صداه مثل صرخة حيوان جريح.

"كيف يمكن أن يحدث هذا لابنتي ؟" صرخت، ممسكة بصدرها، كما لو أن الأخبار قد اخترقت قلبها. بكت علانية، والدموع تتدفق على وجهها، وشعرها الطويل يسقط في حالة من الفوضى. سمحت لنفسها بالغرق في الأريكة الفاخرة، وهزت رأسها بعنف. كانت صورة لأم دمرها العار والحزن.

وقفت شارميلا في صمت، غير قادرة على النظر إلى والدتها مباشرة. كانت صدمة الحمل قد أثقلت كاهلها بالفعل، ولكن الآن هذا المشهد ؛ هذا المشهد، كان يجعل شعورها بالذنب يتضخم مثل موجة عارمة. لم تكن شارميلا غريبة على نوبات والدتها المسرحية، لكن هذا كان مختلفًا. لم تكن أناميكا منزعجة فحسب ؛ بل كانت غاضبة، وكان هذا الغضب موجهًا بالكامل إلى الوضع مع أبهيمانيو. بدا وزن خيبة أمل والدتها وكأنه عبء ساحق، وهو شيء لم ترغب أبدًا في تجربته.

أناميكا، بين البكاء، تمتمت باللعنات المريرة. "كيف يمكن أن أكون، أناميكا سينغ، زعيمة هذا الحزب، هذه العائلة، ملعونة هكذا ؟ نهضت فجأة، وهي تسير في جميع أنحاء الغرفة مثل لبؤة في قفص." لقد قدمت

كل شيء لهذه العائلة. ضحيت بشبابي وطموحاتي... وهكذا يكافئني القدر ؟ ابنتي حامل دون زواج مناسب، دون مستقبل!"

رمت يديها في الهواء، وارتفع صوتها بشدة مع شحذ اتهاماتها. "كل أعدائنا السياسيين سيضحكون. سيكون لوسائل الإعلام يوم ميداني. *أبهيمانيو*... هذا الرجل... لقد دمرنا يا شارميلا. لقد أفسد شرف عائلتنا!"

حولت أناميكا انتباهها إلى الطبيب، الذي وقف بهدوء إلى جانبها، في انتظار تلميحها. أعطى الطبيب، وفقًا لتعليمات أناميكا نفسها في وقت سابق، إيماءة حزينة وبدأ في التحدث.

قال الطبيب بنبرة هادئة وموثوقة: "صحة شارميلا على ما يرام، لكن هناك مضاعفات. وضع الطفل مقلوب. هناك خطر طوال فترة الحمل. سيكون من الصعب حمل هذا الطفل لفترة كاملة دون تدخل طبي. قد لا تكون الولادة الطبيعية ممكنة. من المحتمل إجراء عملية قيصرية ".

في هذا، صرخت أناميكا بصوت أعلى، ويداها تتطايران على وجهها. غطت فمها برعب وهمي وهي تلهث. "هل هو حمل معقد ؟ يا إلهي! كل هذا *بسببه* ! هذا الرجل فعل هذا بك! صحة ابنتي في خطر بسببه!"

شعرت شارميلا، وهي تقف متجمدة بالقرب من الأريكة، بارتفاع كتلة في حلقها. شعر جسدها بالثقل، وساقاها ضعيفتان. بدا الخوف والذعر الذي كان ينتشر بالفعل داخلها الآن مستعصياً على الحل. لم تكن تعرف كيفية معالجة كل شيء ؛ حملها، وصحة الطفل، وغضب والدتها. كان أكثر من اللازم.

استشعر الطبيب أن دورها في الأداء قد اكتمل، وأعطى إيماءة محترمة لأناميكا وأخذها بهدوء. راقبت أناميكا، على الرغم من أنها لا تزال تتظاهر بالضيق، رحيلها. ثم، بمجرد أن تلاشت خطى الطبيب في الردهة، تغير سلوك أناميكا. اختفت الدموع على الفور تقريبًا، واستبدلت بتعبير بارد محسوب. قامت بتصويب وضعيتها وثبتت نظرتها على ابنتها وعيناها تلمعان بعزم شديد.

انتهى المسرح، حان الوقت لأناميكا لبدء عملها الحقيقي. كانت بحاجة إلى السيطرة على الموقف، لتشكيله لصالحها، وهذا يعني تشكيل عقل

شارميلا، وثني إرادتها. كان على ابنتها أن تفهم خطورة أفعالها - والأهم من ذلك، كان عليها أن تفهم كيفية إصلاح هذه الفوضى.

ناشدت أناميكا شارميلا أن تجلس. على مضض، أطاعت شارميلا، وارتجفت يداها وهي تنزل نفسها إلى الكرسي. جلست أناميكا أمامها، متقاطعة ساقيها، وأصبحت وضعيتها الآن ملكية وقيادية.

قالت أناميكا بصوت منخفض ولكن صارم: "لقد اكتفيت من البكاء يا شارميلا". "ليس لدينا ترف الدموع. أنت وأنا، نحن لسنا مثل الآخرين. نحن بنات السلطة. نحن لا نبكي ؛ نحن *نتصرف* ".

رمشت شارميلا، في محاولة لاستيعاب التحول المفاجئ في مزاج والدتها.

تابعت أناميكا: "لقد ارتكبت خطأً"، وصوتها حاد ولا يرحم. "لقد تركت عواطفك تلقي بظلالها على حكمك. كان الوقوع في حب أبهيمانيو خيارًا أحمق ؛ خيارًا خطيرًا. لكن لا يمكننا تغيير الماضي. ما حدث قد حدث. والسؤال الآن هو، كيف نتعامل مع العواقب ؟"

نظرت شارميلا بعيدًا، وشعرت بثقل كلمات والدتها.

"انظري إلي يا شارميلا"، طالبت أناميكا، وصوتها يقطع الهواء مثل السكين. "أنت حبلى. هناك حياة تنمو بداخلك. هذه ليست مزحة ؛ هذه ليست بعض الرومانسية الخيالية. هذا *حقيقي*. وستمتد عواقب هذا الحمل عبر عائلتنا وحزبنا والمشهد السياسي بأكمله ".

قابلت عينا شارميلا عيني والدتها، ورأت التصميم البارد هناك.

"هل تعتقد أن أبهيمانيو يهتم بك ؟ سألت أناميكا وهي تسخر من لهجتها." هل تعتقد أنه سيقف بجانبك عندما تبدأ وسائل الإعلام في تمزيقك ؟ عندما يبدأ أعداؤنا في نشر الشائعات عنك، عن طفلك ؟ هل تعتقد حقًا أنه سيخاطر بحياته المهنية، وإرث عائلته السياسي، من أجلك ؟"

تألم قلب شارميلا. أرادت أن تؤمن بأبهيمانيو، وأن تعتقد أن حبه لها كان حقيقيًا، لكن كلمات والدتها قضم ثقتها. ماذا لو كانت على حق ؟ ماذا لو اختار أبهيمانيو عائلته ومهنته عليها ؟ على طفلهم ؟

خف صوت أناميكا قليلاً، لكن كلماتها ظلت مدببة. "يجب أن تتوقفي عن التفكير بقلبك يا شارميلا. تحتاج إلى التفكير كسياسي، كسينغ. لن يكون العالم لطيفًا معك لأنك امرأة. سيحاولون تدميرك ؛ تدميرنا. وإذا لم تتحكم في هذا الموقف، فسوف ينجحون ".

شعرت شارميلا بالدموع تتدفق في عينيها، لكنها رمشتها مرة أخرى، غير راغبة في إظهار الضعف أمام والدتها.

قالت أناميكا بصراحة: "أنت بحاجة إلى الزواج من أبهيمانيو". "وعليك القيام بذلك قريبًا."

أنفاس شارميلا عالقة في حلقها، الزواج ؟ لم تفكر حتى إلى هذا الحد. كل شيء حدث بسرعة ؛ علاقتها مع أبهيمانيو، والحمل، والآن الزواج ؟ بدا الأمر كما لو كان كثيرًا وسريعًا جدًا.

"أنا... لا أعرف ما إذا كان سيوافق"، همست شارميلا، وصوتها يرتجف.

انحنت أناميكا إلى الأمام وعيناها تضيقان. "ليس لديه خيار، ستجعله يتزوجك ".

دق قلب شارميلا في صدرها. كيف يمكن أن تجبر أبهيمانيو على الزواج ؟ هل يريد حتى أن يتزوجها في ظل هذه الظروف ؟

بدا أن أناميكا تشعر بتردد ابنتها وتضغط بقوة أكبر. "اسمعيني يا شارميلا. أبهيمانيو هو بيدق في هذه اللعبة كما أنت. قد يعتقد أنه يحبك، لكن الحب غير ذي صلة. ما يهم هو السلطة والسيطرة. إذا لم تتزوجيه، فستتركين لتعتني بنفسك. وصدقوني، فإن وسائل الإعلام وعائلته والنسور السياسية ستمزقكم ".

تشبثت يدا شارميلا بقبضتيها ؛ كرهت الطريقة التي تحدثت بها والدتها عن الحب كما لو أنه ليس أكثر من ضعف وإلهاء. لكن في أعماقها، عرفت أن والدتها كانت على حق. كان هذا أكثر من مجرد هي وأبهيمانيو. كان هذا حول البقاء على قيد الحياة ؛ لها، وطفلهم، ومستقبل أسرهم.

قالت أناميكا بصوت هادئ ولكنه آمر: "ستتحدث إليه". "ستخبرينه عن الطفل. وستوضح أن الزواج هو الخيار الوحيد. إذا قاوم، فأنت تذكره بما هو على المحك. إنها سمعته، حياته المهنية، إرث عائلته. لا يمكنه تحمل فضيحة أكثر منا ".

ابتلعت شارميلا بقوة. لقد أرعبتها فكرة مواجهة أبهيمانيو بهذه الأخبار، لكنها عرفت أنه يجب القيام بذلك. لم يكن هناك مخرج من هذا.

تابعت أناميكا: "وبمجرد أن تتزوج". أصبح صوتها أكثر نعومة الآن، "سنكتشف الباقي. سيولد الطفل في عائلة شرعية، وسنحميه. لكن هذا الزواج يجب أن يحدث يا شارميلا. من أجل الحزب، من أجل كل ما عملنا من أجله، يجب عليك إقناعه.

أومأت شارميلا برأسها، على الرغم من أن عقلها كان لا يزال يترنح من ضخامة ما كانت تطلبه والدتها. سيتعين عليها مواجهة أبهيمانيو، وإخباره بكل شيء، وإقناعه بطريقة ما بالزواج منها. بدا الأمر وكأنه مهمة مستحيلة، لكن لم يكن لديها خيار آخر.

نهضت أناميكا، ووقفت مرة أخرى بشكل ملكي وموثوق. نظرت إلى ابنتها وتعبيرها غير قابل للقراءة. قالت بهدوء: "أنت ابنتي شارميلا". "أنت أقوى مما تعتقد. الآن اذهب وافعل ما يجب القيام به ".

مع ذلك، استدارت أناميكا وخرجت من الغرفة، تاركة شارميلا وحدها مع أفكارها ومخاوفها والوزن الساحق للقرار الذي ينتظرها الآن.

الفصل الثاني والعشرون

لطالما كانت أناميكا تكتيكية بارعة. تم حساب كل خطوة قامت بها، وكل كلمة تتداولها، والآن، وضعت أوراقها بعناية على الطاولة. جلست على مكتبها، تستعرض محتويات ظرف كبير أمامها، يحتوي على ظرفين أصغر. لم تكن هذه مجرد قطع من الورق ؛ بل كانت أدوات استراتيجية يمكن أن تغير مسار عائلتين.

كان الظرف الأول يحتوي على تقرير: اختبار الحمض النووي، مرتب بدقة من خلال قنوات سرية. أكد التقرير بما لا يدع مجالًا للشك ما اشتبهت فيه أناميكا ـ أبهيمانيو كان والد طفل شارميلا الذي لم يولد بعد. تم جمع الأدلة بعناية، مما يضمن عدم معرفة أي شخص بها خارج الدائرة الداخلية الأكثر ثقة في أناميكا. فقط هي وبراكاش جا، مساعدها المخلص والمقرب، كانا مطلعين على هذه المعلومات.

ومع ذلك، كان الظرف الثاني أكثر خطورة. في الداخل كانت مسودة خطاب، وليست شكوى قانونية رسمية، ولكنها رسالة قوية تلمح إلى عواقب محتملة إذا لم يتم التعامل مع الموقف بسرعة. كانت الرسالة، المكتوبة بنبرة حازمة ولكن مقيدة، تهدف إلى الضغط على عائلة أبهيمانيو لاتخاذ إجراء فوري. لم يكن تهديدًا بفضيحة أو مشكلة قانونية ؛ لقد كان دفعًا نحو الحل الحتمي: الزواج بين شارميلا وأبهيمانيو.

تم وضع كلا الظرفين في ظرف أكبر، إلى جانب رسالة من أناميكا إلى والدة أبهيمانيو. تمت صياغة الرسالة بعناية، وعلى الرغم من أنها مهذبة، إلا أن نيتها كانت واضحة: يجب حل المسألة بسرعة، والقرار الوحيد الذي اعتبرته أناميكا مقبولًا هو الزواج.

وجاء في الرسالة ما يلي:

إلى السيدة كومار المحترمة،

آمل أن تصلك هذه الرسالة وأنت بخير. أكتب إليكم كأم زميلة، مع الاهتمام المشترك بمستقبل أطفالنا. ظهرت مسألة بين شارميلا وابنك أبهيمانيو، والتي تتطلب اهتمامنا الفوري.

كما تعلمون، شارميلا تنتظر طفلاً، وبعد دراسة متأنية، تم تحديد أن أبهيمانيو هو الأب. هذا ليس شيئًا تدركه شارميلا نفسها تمامًا ؛ حيث أردت التأكد من التعامل مع الأمر بحذر. أعتقد أنه من أجل مصلحة كلتا العائلتين، ومن أجل مستقبل أطفالنا، من مصلحتنا ترتيب زواج بين شارميلا وأبهيمانيو في أقرب وقت ممكن.

لقد أرفقت المستندات التي تثبت هذه الادعاءات، وأنا على ثقة من أنك ستتفهم مدى إلحاح الموقف. هذه ليست مسألة يجب الاستخفاف بها، وأعتقد أنه يمكننا حلها معًا بطريقة تحافظ على كرامة ومستقبل كلتا عائلتينا.

يرجى اعتبار هذا طلبًا من أم إلى أخرى، للقيام بما هو صحيح لأطفالنا. أنا واثق من أنه يمكننا التصرف بسرعة وتجنب أي مضاعفات غير ضرورية.

مع خالص
التقدير، أناميكا سينغ

طوت أناميكا الرسالة ووضعتها بعناية في الظرف. كانت تعلم أن هذه الحزمة، على الرغم من أنها تبدو حميدة، تحمل ثقل المسؤولية الكبيرة. لم يكن القصد منها الإكراه أو التهديد ؛ لقد كانت دعوة إلى العمل، ومناورة دبلوماسية مصممة لتجنب الفضيحة العامة مع تأمين مستقبل لكلا العائلتين.

نادت أناميكا براكاش جا، مساعدها الأكثر ثقة. كانت براكاش إلى جانبها من خلال معارك سياسية لا حصر لها ومحاكمات شخصية. لقد كان أكثر من مجرد موظف ؛ لقد كان وصيًا، شخصًا أوكلت إليه رعاية أناميكا وابنتها شارميلا منذ البداية. لطالما كانت براكاش مخلصة، وعرفت أناميكا أنها يمكن أن تعتمد عليه لإيصال هذه الرسالة الحساسة.

عندما دخل براكاش الغرفة، سلمته أناميكا الظرف.

"يجب أن يصل هذا إلى السيدة كومار مباشرة. وأصدرت أناميكا تعليماتها بالتأكد من تسليمها إلى يديها وعدم ترك نبرتها لأي شخص آخر أي مجال للخطأ.

أومأ براكاش برأسه ؛ تعبيره خطير. لقد فهم خطورة المهمة والحاجة إلى التقدير. دون أي كلمة، وضع الظرف في حقيبته وغادر الغرفة، مستعدًا لتنفيذ أوامر أناميكا.

عندما غادرت براكاش، انحنت أناميكا على كرسيها، وعقلها ينتقل بالفعل إلى الخطوات التالية. لقد وضعت الأساس، والآن الأمر متروك لعائلة أبهيمانيو للرد. إذا تصرفوا بسرعة، يمكن حل الوضع بهدوء، ويمكن للعائلتين المضي قدمًا دون تدقيق عام.

لم تشعر أناميكا بالذنب تجاه أفعالها. في نظرها، لم يكن الأمر يتعلق بالتلاعب، بل كان يتعلق بتأمين مستقبل ابنتها وضمان ولادة طفل شارميلا في الشرعية. كان الأمر يتعلق بالحفاظ على شرف ومكانة كلتا العائلتين مع الحفاظ على الجيل القادم.

كانت تعرف أن والدة أبهيمانيو كانت امرأة هائلة، لكن أناميكا كانت واثقة من أن نهجها سينجح. لم يكن تقرير الحمض النووي والرسالة تهديدات، بل كانا مجرد دليل على موقف يحتاج إلى حل. وعرفت أناميكا أن الكومار سيتفهمون أهمية التصرف بسرعة.

كان براكاش بالفعل في طريقه لتسليم الرسالة، وقريباً، سيتم تحريك عجلات هذه الخطة المدبرة بعناية. كانت أناميكا دائمًا خبيرة استراتيجية بارعة، والآن، مع مستقبل كلتا العائلتين على المحك، كانت تلعب أهم لعبة في حياتها.

ولكن، كما هو الحال دائمًا، كانت هناك طبقات في خطتها لا يمكن لأي شخص آخر رؤيتها. حتى براكاش، التي كانت معها لعقود، لم تكن تعرف المدى الكامل لرؤيتها. لم يكن الأمر يتعلق بالزواج فقط ؛ بل كان يتعلق بتعزيز السلطة وخلق إرث دائم لعائلتها. إذا اتحد أبهيمانيو وشارميلا، فإن اتحادهما سيرمز إلى اندماج سلالتين سياسيتين قويتين، مما قد يغير مسار مستقبل الأمة.

عرفت أناميكا أن التوقيت هو كل شيء. كان على آل كومار أن يتصرفوا، وكان عليهم أن يتصرفوا بسرعة. كان المستقبل غير مؤكد، لكن شيئًا واحدًا كان واضحًا: مع التحركات الصحيحة، لم تتمكن من تأمين سعادة ابنتها فحسب، بل أيضًا الاستقرار السياسي والقوة التي كافحت عائلتها من أجلها عبر الأجيال.

في الوقت الحالي، كل ما كان عليها فعله هو انتظار استجابة آل كومار. وكانت أناميكا امرأة صبورة - امرأة لديها دائمًا خطة احتياطية، فقط في حالة.

الفصل الثالث والعشرون

قوبل وصول براكاش جا إلى قصر أجداد أبهيمانيو بألفة شخص معروف داخل جدران السلطة. كان، بعد كل شيء، مبعوثًا موثوقًا به، والصلة الصامتة بين أمهاتين قويتين ؛ أناميكا سينغ وماتاجي، والدة أبهيمانيو الهائلة. كان دوره في الدراما التي تتكشف سريًا ولكنه ضروري. كانت مهمته توصيل رسالة يمكن أن تحرك عجلات القوة أو توقفها.

عندما اقترب من المدخل الكبير، أعطاه الموظفون إيماءة محترمة. كانوا يعرفونه جيدًا ؛ لقد كان زائرًا متكررًا على مر السنين، على الرغم من أن أسباب مجيئه لم يتم مشاركتها أبدًا. اليوم، ومع ذلك، كان هناك وزن معين لحضوره. شعر الجميع أن هناك شيئًا مهمًا في الهواء، على الرغم من أنه لم يجرؤ أحد على السؤال.

طلب براكاش مقابلة ماتاجي وانتظر بصبر في القاعة. ثريا كبيرة معلقة فوقه، مما يعكس هيبة وتاريخ المنزل. حدقت صور سلف أبهيمانيو، وشهود صامتون على أجيال من المكائد السياسية. بعد بضع دقائق، أشار خادم له ليتبعه. تم توجيهه إلى الدراسة ؛ غرفة مخصصة للمناقشات الأكثر أهمية فقط.

داخل الدراسة، جلس ماتاجي خلف مكتب كبير مهيب. كانت الغرفة مبطنة بأرفف الكتب، مليئة بالنصوص السياسية والفلسفية، لكن المكتب نفسه كان مكشوفًا بشكل واضح، باستثناء عدد قليل من الأوراق المرتبة بعناية. أشارت ماتاجي، بعيونها الحادة وهالة من السلطة، إلى براكاش بالاقتراب. لم تكن بحاجة إلى التحدث ؛ كانت إيماءتها كافية للتعبير عن توقعاتها.

انحنى براكاش قليلاً باحترام، وهي لفتة اعترف بها ماتاجي بإيماءة. بدون كلمة واحدة، سلم الظرف الكبير، الذي يحتوي على الرسالة التي تم بناؤها بعناية من أناميكا. كان يعرف أفضل من البقاء أو إجراء

محادثة. كان دوره محض معاملات. بعد وضع الظرف على المكتب، انحنى مرة أخرى وخرج بهدوء من الغرفة.

كان الصمت في الدراسة واضحًا بينما كانت ماتاجي تحدق في الظرف، وأفكارها غير قابلة للقراءة. أخذت نفسا عميقا، وبيد ثابتة، فتحته. في الداخل، وجدت ظرفين أصغر، أحدهما يحتوي على حرف والآخر تقرير الحمض النووي.

فتحت الرسالة أولاً وبدأت في القراءة. كانت نبرة أناميكا محترمة، وتكاد تتوسل، لكن ماتاجي كان بإمكانه رؤية الاستراتيجية الأساسية. لم تكن أناميكا تطلب الرحمة ؛ بل كانت تضغط من أجل التوصل إلى حل. أوجزت الرسالة الوضع بطريقة هادئة وعملية تقريبًا، كما لو كانت النتيجة قد تم تحديدها بالفعل. كانت شارميلا حاملاً، وكان أبهيمانيو هو الأب. لم تتطرق الرسالة إلى الفضيحة أو العار ولكنها ركزت على المستقبل، وعلى تأمين إرث العائلات والحاجة الحتمية لزواج الطفلين.

ابتسم ماتاجي. كانت ابتسامة لاعب متمرس تعرف على حركة جيدة على رقعة الشطرنج. أعجبت بمهارة أناميكا. لم تكن الرسالة تهديدًا ؛ كانت دفعة محسوبة في الاتجاه الصحيح. كانت أناميكا تقدم طريقة للمضي قدمًا، طريقة يمكن أن تفيد كلتا العائلتين إذا تم التعامل معها بشكل صحيح.

ومع ذلك، عندما فتحت ماتاجي الظرف الثاني ونظرت إلى تقرير الحمض النووي، تغير تعبيرها. توقفت أصابعها على حواف الورقة بينما كانت عيناها تفحصان النتائج. كانت الأدلة واضحة ولا يمكن دحضها. كان الحمض النووي لأبهيمانيو متطابقًا تمامًا مع عينة الجنين. لم يكن هناك من ينكر ذلك الآن. كان ابنها متورطًا بلا شك، وأي محاولة لدحض الادعاء ستنهار تحت وطأة هذا الدليل العلمي.

لكن ما أزعج ماتاجي حقًا لم يكن تأكيدًا للحمل ؛ كانت الدقة المطلقة التي جمعت بها أناميكا هذه الأدلة. كيف تمكنت من الحصول على الحمض النووي لأبهيمانيو دون أن يلاحظ أحد ؟ شعرت ماتاجي بشعور نادر بالضعف، مدركة أن تورط ابنها قد ثبت بشكل قاطع، ومع ذلك لم تكن تعرف شيئًا عنه حتى الآن.

عندما قلبت التقرير، لاحظت نقشًا موجزًا على ظهرها ملاحظة بسيطة من سطر واحد تؤكد التطابق التام للحمض النووي لأبهيمانيو مع الجنين. لقد كان تذكيرًا دقيقًا بدقة نهج أناميكا. تم التخطيط لكل خطوة بدقة، دون ترك أي مجال للشك أو الإنكار.

طوت ماتاجي التقرير واستندت إلى كرسيها. استقر وزن الموقف عليها، لكن عقلها كان يتسابق بالفعل. لم يكن هذا فقط حول حمل شارميلا أو تورط أبهيمانيو. كانت هذه لعبة قوة، لعبة شطرنج سياسية مصممة بعناية. والآن، مع هذا الدليل الذي لا يمكن إنكاره، أصبح أبهيمانيو قطعة رئيسية على السبورة، ربما بيدق، ولكن لديه القدرة على أن يصبح أكثر قيمة بكثير.

التفتت شفتا ماتاجي إلى ابتسامة مرة أخرى، على الرغم من أنها كانت هذه المرة مشوبة بالرضا. نعم، لقد لعبت أناميكا أوراقها بشكل جيد، لكن ماتاجي رأت فرصة هنا. يمكن استخدام حمل شارميلا لصالحها. إذا اتحدت العائلتان عن طريق الزواج، فإن السلطة السياسية التي يمكنهما ممارستها معًا ستكون غير مسبوقة. كانت أناميكا قد مهدت الطريق، لكن ماتاجي ستضمن أن المسرحية تتكشف وفقًا لشروطها الخاصة.

كانت الخطوة التالية واضحة: كانت بحاجة إلى التحدث مع أبهيمانيو. كان بحاجة إلى فهم خطورة الموقف، والأهم من ذلك، الفرصة التي قدمها. لم يكن هناك مجال للمقاومة. كان يجب أن يحدث الزواج، ليس فقط لحماية شرف شارميلا أو سمعة أبهيمانيو، ولكن لتأمين مستقبل كلتا السلالتين السياسيتين.

ولكن قبل أن تتم هذه المحادثة، احتاجت ماتاجي إلى إعداد ابنها لما سيأتي. كانت تضعه في إطار كل من الواجب والامتياز. كان أبهيمانيو يرى المنطق، كان، بعد كل شيء، ابنها. ومثلها، أدرك أهمية لعب اللعبة الطويلة.

وبينما كانت ماتاجي تطوي الرسالة وتدسها مرة أخرى في الظرف، ألقت نظرة خاطفة على صور أسلافها على الجدران. لقد نجت هذه العائلة من تحديات لا حصر لها واغتنمت كل فرصة أتيحت لها. كان

حمل شارميلا مجرد فصل آخر في هذا الإرث الطويل، فصل يمكن تحويله لصالحهم بالحركات الصحيحة.

في الوقت الحالي، سمحت ماتاجي لنفسها بلحظة من الرضا. ربما تكون أناميكا قد قامت بالخطوة الأولى، لكن المباراة لم تنته بعد. وفي مباراة الشطرنج السياسية هذه، كان ماتاجي لاعبًا لا يمكن لأحد أن يقلل من شأنه. كانت المعركة قد بدأت للتو.

الفصل الرابع والعشرون

جلست والدة أبهيمانيو، ماتاجي، على الجانب الآخر من ابنها، وكان تعبيرها ثابتًا. ضغط ثقل الموقف على كليهما، لكن ماتاجي لم يظهر أي علامات على التعثر. كانت هذه أزمة سياسية، فضيحة يمكن أن تدمر أبهيمانيو وشارميلا إذا لم يتم التعامل معها بدقة. على الرغم من وجود دليل لا يدحض على تورط أبهيمانيو مع شارميلا، إلا أنها اختارت عدم الكشف عن أوراقها على الفور. وبدلاً من ذلك، بدأت المحادثة بنبرة محسوبة، باستخدام سنوات خبرتها السياسية لتوجيه المناقشة.

بدأت قائلة: "أبهيمانيو، لقد سمعت شائعات معينة ؛ شائعات تربطك أنت وشارميلا معًا بطرق من شأنها أن تثير الدهشة في كلتا الدائرتين. هل هناك أي حقيقة في هذه الهمسات ؟"

تحول أبهيمانيو بشكل غير مريح في مقعده. كانت غريزته الأولى هي الإنكار، وتجاهل شكوك والدته باعتبارها ثرثرة لا أساس لها من الصحة. "أمي، سيتحدث الناس دائمًا. لقد تقاطعت الطرق بيني وبين شارميلا، بالتأكيد، لكن لا يوجد شيء في الشائعات. أنت تعرف كيف تحب وسائل الإعلام المبالغة ".

درسته ماتاجي بهدوء للحظة، وصمتها أجبر أبهيمانيو على التململ تحت نظرها. "أبالغ، هل تقول ؟ لا يمكن لوسائل الإعلام أن تعمل إلا بما تقدمه. إذا لم يكن هناك دخان، فلن يكون هناك نار ".

أصر على أنه "أقول لك، لا يوجد شيء يحدث"، على الرغم من أن صوته يفتقر إلى القناعة.

تنهدت ماتاجي، وخفت تعابير وجهها قليلاً. انحنت إلى الأمام، و طوت يديها على المكتب بينهما. "أبهيمانيو، أنا لست هنا للحكم أو التوبيخ. أنا هنا لإعدادك لما هو قادم. لقد نشأت في السياسة ـ لا تهينني بالتظاهر بأن شيئًا كهذا يمكن إخفاؤه ".

تردد أبهيمانيو، مدركًا أن والدته لم تكن تصطاد المعلومات فحسب، بل كانت تعرف شيئًا ما. كانت خطورة الوضع قد بدأت في الغرق، لكنه لا يزال متمسكًا بإنكاره. "أنا... لا أعرف ما تعنيه."

وصلت ماتاجي إلى الظرف الموجود على مكتبها، وهو الظرف الذي سلمته براكاش جا في وقت سابق. دون أن تنبس ببنت شفة، مررتها عبر الطاولة نحو ابنها. "افتحيه".

تردد أبهيمانيو قبل أن يلتقطها، خائفاً من البناء في صدره. ببطء، أخرج الظرفين الأصغر. الأول كان رسالة، اختصرها لفترة وجيزة، وغرق قلبه مع كل سطر. كان من الواضح أن أناميكا قد أوضحت الموقف: كانت شارميلا حاملاً، وكان أبهيمانيو هو الأب. لم يكن هناك غموض في كلماتها. لكنه كان الظرف الثاني، الذي يحتوي على تقرير الحمض النووي الذي هز قلبه.

عندما كشف عن التقرير، اتسعت عيناه في حالة من عدم التصديق. تمت مطابقة حمضه النووي مع الجنين. لم يكن هناك شك في ذلك، كان هو الأب. ولكن كيف يمكن ذلك ؟ كيف حصلوا على حمضه النووي ؟ لم يقدم أي عينات، ولم يوافق على أي شيء من هذا القبيل. تسابق عقله. هل كانت شارميلا هي التي تمكنت بطريقة ما من الحصول على حمضه النووي ؟ أو هل جمعه شخص آخر دون علمه ؟

"كيف حصلوا على هذا بحق الجحيم ؟" تمتم، نصفه لنفسه.

راقبه ماتاجي عن كثب، ووجهها ساكن. "هل يهم ذلك ؟ والحقيقة هي أنهم يمتلكونها. وهذا التقرير لا يترك مجالاً للإنكار ".

ارتجفت يدا أبهيمانيو قليلاً وهو يضع التقرير. ضربه الإدراك مثل قطار الشحن. خططت أناميكا لهذا بدقة. لقد توقعت كل خطوة ممكنة قد يقوم بها وحاصرته بشكل فعال. لم يكن هناك مهرب من هذا الآن. إذا حصلت المعارضة على هذه المعلومات، فستكون نهاية حياته السياسية. وشارميلا ؛ ستدمرها الفضيحة، وسمعتها في حالة يرثى لها.

قال بهدوء: "هذا أمر خطير"، مع نفسه أكثر من والدته.

أومأ ماتاجي برأسه. "إنه أمر خطير للغاية. ولا توجد طريقة للتراجع عما تم إنجازه. السؤال هو، ماذا سنفعل حيال ذلك ؟"

انحنى أبهيمانيو إلى الوراء على كرسيه، وفرك معابده وهو يحاول معالجة فداحة الوضع. كانت غريزته الأولية هي إنكار كل شيء، لكن الآن بدا ذلك مستحيلاً. كانت الأدلة غير قابلة للدحض. كانت خطوة أناميكا واضحة بقدر ما كانت مدمرة. إذا انتشر الخبر، فإن وسائل الإعلام والمعارضة ستمزقه. سيتم جر شارميلا أيضًا عبر الطين. سيكون الضرر الذي لحق بهم وبأسرهم لا يمكن إصلاحه.

قال ماتاجي وهو يقطع أفكاره: "أفضل خيار هو الزواج". "هذا ما يريدونه."

نظر إليها أبهيمانيو عابسًا. "أتتزوج ؟ كيف يمكن ذلك ؟ إنها من المعارضة يا أمي. نحن أعداء سياسيون. من المستحيل أن تسمح عائلتها بذلك ".

رفعت ماتاجي حاجبها، وصوتها هادئ ولكنه حازم. "فكر يا أبهيمانيو. لقد تجاوزت أنت وشارميلا الخط بالفعل. الطريقة الوحيدة لإنقاذ سمعتك هي جعل هذا شرعياً. نعم، لن تكون عائلتها سعيدة، ولن تكون عائلتنا كذلك. ولكن يمكننا إدارة ذلك. ليس من غير المألوف أن تقوم عائلتان سياسيتان قويتان بتشكيل تحالفات من خلال الزواج ".

هز أبهيمانيو رأسه، ولا يزال يقاوم. لكن تحالفاً كهذا سيكون انتحاراً سياسياً. سيتعين على أحدنا التبديل بين الجانبين ".

كانت عيون ماتاجي تلمع بمزيج من العزم والحساب. "بالضبط ؛ سيتعين على أحدكم الانشقاق إلى الطرف الآخر. هذه هي الطريقة الوحيدة التي يمكن أن ينجح بها هذا ".

حدق أبهيمانيو في وجهها، مذهولًا من الاقتراح. "خلل ؟ أنت تتحدث عن الخيانة ".

"ليست خيانة،" تصحيح ماتاجي، "استراتيجية. فكر في الأمر، أبهيمانيو. الآن، هذه فضيحة. ولكن إذا تزوجت شارميلا، يصبح تحالفًا قويًا. كل من يعيب يصبح العمود الفقري لنظام سياسي جديد. معًا،

يمكن لكما إعادة تشكيل المناظر الطبيعية. سيكون لديك تأثير على جانبي الممر. إنها فرصة غير مسبوقة ".

كان أبهيمانيو صامتًا، يعالج كلماتها. كان الأمر منطقيًا، بطريقة ملتوية. الزواج من شارميلا سيحول الفضيحة إلى انقلاب سياسي. لكن فكرة الانشقاق، وإدارة ظهره لحزبه، كانت حبة مريرة يجب ابتلاعها.

"من ينشق ؟" سأل أخيرًا بصوت منخفض.

قال ماتاجي: "هذا شيء سيتعين عليك مناقشته مع شارميلا". "ولكن بالنظر إلى الوضع، أعتقد أنه سيكون من المنطقي بالنسبة لها أن تنضم إلينا. لقد بنيت موقعًا قويًا داخل حزبنا. وإلى جانب ذلك، إذا عييت، فإن ذلك يعطيها سببًا لتبرير الزواج ؛ يمكنها تأطيره كمسألة قناعة شخصية بدلاً من الملاءمة السياسية.

اعتبر أبهيمانيو هذا، عقله يتسابق مع الآثار المترتبة عليه. إذا انشقت شارميلا، فقد يخلق ذلك تأثيرًا مضاعفًا في حزب المعارضة. ستكون أناميكا غاضبة، لكنها قد تكون الطريقة الوحيدة لإنقاذ الوضع.

سأل: "وإذا رفضت ؟".

أغمق تعبير ماتاجي قليلاً. "إذن علينا أن نكون مستعدين للقتال. لكنني لا أعتقد أنها ستفعل. ربما تكون أناميكا قد دعمتك في الزاوية، لكنها تركت أيضًا شارميلا بخيارات محدودة. إذا أصبح الحمل علنيًا دون زواج، فستنتهي مهنة شارميلا السياسية قبل أن تبدأ حقًا. لن تسمح والدتها بحدوث ذلك ".

تنهد أبهيمانيو، مائلًا إلى الأمام ورأسه في يديه. "إذن، هذه هي النهاية. إما أن نتزوج، أو يسقط كلانا ".

مد ماتاجي يده، ووضع يده على كتفه. "الأمر أكثر من ذلك، أبهيمانيو. هذه هي فرصتك للسيطرة على السرد. لا تفكر في الأمر على أنه هزيمة - فكر فيه على أنه فرصة. معًا، يمكنك أنت وشارميلا أن تكونا أقوى مما يمكن أن يكون أي منكما بمفرده.

أومأ أبهيمانيو برأسه ببطء، وشعر بثقل كلمات والدته. كانت على حق لم يكن هناك عودة الآن. كان السبيل الوحيد للمضي قدمًا هو احتضان الموقف وتحويله لصالحهم. لقد حان الوقت لاتخاذ خطوة.

قال أخيرًا: "سأتحدث إلى شارميلا". "سنجد حلاً".

ابتسمت ماتاجي وعيناها تلمعان بارتياح. كانت المباراة بعيدة عن نهايتها، لكن القطع بدأت تتساقط في مكانها.

صاغت ماتاجي ردها بعناية فائقة، مع الموازنة بين الدبلوماسية الدقيقة والتحذير غير المعلن. كانت تعرف فن المناورة السياسية، وكان على هذه الرسالة أن تخدم أغراضًا متعددة ؛ استرضاء أناميكا، وتأكيد سلطتها الخاصة، وإرسال رسالة مفادها أن أناميكا يجب أن تظل حذرة.

دخل أبهيمانيو قصر أناميكا، وعقله يتسابق مع ثقل المواجهة المقبلة. لم تكن مجرد زيارة عادية ؛ لقد كانت لحظة حرجة في شبكة الشطرنج السياسي التي كانت تلعبها كلتا العائلتين. كان ماتاجي قد أعده بدقة لهذا اللقاء، وعندما دخل إلى قاعة المدخل المزخرفة لمنزل أناميكا، لم يستطع إلا أن يشعر بالتوتر في الهواء. لقد أمضى الليلة بأكملها يفكر في خطوته التالية، ولكن حتى الآن، وهو يقف على حافة الاجتماع، لم يكن متأكدًا تمامًا من كيفية تطور الأمور.

جلست أناميكا في غرفة الرسم الكبيرة، ووجهها لا يخون شيئًا وهي تراقبه وهو يقترب. كانت ترتدي ساريًا بسيطًا وأنيقًا، وكانت تنضح بالسلطة وضبط النفس. تلقي شمس الغروب توهجًا دافئًا على الديكور الغني للغرفة، مما يضيف جوًا من الشكليات إلى الموقف. عندما دخل أبهيمانيو، انحنى على الفور أمامها، ولمس قدميها كعلامة على الاحترام. كان عليه أن يظهر التواضع، كما نصحه ماتاجي. لم يعد الأمر يتعلق بالسياسة فقط ؛ بل كان يتعلق بالمصالحة الشخصية، حتى لو كانت تلك المصالحة مبنية على التلاعب والأسرار.

باركته أناميكا بنظرة محسوبة، واستقرت يدها على رأسه للحظة. قالت بصوت هادئ ولكن حازم: "اجلس يا أبهيمانيو".

ولكن بدلاً من الجلوس على الأريكة الفخمة بجانبها، أنزل أبهيمانيو نفسه على الأرض، واختار الجلوس متقاطع الأرجل بالقرب من قدميها، وهي لفتة خضوع فاجأت حتى أناميكا. للحظة، رفعت حاجبيها، من الواضح أنها فوجئت. هل كان هذا تأثير ماتاجي ؟ تساءلت. أم كانت محاولة أبهيمانيو لنزع فتيل التوتر، للإشارة إلى استعداده للتعاون ؟

في تلك اللحظة، دخلت شارميلا الغرفة، واتسعت عيناها في حالة من الارتباك عندما رأت أبهيمانيو جالسًا على الأرض مثل المتوسل. تسابق عقلها. لماذا كان يتصرف هكذا ؟ هل قالت والدتها شيئًا ؟ هل كان هذا جزءًا من خطة متقنة لم تكن مطلعة عليها ؟ غمرتها المشاعر المتضاربة من الحب والولاء والضغط الخانق لظروفهم. وقفت متجمدة للحظة قبل أن تلمح أناميكا لها للاقتراب.

قالت أناميكا بصوت خافت بشكل غير عادي: "تعالي يا شارميلا". "اجلس هنا، بجانبي."

اقتربت شارميلا بتردد، ولا تزال غير متأكدة مما يجري. جلست بجانب أبهيمانيو على الأرض، وألقت عليه نظرة سريعة ومتسائلة. لم يقابل عينيها، وحافظ على نظرته منخفضة: صورة للامتثال. كان التوتر في الغرفة واضحًا، والكلمات غير المنطوقة تتدلى بينهما مثل ضباب كثيف.

أخرج أناميكا، بهدوء يكذب خطورة الموقف، الظرف الذي أحضره أبهيمانيو. فتحته بشكل منهجي، وسحبت مجموعة المجوهرات ؛ قلادة مزخرفة وزوج من الأساور التقليدية التي كانت في عائلة ماتاجي لأجيال. لم تكن هذه مجرد هدايا ؛ بل حملت ثقل التراث والأهمية الرمزية لتحالف مستقبلي.

لكن أناميكا لم تلمس الحلي. بدلاً من ذلك، مررتهم مرة أخرى إلى أبهيمانيو، وعيناها مغلقتان بعيناه. قالت بصوت ثابت: "أهديها إياها بنفسك".

تردد أبهيمانيو للحظة وجيزة قبل أن يأخذ المجوهرات بين يديه. التفت إلى شارميلا، التي كانت تحدق في الأشياء التي في يديه بمزيج من عدم التصديق والخوف. ببطء، وبشكل احتفالي تقريبًا، وضع القلادة حول عنقها وزلق الأساور على معصميها. شعرت الإيماءة، على الرغم من بساطتها، بأنها ثقيلة بالمعنى، كما لو أنها أغلقت رابطتها غير المعلنة التي لم يخترها أي منهما بالكامل ولكن تم فرضها عليهما.

وبمجرد الانتهاء من ذلك، سلمت أناميكا شارميلا المحتويات الأخرى للمغلف: صور لهما من وقتهما في الخارج ومحرك أقراص بالقلم. قالت: "انظر إلى هذه وأخبرني برأيك"، وكانت لهجتها غير رسمية

تقريبًا، كما لو كانوا يناقشون شيئًا عاديًا. لكن كلا من أبهيمانيو وشارميلا كانا يعرفان أنه لا يوجد شيء عادي حول هذا الوضع.

أخذت شارميلا محرك القلم في يدها، وألقت نظرة خاطفة على حاسوبها المحمول الجالس في مكان قريب. ارتجفت أصابعها قليلاً عندما أدخلت محرك الأقراص في الميناء، ولكن عندما كانت على وشك فتح الملفات، أوقفتها أناميكا.

قالت: "ليس الآن". "خذ أبهيمانيو معك إلى غرفتك. أنتما الاثنان بحاجة إلى التحدث".

كانت هناك لحظة من الصمت المحرج قبل أن تومئ شارميلا برأسها. نهضت، وأبهيمانيو يحذو حذوها، وغادرا الغرفة معًا، يسيران في صمت ثقيل مع الترقب.

في خصوصية غرفتها، أخرجت شارميلا أخيرًا نفسًا لم تدرك أنها كانت تحمله. "ماذا يحدث؟" سألت صوتها بالكاد فوق الهمس." لماذا تتحرك الأمور بهذه السرعة؟"

قابلت عينا أبهيمانيو عينيها لأول مرة منذ وصوله إلى القصر، وبدا أن وزن كل ما وقعوا فيه معلق بينهما. تنهد وهو يتحرك للجلوس على حافة سريرها. اعترف وهو يفرك صدغيه: "كل شيء يحدث بسرعة كبيرة". "لا أعرف كيف وصلنا إلى هنا، شارميلا، لكنني أعرف شيئًا واحدًا، لقد حولتنا عائلاتنا إلى بيادق في لعبة القوة الخاصة بهم. ونحن... نحن عالقون في منتصفها."

نظرت إليه شارميلا، ووجهها مزيج من الإحباط والارتباك. قالت بهدوء: "أبهيمانيو، لم أكن أريد أيًا من هذا". "لم أرغب أبدًا في أن تصبح حياتي... هذا".

نظر إليها، ورأى الضعف في عينيها. على الرغم من كل التدريب السياسي الذي تلقاه كلاهما، وعلى الرغم من جميع التحركات المحسوبة التي أجبروا على القيام بها علنًا، إلا أن هذه اللحظة بدت خامًا وحقيقية. أجاب: "ولا أنا". "لكننا هنا الآن، وعلينا أن نكتشف ما يجب القيام به بعد ذلك. والدتك ذكية، وكذلك والدتي. كلاهما يلعبان هذه اللعبة، لكنني لا أعتقد أنهما يهتمان بما يحدث لنا".

جلست شارميلا بجانبه ؛ يداها مشدودتان في حضنها. "إذن، ماذا نفعل ؟ كيف نخرج من هذه الفوضى ؟"

هز أبهيمانيو رأسه ببطء. "لا أعتقد أنه يمكننا الخروج من ذلك. ليس تمامًا. ولكن يمكننا محاولة السيطرة على الضرر. إذا لم نتولى مسؤولية الموقف، فسوف يستمرون في استخدامنا".

عضت شارميلا شفتيها وهي تفكر. "أمي... إنها تخطط بالفعل لشيء ما. أستطيع أن أشعر به. لن تكون أبدًا بهذا الهدوء ما لم تعرف أنها فازت بالفعل.

أومأ أبهيمانيو برأسه. "أمي أيضًا ؛ أرسلت تلك المجوهرات لإظهار أنها منفتحة على التحالف. ولكن هناك ما هو أكثر من ذلك. أرسلت صورًا لنا معًا من رحلتنا إلى الخارج. وهذا الفيديو في محرك القلم... إنه تحذير، على ما أعتقد."

عبست شارميلا ؛ "تحذير ؟"

أوضح أبهيمانيو: "أرادت أن تعرف والدتك أن كل خطوة تقوم بها تتم مراقبتها". "يُظهر الفيديو شخصًا يجمع قصاصات الأظافر من تلك الليلة في برشلونة. إنه دليل على أنهم كانوا يتابعون كل شيء عن كثب. إنها طريقتهم في القول إن لديهم أدلة، فقط في حالة ".

أصبح وجه شارميلا شاحبًا. "لذلك، يتم استخدامنا كرافعة مالية. سيحملون هذا فوق رؤوسنا حتى نفعل ما يريدون ".

أومأ أبهيمانيو برأسه بكآبة ؛ "بالضبط. وهم يعتمدون علينا للبقاء هادئين، واللعب معهم ".

نهضت شارميلا، وهي تسير في الغرفة ؛ "لكن لماذا يا أبهيمانيو ؟ لماذا يفعلون هذا ؟ هل هي مجرد سياسة، أم أن هناك شيئًا أكثر من ذلك ؟"

قال ببساطة: "السلطة". "الأمر يتعلق دائمًا بالسلطة. تريد والدتك ترسيخ مكانتها، وكذلك والدتي. لقد قرروا أن الزواج بيننا هو أفضل طريقة للقيام بذلك. سيقرب كلا الطرفين من بعضهما البعض، ويجعل المعارضة أضعف، ويقوي عائلاتنا ".

هزت شارميلا رأسها. "ولكن بأي ثمن ؟ ماذا عنا ؟ ماذا لو كنا لا نريد هذا ؟"

مدت أبهيمانيو يدها، وأمسكت بيدها. "لا أعتقد أن لدينا الكثير من الخيارات. لقد قاموا بالفعل بتحريك كل شيء. إذا حاولنا المقاومة، فسوف يستخدمون كل ما لديهم ضدنا ؛ الحمض النووي والصور والفيديو. سيدمروننا إذا اضطروا إلى ذلك ".

جلست شارميلا مرة أخرى، ويدها لا تزال في يده. "إذن، ماذا نفعل ؟ كيف نحارب هذا ؟"

نظر إليها أبهيمانيو، ووجهه جاد. "الطريقة الوحيدة التي يمكننا أن نقاوم بها هي إذا لعبنا جنبا إلى جنب، ولكن بشروطنا الخاصة. إذا وافقنا على هذا التحالف، يمكننا على الأقل التحكم في السرد. يمكننا التأكد من أننا نخرج من هذا ببعض الكرامة، دون السماح لهم بتدميرنا ".

أومأت شارميلا برأسها ببطء، وعقلها يعمل من خلال الاحتمالات. "لكن من سينشق، أنت أم أنا ؟"

"هذا هو السؤال، أليس كذلك ؟ قال أبهيمانيو وعيناه تقابلان عينيها." إذا انشققت عن حزبي، فستفقد والدتك أكبر أصولها ؛ أنت. ولكن إذا انشقرت إلى حزبك، فستخسر والدتي نفس الشيء. وفي كلتا الحالتين، ستشعر إحدى عائلاتنا بالخيانة ".

فكرت شارميلا للحظة، وهي تزن الخيارات. قالت بهدوء: "يجب أن أكون أنا". "إذا غادرت حفلة والدتي، فسيُنظر إليها على أنها خطوة استقلال. سيحترمني الناس لاتخاذ قراراتي الخاصة. ولكن إذا غادرت، فستبدو خيانة لإرثك بأكمله ".

عبس أبهيمانيو. "هل أنت متأكد ؟ قد لا تسامحك والدتك أبدًا على هذا ".

ابتسمت شارميلا بحزن. "ستفهم في النهاية. إنها تعرف اللعبة مثل أي شخص آخر. وإلى جانب ذلك، هذه هي الطريقة الوحيدة التي يمكننا بها الخروج من هذا دون أن نخسر كل شيء.

ضغط أبهيمانيو على يدها. اعترف: "أنت أشجع مني".

ضحكت شارميلا بهدوء. "لا، أنا فقط معتادة على التعامل مع تلاعبات والدتي. لقد كانت تدربني على هذا منذ أن كنت طفلة ".

جلسوا في صمت للحظة، وكلاهما ضائع في التفكير. أخيرًا، تحدثت شارميلا مرة أخرى. قالت بحزم: "سنعلن ذلك معًا". "سنخبر العالم أننا قررنا الزواج، وأنني سأغادر حفلة والدتي للانضمام إلى حفلتك. ستكون صدمة، لكننا سنتحكم في القصة. سنجعل الأمر يبدو وكأنه كان قرارنا طوال الوقت ".

أومأ أبهيمانيو برأسه. "موافق ؛ سنفعل ذلك وفقًا لشروطنا."

عندها فقط، كان هناك طرق على الباب. نادى صوت أناميكا من الردهة. "أبهيمانيو، شارميلا، هل أنتم مستعدون ؟"

نهض أبهيمانيو، وشد شارميلا على قدميها. قال بصوت ثابت: "نحن مستعدون".

خرجوا من الغرفة معًا، جنبًا إلى جنب ؛ مستعدين لمواجهة كل ما سيأتي بعد ذلك.

عندما وصلوا إلى غرفة الرسم، كانت أناميكا تنتظرهم، ووجهها غامض. لم تنطق بكلمة وهي تراقبهم وهم يقتربون. انحنى أبهيمانيو مرة أخرى أمامها، ولكن هذه المرة كانت هناك ثقة هادئة في موقفه.

أومضت عينا أناميكا لشارميلا، وهو سؤال صامت يمر بينهما. أومأت شارميلا برأسها قليلاً، وانحنت شفتا أناميكا إلى ابتسامة صغيرة. قالت بهدوء: "جيد جداً".

عندما غادرا القصر، عرف أبهيمانيو وشارميلا أن المعركة الحقيقية بدأت للتو. لكن لأول مرة، شعروا أن لديهم فرصة للقتال معًا.

بالعودة إلى القصر، شاهدتهم أناميكا يذهبون، وعقلها يعمل بالفعل على الخطوة التالية في اللعبة. لكنها كانت تعرف شيئًا واحدًا مؤكدًا: التحالف بين ابنتها وأبهمانيو قد غير القواعد، والآن، أصبحت لعبة جديدة تمامًا.

الفصل الخامس والعشرون

كانت عيون أناميكا تحمل بريقًا من التصميم وهي تنظر إلى شارميلا، مما يشير إلى شيء أعمق من مجرد تعليمات الأم. أشارت نحو الصندوق المخملي الذي يحتوي على السلسلة الذهبية والساعة الماسية التي وضعتها على الطاولة في وقت سابق. ترددت شارميلا، وهي تمسك برسالة والدتها غير المعلنة، للحظة وجيزة، ثم انتقلت نحو الصندوق.

"قبل أن تذهب،" بدأت أناميكا بنبرة هادئة ولكن آمرة، "أريدك أن تعطيه هذه. ضع السلسلة الذهبية حول رقبته والساعة على معصمه. لقد حان الوقت لكليكما لإظهار الولاء لبعضكما البعض والقرارات التي اتخذناها".

أومضت عينا شارميلا بمزيج من عدم اليقين والفهم. مدت يدها إلى الصندوق، ورفعت السلسلة الذهبية برفق. كان يلمع تحت ضوء الثريا، مما يعكس وزن التقاليد والقوة التي يرمز إليها. وقف أبهيمانيو بهدوء، يراقب التبادل الصامت بين الأم وابنتها، مع العلم أن هذا لم يكن مجرد هدايا. كانت هذه طريقة أناميكا لضمان استثمار شارميلا بالكامل في هذا القرار ؛ ختم موافقتها النهائي.

اقتربت منه شارميلا وعيناها مقفلتان بعيناه. كان هناك سؤال غير معلن في نظرتها، سؤال بدا أن أبهيمانيو يفهمه دون الحاجة إلى كلمات. ثنى رأسه قليلاً، مما سمح لها بوضع السلسلة الذهبية حول عنقه. ارتجفت أصابعها قليلاً، لكنها ثبتها، وشبكت السلسلة في مكانها. استلقى على صدره، وهو رمز للاتفاق الذي كانوا على وشك إبرامه.

لم تكن السلسلة مجرد زخرفة. كانت علامة على ولائه الجديد، ليس فقط لشارميلا، ولكن لهيكل السلطة الذي نسجته أناميكا حولهم.

ثم أخذت شارميلا الساعة الماسية من الصندوق. كانت الساعة ملكًا لوالد أناميكا، وهو من بقايا سلالتهم السياسية، يرتديها رجال شكلوا

ذات مرة مستقبل الأمة. الآن، تم تمريره إلى أبهيمانيو، مما يرمز إلى فصل جديد في إرث عائلتهم.

وضعت الساعة حول معصمه، وربطت المشبك بعناية. لامست أصابعها جلده للحظة واحدة فقط لفترة أطول من اللازم، لكن لم يبتعد أي منهما. ضغط ثقل اللحظة على كليهما. بدت الساعة أثقل مما كان ينبغي أن تكون محملة بتوقعات عائلاتهم ومستقبلهم السياسي والأدوار التي كانوا على وشك القيام بها.

نظر أبهيمانيو إلى معصمه، ثم عاد إلى شارميلا. "هل أنت متأكد من هذا ؟" سأل بهدوء، صوته مرتفع بما يكفي لتسمعه، لكنه ناعم جدًا بحيث لا يصل إلى آذان أناميكا.

لم ترد شارميلا على الفور. بدلاً من ذلك، نظرت من فوق كتفها إلى والدتها، التي وقفت تراقبهم بنظرة عارفة. ثم عادت إلى أبهيمانيو، شركة تعبيرها. همست بصوت حازم: "ليس لدينا خيار". "هذا هو الطريق الذي يجب أن نسلكه."

أومأ أبهيمانيو برأسه، وفهم خطورة كلماتها. لم تعد هذه مجرد علاقة شخصية. لقد نمت لتصبح شيئًا أكبر بكثير ؛ تحالف تم تشكيله تحت ضغط الضرورة السياسية.

تقدمت أناميكا، الراضية عن التبادل، إلى الأمام، ووجهها ناعم بما يكفي للكشف عن دفء الأم. قالت باستحسان: "جيد". "كلاكما ينظر إلى الدور الآن. أبهيمانيو، لقد كنت دائمًا شابًا لامعًا. أتوقع أشياء عظيمة منك الآن بعد أن أصبحت جزءًا من هذه العائلة ؛ عائلتنا ".

نظر أبهيمانيو بين شارميلا وأناميكا، واستقر وزن كلمات أناميكا في ذهنه. لم يعد مجرد أبهيمانيو كومار، السياسي الطموح ووريث الإمبراطورية السياسية لعائلته. كان مرتبطًا الآن بشيء أكبر، شيء أكثر قوة ؛ اتحاد كان يتعلق بالسياسة بقدر ما كان يتعلق بالعلاقات الشخصية.

قدمت شارميلا، التي لا تزال تقف بالقرب منه، إيماءة صغيرة غير محسوسة تقريبًا. كلاهما فهم الرهانات.

قالت أناميكا بهدوء: "يجب أن تذهب الآن"، وتستقر عيناها على الاثنين. "هناك الكثير للتحضير له، وتذكر، مهما حدث، يجب أن تظل متحدًا. هذه هي الطريقة الوحيدة التي يمكننا الفوز بها ".

عندما استدار أبهيمانيو وشارميلا للمغادرة، بدأ التوتر في الغرفة في الارتفاع، وحل محله حل هادئ. ولكن قبل أن يصلوا إلى الباب مباشرة، نادت أناميكا مرة أخرى: "شارميلا".

استدارت شارميلا إلى الوراء، ولا تزال يدها تحمل يد أبهيمانيو بشكل فضفاض.

"لا تنس من أنت. قالت أناميكا: "لا تنس هدفك"، حيث كان صوتها في طبقات مع كل من التشجيع والتحذير. "نحن نراقب دائمًا."

الكلمات معلقة في الهواء، ثقيلة بالمعنى. أومأت شارميلا برأسها بإيماءة قصيرة، ثم تبعت أبهيمانيو خارج الغرفة.

بينما كانوا يسيرون عبر الممرات الكبرى للقصر، تغير الجو بينهما. لم تعد السلسلة الثقيلة حول عنق أبهيمانيو والساعة على معصمه مجرد رموز للتحالف. لقد كانت تذكيرًا ملموسًا بالوعود التي قطعوها ؛ وعودًا لعائلاتهم ومستقبلهم، وبطريقة غير معلنة، لبعضهم البعض.

عندما وصلوا إلى المدخل، توقفت شارميلا، والتفتت لمواجهته. سألت: "هل سنفعل هذا حقًا ؟"، كان صوتها مشوبًا بتلميح من الشك.

نظر أبهيمانيو إليها، تعبيره جاد ولكنه مصمم. أجاب: "علينا ذلك". "لكن هذا لا يعني أننا لا نستطيع أن نجد طريقنا من خلال ذلك."

أومأت شارميلا برأسها، على الرغم من أن حالة عدم اليقين لا تزال قائمة في عينيها. "آمل فقط أن نتخذ الخيار الصحيح."

أمسك أبهيمانيو يدها، وعصرها برفق. قال بهدوء: "نحن كذلك". "سنجد حلاً. معاً ".

مع ذلك، خرجوا إلى المساء، مستعدين لمواجهة العاصفة التي كانت تختمر في الأفق. في الداخل، وقفت أناميكا بجانب النافذة، تراقبهم وهم يذهبون. ظل وجهها جامدًا، لكن عقلها كان يعمل بالفعل على المرحلة التالية من خطتها.

كانت تعلم أن هذه ليست سوى البداية. كان هناك العديد من التحركات التي يتعين القيام بها، وكانت اللعبة أبعد ما تكون عن الانتهاء. لكن في الوقت الحالي، كانت راضية. تم تشكيل التحالف، وكانت القطع في مكانها.

كل ما تبقى هو أن نرى كيف ستتكشف اللعبة.

الفصل السادس والعشرون

امتلأت قاعة المؤتمرات الصحفية بكامل طاقتها مع وصول الترقب إلى ذروته. ملأ الصحافيون والمحللون السياسيون والشخصيات الرئيسية من كلا الحزبين القاعة وهمسوا بنظريات حول ما كان على وشك أن يتكشف. انطلق المتسابقون من مقر الحزب إلى الداخل والخارج، ووضعوا اللمسات الأخيرة على تفاصيل اللحظة الأخيرة. كان من الواضح أن شيئًا هائلاً على وشك الحدوث، وكانت وسائل الإعلام مستعدة لالتقاط كل لحظة. كانت التكهنات حول الانشقاق أو التحالف السياسي أو حتى الفضيحة الشخصية متداولة منذ أيام، وكان عامة الناس متوترين، في انتظار الأخبار.

في تمام الساعة 11 صباحًا، فتحت أبواب قاعة النادي الصحفي. دخل رئيس حزب أبهيمانيو أولاً، وسار بسلوك هادئ ومؤلف، وهو شخصية ذات قوة سياسية. شغل مقعده في وسط المسرح، وأومأ برأسه لفترة وجيزة للجمهور. لم يعطِ تعبيره شيئًا، ولكن كان هناك شعور بالثقة في الطريقة التي استقر بها على كرسيه. بعد بضع دقائق، دخلت ماتاجي، والدة أبهيمانيو وشخصية بارزة في العالم السياسي. حظي وجودها الهادئ والقيادي باحترام الجميع في الغرفة. أخذت مقعدها بجانب الرئيس، مشيرة إلى أن هذه كانت لحظة ذات أهمية كبيرة.

تصاعد التوتر في الغرفة عندما دخل أبهيمانيو وشارميلا بعد ذلك. ساروا جنبًا إلى جنب، وبدا عليهم الاتزان والثقة، على الرغم من أن وزنًا معينًا من الجاذبية استقر على أكتافهم. أثار مظهرهما معًا الغرفة على الفور. كانت هذه هي اللحظة التي انتظرها الجميع. كانت كل العيون عليهم وهم يأخذون أماكنهم على المسرح، ويكملون اللوحة التي ستصنع التاريخ قريبًا.

تم إعداد المسرح. انتظرت الصحافة، الجاهزة بكاميراتهم ودفاترهم، البيان الذي يؤكد تكهناتهم. كان الجميع يعلم أن هذا المؤتمر الصحفي سيغير المشهد السياسي، لكن لم يكن أحد متأكدًا من كيفية ذلك.

بدأ رئيس حزب أبهيمانيو بتحديد النغمة. وتحدث بنبرة هادئة ومحسوبة عن أهمية الوحدة السياسية والتقدم والتحديات المستقبلية التي تنتظرنا. كان حريصًا على تجنب التخلي عن الكثير، تاركًا مجالًا للكشف الكبير من المتحدثين الآخرين. بعد انتهائه، تحدثت ماتاجي بنعمتها وسلطتها المميزين، وحددت الغرض من المؤتمر الصحفي. ألمحت إلى التغييرات القادمة لكنها تركت التفاصيل غامضة، مما زاد من التشويق.

ثم أخذ أبهيمانيو الميكروفون. كانت كلماته موجزة ولكن في صميم الموضوع. واعترف بالجمهور، والنشطاء السياسيين الجالسين بجانبه، والصحافة. قال: "اليوم، هناك إعلان مهم، لكنني سأترك الأمر لشارميلا لمشاركة التفاصيل." مع ذلك، تراجع، وتحولت كل العيون إلى شارميلا.

كان هناك توقف قصير عندما نهضت شارميلا وأخذت الميكروفون. كان وجهها هادئًا وصوتها ثابتًا عندما بدأت في الكلام. أسرت كلماتها الغرفة على الفور.

بدأت قائلة: "الحياة تدور حول اتخاذ الخيارات. لكل شخص الحق في تقرير مساره الخاص، وتحديد مصيره الخاص، والعيش بهدف واقتناع. السياسة الحزبية مهمة، نعم، لكن يجب أن تكون مدفوعة بالعاطفة والالتزام، وليس الالتزام أو التقاليد ".

استمعت الغرفة بصمت وهي تتابع. قالت: "لقد كنت محظوظة لأن لدي أمًا منحتني القوة لاتخاذ قراراتي الخاصة. اليوم، اتخذت قرارين مهمين سيحددان مسار حياتي ".

كان التوقع واضحًا. توقفت شارميلا، وتركت ثقل كلماتها يغرق. ثم تابعت.

"أولاً، قررت أن أتزوج الرجل الذي أحب، أبهيمانيو. علاقتنا تتجاوز السياسة. إنه شخصي وقوي. الحب لا يعرف خطوط الحزب أو الحدود السياسية ".

كان هناك نفخة في الحشد. وبينما انتشرت شائعات عن علاقتهما، كان هذا التأكيد العلني لا يزال صادمًا. لكن شارميلا لم تنته.

قالت: "ثانياً، قبل أن أذهب إلى منزله بصفتي زوجته، أريد أن أنضم إليه في رحلته السياسية. أنا أؤمن برؤيته وقيمه والتزامه تجاه بلدنا. لهذا السبب قررت الانضمام إلى حزبه، ليس كعمل من أعمال الانشقاق، ولكن كإعلان عن ولائي لزوجي المستقبلي وأهدافنا المشتركة".

اندلعت الغرفة بالتصفيق، وسارعت الصحافة إلى التقاط اللحظة. كانت شارميلا قد وجهت للتو ضربة ماستر ستروك. في إعلان واحد، أكدت علاقتها مع أبهيمانيو، وانحازت إليه سياسياً، وبررت قرارها بطريقة جعلت الأمر يبدو وكأنه اختيار مبدئي بدلاً من خيانة حزب والدتها.

واختتمت بملاحظة صادقة. "سيسمي الكثيرون هذا الانشقاق، لكنني لا أرى الأمر على هذا النحو. ولائي لمستقبلي، ولا يمكنني ركوب قاربين في وقت واحد. أنا محظوظ لحصولي على حب أبهيمانيو وبركات عائلته. الآن، أطلب نفس البركات من عائلتي ومن الحفلة التي أنا على وشك الانضمام إليها".

ثم التفتت شارميلا إلى ماتاجي ورئيس حزب أبهيمانيو، طالبة مباركتهما. راقبت الغرفة بصمت وهي تنحني وتلمس أقدامهم ؛ بادرة تقليدية من الاحترام. نهض الرئيس من كرسيه، ولف شالًا احتفاليًا على كتفي شارميلا، وسلمها شهادة عضوية الحزب. ترمز هذه الإيماءة إلى دخولها الرسمي إلى الحظيرة السياسية.

مع تصفيق مدوي يتردد صداه في القاعة، اختتم المؤتمر الصحفي. ومضت الكاميرات مثل اللاعبين الرئيسيين ؛ شارميلا، أبهيمانيو، ماتاجي، ورئيس الحزب ؛ وقفت للصور، وختمت هذه اللحظة في كتب التاريخ.

كان من الواضح أن هذا المؤتمر الصحفي المخطط له بدقة قد حقق هدفه. لم يتم تأطير قرار شارميلا بالانضمام إلى حزب أبهيمانيو على أنه خيانة سياسية ولكن كخيار شخصي ومبدئي. سيرى الجمهور الآن هذا على أنه اتحاد للحب والرؤية السياسية، واستراتيجية ذكية مصممة لحماية كل من أبهيمانيو وشارميلا من أي رد فعل عنيف. ستهيمن الأخبار على العناوين الرئيسية بحلول صباح اليوم التالي، مما يضمن

أن التحالف السياسي بين اثنتين من أكثر العائلات نفوذاً في البلاد قد تعزز بمباركة كلا الحزبين.

مع تلاشي التصفيق وتشتت الصحافة، كان من الواضح أن الفصل التالي في حياتهم والمشهد السياسي كان على وشك البدء.

الفصل السابع والعشرون

جلست أناميكا سينغ على رأس الطاولة البيضاوية الكبيرة، وكان تعبيرها هادئًا ولكنه حاد، كما لو أنها تستطيع رؤية كل زاوية من رقعة الشطرنج السياسية التي كانت تلعبها. امتلأت قاعة الاجتماعات بكبار قادة الحزب، وكثير منهم من قدامى المحاربين الذين خدموا خلال قيادة والدها هوكوم سينغ. كانت هذه هي العقول التي شكلت السياسات وقادت معارك المعارضة، واليوم، كانوا يواجهون أزمة. لقد صدم زواج شارميلا المفاجئ وانشقاقها عن الحزب الحاكم صفوفهم، لكن سلوك أناميكا الهادئ أشار إلى أنها لم تكن مستعدة لذلك فحسب، بل رأت أيضًا فرصة داخل الفوضى.

استقرت الهمهمات في الغرفة بينما بدأت أناميكا في الكلام. "نحن نجتمع هنا لأن قرار شارميلا خلق موجات ؛ ليس فقط في وسائل الإعلام ولكن داخل حزبنا وبين مؤيدينا. هذه خطوة مهمة، ولكن اسمحوا لي أن أؤكد لكم، إنها خطوة يمكننا أن نلجأ إليها لصالحنا".

تحدث أحد كبار القادة، السيد كيشاف فيرما، أولاً، وصوته كثيف بالقلق. "سيدتي، مع كل الاحترام الواجب، كيف نتحكم في السرد ؟ يشعر العديد من أتباعنا بالخيانة. كان يُنظر إلى شارميلا على أنها وريثتك، شخص سيواصل إرثك. وينظر إلى انضمامها إلى الحزب الحاكم، والأهم من ذلك، زواجها من أبهيمانيو، على أنه انشقاق، وحتى هجر لقضيتنا. كيف نتعامل مع هذا ؟"

استمعت أناميكا بعناية قبل الرد، وصوتها ثابت ومطمئن. "هذه الخطوة، على الرغم من أنها مفاجئة على السطح، إلا أنها استراتيجية. شارميلا لا تتخلى عنا. لقد أصبحت جاسوسة داخل الحزب الحاكم، شخص يمكنه تزويدنا بمعلومات استخباراتية حاسمة وإبقائنا على اطلاع بكل مناورة سياسية من قصر أبهيمانيو. هذه فرصة نادرة لاكتساب نظرة ثاقبة على استراتيجياتهم، وهو أمر لم يكن لدينا من قبل. وإلى جانب ذلك، فإن الضرر الذي يلحق بصورة حزبنا ضئيل

للغاية. لا يزال لدينا قاعدتنا، مؤيدينا الأساسيين. ما فعلته شارميلا يمكن نسجه لصالحنا، كتضحية من أجل الحب، من أجل النزاهة الشخصية.

عبست زعيمة أخرى، ميرا أواستي، قليلاً، ولا تزال غير مقتنعة. "سيدتي، في حين أن ذلك قد ينجح من الناحية النظرية، لا يمكننا تجاهل رد الفعل العنيف من فصائل معينة داخل حزبنا. هناك بالفعل همسات من المعارضة، وهمسات بأنك تسمح لابنتك بالزواج في معسكر العدو. كيف نضمن أن هذا لا يضعف قبضتك على الحفلة ؟"

ابتسمت أناميكا قليلاً، كما لو كانت تتوقع هذا السؤال بالذات. قالت وعيناها تفحصان الغرفة: "وسائل الإعلام إلى جانبنا بالفعل". "لقد زرعنا السرد بشكل جيد. المناظرات التي رأيتها على القنوات تشكل تصور الجمهور. لا يتعلق السؤال المطروح بالولاء الحزبي، بل بالتضحية الشخصية. حرص أعضاء فريقنا على تصوير شارميلا على أنها "إلهة التضحية"؛ وهي امرأة تخلت عن مسيرتها السياسية من أجل الحب. هذا الشعور يتردد صداه لدى الجمهور. بدأت المناقشات بالفعل في تحويل التركيز، متسائلة: "هل السياسة أولاً، أم أن الذات أولاً ؟" غالبية المشاهدين متعاطفون مع قرار شارميلا ".

أومأ عدد قليل من القادة برؤوسهم بالموافقة. لقد تم التلاعب بوسائل الإعلام بالفعل لخلق تصور إيجابي لأفعال شارميلا. ومع ذلك، لم يقتنع الجميع. وأعرب عضو كبير آخر، السيد فيكاس باندي، عن مخاوفه. "لكن سيدتي، لا يزال يتعين علينا النظر في المعارضة الداخلية. بعض مؤيدينا الأكثر ولاءً غاضبون. وهم يرون ذلك بمثابة إضعاف لموقفنا ضد الحزب الحاكم. في حين أن الجمهور قد يكون متعاطفًا، لا يمكننا تجاهل الإحباط الذي يختمر في صفوفنا. كيف نضمن بقاء ولاء أعضاء حزبنا على حاله ؟

انحنت أناميكا إلى الأمام ؛ تعبيرها جاد. "لهذا السبب يجب أن نتحرك بسرعة لتعزيز موقف شارميلا داخل الحزب. سندعمها بشكل كامل، ونظهر لمتابعينا أن قرارها لم يضعفنا بل جعلنا أقوى. في الانتخابات الحزبية القادمة، سنضع شارميلا في منصب النائب الأول لرئيس الحزب. ستكون هذه رسالة واضحة للجميع داخل الحزب وخارجه بأن شارميلا لم تنشق ؛ لقد اتخذت خطوة استراتيجية. سيكون لدينا

مرشحان وهميان ضدها، لكنهما سينسحبان في اللحظة الأخيرة، مما يضمن عدم معارضة انتخابها. سيظهر هذا أنني ما زلت أتمتع بالسيطرة الكاملة على الحزب، وأن وحدتنا غير قابلة للكسر ".

كانت الغرفة صامتة للحظة، حيث استوعب القادة الآثار المترتبة على خطة أناميكا. تحدث كيشاف فيرما مرة أخرى، هذه المرة بنبرة أكثر تفكيرًا. "لذلك، من خلال رفع شارميلا إلى موقع السلطة داخل الحزب، فإننا نشير إلى مؤيدينا أن زواجها من أبهيمانيو لا يعني أنها تخلت عنا. "في الواقع، إنه يعزز نفوذها داخل كلا المعسكرين."

أجابت أناميكا: "بالضبط، نحن نلعب لعبة طويلة هنا. موقف شرميلا داخل الحزب الحاكم سيمنحنا وصولاً غير مسبوق إلى خططهم وقراراتهم. كل حركة تتم في قصر أبهيمانيو ستكون معروفة لنا. ومع شارميلا كنائبة للرئيس، سيكون لدينا سيطرة على كل من الروايات ؛ الجمهور وديناميكيات الحزب الداخلية.

أومأت ميرا أواستي برأسها متفقة ؛ تبددت شكوكها السابقة الآن. ومع تصوير وسائل الإعلام لشارميلا بالفعل على أنها شخصية تضحية، سيحتشد الجمهور خلفها، وليس ضدها. إنها خطوة رائعة يا سيدتي ".

واستمر النقاش، حيث أعرب العديد من القادة الآخرين عن دعمهم للخطة. أثار البعض مخاوف بشأن احتمال حدوث رد فعل عنيف من الحزب الحاكم، لكن أناميكا طمأنتهم إلى أن اندماج شارميلا في معسكرهم كان يُنظر إليه بالفعل على أنه قرار شخصي وليس سياسيًا. "يرى الحزب الحاكم أن هذا انتصار في المجال الشخصي. لن يشكوا في كونها جاسوسة. يجب أن نبقي الأمر على هذا النحو ".

وبحلول نهاية الاجتماع، كان الإجماع واضحًا. إن ترقية شارميلا إلى منصب نائب الرئيس لن يعزز ولاءها لحزب والدتها فحسب، بل سيبعث أيضًا برسالة واضحة إلى أتباعها مفادها أن أناميكا لا تزال مسيطرة. كما سيضمن أن زواج شارميلا من أبهيمانيو لم يُنظر إليه على أنه خيانة، بل على أنه تحالف استراتيجي.

مع اقتراب الاجتماع من نهايته، تم تمرير قرار رسمي بالإجماع. سيدعم الحزب قرار شارميلا بكل إخلاص. في الانتخابات المقبلة،

ستكون الخيار بلا منازع لمنصب نائب الرئيس، مما يعزز نفوذها داخل الحزب ويرسخ سرد "تضحياتها" من أجل الحب والولاء.

نهضت أناميكا، مشيرة إلى نهاية الاجتماع. قالت وهي تنظر في جميع أنحاء الغرفة: "تذكر، هذه ليست خسارة. هذا انتصار متنكر. نحن نلعب اللعبة الطويلة، ومع شارميلا إلى جانبنا، سنخرج أقوى ".

غادر القادة الغرفة ؛ عقولهم الآن واضحة على الطريق إلى الأمام. كانت عجلات الاستراتيجية السياسية تتحرك، وتحت قيادة أناميكا، كان الحزب مستعدًا لمواجهة كل ما سيأتي بعد ذلك.

الفصل الثامن والعشرون

كانت أمسية هادئة في مقر إقامة أناميكا، لكن عقلها كان يطن بحسابات سياسية معقدة. كانت تعرف أن اللعبة التي كانت تلعبها لم تكن بسيطة، وفي مباراة الشطرنج هذه، كانت كل خطوة مهمة. على الرغم من دعمها العلني لانشقاق شارميلا وزواجها من أبهيمانيو، لم يكن لدى أناميكا أي نية للسماح لابنتها بالارتقاء في الرتب. كان اقتراح جعل شارميلا النائب الأول لرئيس الحزب مجرد خطوة محسوبة لمعرفة كيف سيكون رد فعل ابنتها، وكما توقعت، رفضت شارميلا. لم تتفاجأ أناميكا على الإطلاق.

رفض شارميلا لعب بشكل مثالي في خطة أناميكا. سمح لها الرفض بالسيطرة على الحزب بشكل أكثر إحكامًا من خلال تعيين ملازم موثوق به كنائب أول للرئيس، وهو شخص سيكون مخلصًا لها وليس لابنتها. أصبحت براكاش جا، وهي سياسية محنكة وواحدة من أكثر حلفاء أناميكا ولاءً، الجسر بينها وبين بقية الحزب. وقد ضمن نفوذه وولائه عدم اتخاذ أي قرار دون علمها أو موافقتها. نجحت أناميكا في تأمين منصبها كزعيمة لا جدال فيها لحزب المعارضة مع إبقاء شارميلا على مسافة استراتيجية.

لكن أناميكا لم تنته. كانت تعلم أن مجرد السيطرة على حزبها لم يكن كافياً. كانت الانتخابات العامة القادمة تقترب بسرعة، وكان هدفها النهائي ليس فقط الحفاظ على السلطة داخل حزبها ولكن لكسب قلوب وأصوات الشعب. للقيام بذلك، كانت بحاجة إلى خلق البلبلة بين الناخبين، وخاصة أولئك الذين دعموا حزب أبهيمانيو الحاكم. إذا استطاعت أن تزرع بذور الشك في أذهانهم حول من يجب أن يقود البلاد، فسيكون ذلك لصالحها. ومن شأن الناخبين المنقسمين والمرتبكين أن يعملوا لصالحها.

لتنفيذ هذه الاستراتيجية، احتاجت أناميكا إلى أمرين: أتباع شارميلا ليظلوا مخلصين لها، وأنصار أبهيمانيو ليصبحوا مرتبكين بشأن مستقبل زعيمهم. ولهذا، احتاجت إلى والدة أبهيمانيو، ماتاجي،

لمساعدتها دون قصد. أدركت أناميكا منذ فترة طويلة أن ماتاجي كانت شخصية قوية داخل الحزب الحاكم، وكان نفوذها على أبهيمانيو لا يمكن إنكاره. إن تصرفات ماتاجي، وإن لم تكن علنية دائمًا، كان لها وزن بين قاعدة الحزب الحاكم. احتاجت أناميكا إلى استغلال هذا دون أن تدع ماتاجي تدرك أنها كانت تستخدم كبيدق في لعبة أكبر.

كانت خطة أناميكا جريئة. كانت ستنظم احتفالًا كبيرًا، وهو حدث احتفالي حيث سيتم الإعلان علنًا عن أن شارميلا حامل. ستولد أخبار حمل شارميلا تعاطفًا من الناخبين، لأنها ستصورها على أنها امرأة توازن بين الحياة الشخصية والسياسية ؛ رواية يمكن أن يتردد صداها بعمق مع الجمهور. والأهم من ذلك، أنه سيثير المشاعر داخل معسكر أبهيمانيو. إن الإعلان عن وريث من اتحاد عائلتين سياسيتين من شأنه أن يثير تساؤلات حول المستقبل. هل يرمز هذا الطفل إلى اندماج سلالتين سياسيتين ؟ هل سيبدأ مؤيدو أبهيمانيو في التساؤل عما إذا كان زعيمهم سيعطي الأولوية للأسرة على السياسة ؟

كان هذا الارتباك هو بالضبط ما أرادت أناميكا خلقه.

تم التخطيط للحفل بدقة دقيقة. تم إرسال دعوات إلى كل شخصية سياسية بارزة وأقطاب أعمال وشخصيات إعلامية. تم تصميم الحدث ليكون حديث البلدة، وتم إطلاع وسائل الإعلام مسبقًا على تغطية الإعلان كأخبار عاجلة. سيكون من المستحيل تجاهله. وستبث كل قناة إخبارية الحدث على الهواء مباشرة، مما يضمن وصول الرسالة إلى كل أسرة.

أشرفت أناميكا شخصيًا على الاستعدادات. تم إعداد المسرح للإعلان الكبير، مع توقع ظهور شارميلا وأبهيمانيو بشكل مشترك. لكن النجمة الحقيقية للمساء ستكون شارميلا نفسها. سيصبح حملها الموضوع الرئيسي، مما يثير الإعجاب والتعاطف من الجمهور. عرفت أناميكا أن الناخبات، على وجه الخصوص، سيرون شارميلا كشخص يمكن أن يرتبطن به ؛ امرأة شابة تتنقل في كل من الحياة السياسية والأمومة.

وصل يوم الحفل، وكان الجو كهربائيًا. تم تزيين المكان ببذخ، مع مزج لافتات ألوان كلا الطرفين بمهارة معًا، مما يرمز إلى الوحدة التي يمثلها زواج شارميلا وأبهيمانيو. وصل الضيوف بأعداد كبيرة، وكثير

منهم من المطلعين السياسيين الفضوليين لمعرفة كيف سيتطور هذا الحدث. كانت وسائل الإعلام قد أعدت كاميراتها، جاهزة لالتقاط كل لحظة.

مع بدء الحفل، كانت ماتاجي جالسة في الصف الأمامي، ووجهها يعكس مزيجًا من الفخر والرضا. لم يكن لديها أي فكرة أن وجودها في هذا الحدث كان جزءًا حاسمًا من استراتيجية أناميكا. بالنسبة لماتاجي، كان هذا الحفل مجرد احتفال بسعادة ابنها، وهي مناسبة سعيدة يتعلم فيها الجمهور عن حفيدها المستقبلي. لم يكن لديها سبب للشك في أن أناميكا قد نظمت الحدث للتلاعب بالمشاعر العامة.

صعدت شارميلا، المتوهجة في ملابسها التقليدية، إلى خشبة المسرح إلى جانب أبهيمانيو. صفق الحشد بينما كان الزوجان يقفان جنبًا إلى جنب، ووحدتهما معروضة بالكامل. ثم جاءت اللحظة التي كان الجميع ينتظرونها. بابتسامة ناعمة، أخذت شارميلا الميكروفون، وبعد وقفة قصيرة، أعلنت أنها حامل. انفجرت الغرفة بالتصفيق، وكبرت كاميرات وسائل الإعلام على وجهها، والتقطت لحظة الوحي.

بالنسبة للجمهور الذي يشاهد من المنزل، كانت هذه لحظة مؤثرة ؛ امرأة شابة تدخل إلى كل من الأمومة ومرحلة جديدة من حياتها السياسية. لكن بالنسبة لأناميكا، كان الأمر أكثر حسابًا. كانت تعلم أن هذا الإعلان سيغير المشهد السياسي. سيبدأ مؤيدو أبهيمانيو، الذين رأوه منذ فترة طويلة كزعيم قوي ومتفانٍ، في التساؤل عما إذا كان تركيزه سيبقى على السياسة أو سيتحول نحو عائلته المتنامية. هل سيظل لديه نفس الدافع لقيادة البلاد ؟ أم ستتغير أولوياته مع وصول طفله ؟

راقبت أناميكا ردود الفعل بعناية. ورأت وميض عدم اليقين في أعين بعض أعضاء الحزب الحاكم الحاضرين. كانت بذور الشك قد زرعت، وخلال الأسابيع القادمة، ستنمو. وفي الوقت نفسه، فإن أتباع شارميلا داخل المعارضة سيرون حملها كعلامة أمل ؛ رمز للمستقبل، الشخصي والسياسي على حد سواء.

مع اختتام الحفل وبدء جنون وسائل الإعلام، سمحت أناميكا لنفسها بابتسامة صغيرة. لقد نجحت في خلق الارتباك الذي تحتاجه. سيكون

الناخبون الآن ممزقين بين الإعجاب بشرميلا وعدم اليقين بشأن قيادة أبهيمانيو. في الفوضى التي ستعقب ذلك، أدركت أناميكا أنها يمكن أن تخرج أقوى وأقوى ومستعدة لاغتنام أي فرصة ستجلبها الانتخابات القادمة.

لم تكن اللعبة قد انتهت بعد، لكن أناميكا قامت للتو بواحدة من أكثر حركاتها عبقرية حتى الآن.

الفصل التاسع والعشرون

كان من المفترض أن يكون الحفل الكبير الذي خططت له أناميكا بدقة بمثابة ضربة سياسية، وإظهار علني للوحدة بين عائلتين سياسيتين قويتين، وإعلان عن حمل شارميلا، وخطوة محسوبة لكسب أصوات التعاطف في الانتخابات المقبلة. تم إعداد المسرح، وإطلاع وسائل الإعلام بعناية، واجتماع الضيوف. ومع ذلك، كان هناك عنصر واحد فشلت أناميكا في النظر فيه ؛ الماكرة المطلقة وتأثير ماتاجي، والدة أبهيمانيو.

كانت ماتاجي، التي ظلت هادئة وملاحظة في الخلفية طوال الدراما السياسية الأخيرة، قد وضعت خطتها الخاصة. كانت تعرف أن الإعلان عن حمل شارميلا كان فرصة ذهبية لاستعادة الأضواء لعائلتها، وتحويل الرواية بمهارة لصالحهم، وربما حتى تحويل شارميلا بالكامل إلى جانبها، بعيدًا عن سيطرة أناميكا. فهمت ماتاجي اللعبة التي كانت تلعبها أناميكا، لكنها تعلمت من خلال سنوات من المناورة السياسية أن الشخص الذي يتحكم في التصور العام يتحكم في السلطة. واليوم، كانت مصممة على تغيير هذا التصور.

منذ اللحظة التي بدأ فيها الحفل، لعبت ماتاجي أوراقها ببراعة. تم إطلاع وسائل الإعلام على التركيز على شارميلا والإعلان، لكن ماتاجي تمكنت بمهارة من إدخال نفسها في كل لحظة مهمة. في كل مرة التفتت فيها الكاميرا نحو شارميلا، تأكدت ماتاجي من أنها كانت إلى جانبها، حيث كانت تتصرف مثل الحماة الحنونة والراعية. لقد أثارت ضجة حول شارميلا، وتحققت من سلامتها، وحتى رتبت لعدد قليل من صور السيلفي في الوقت المناسب والتي انتشرت بسرعة عبر وسائل التواصل الاجتماعي، مما أدى إلى إنشاء سرد مرئي يشير إلى وجود علاقة وثيقة بينهما.

والأمر الأكثر بروزًا هو قدرة ماتاجي على تجنب مشاركة الأضواء مع أناميكا. في كل مرة حاولت فيها أناميكا الدخول إلى الإطار، تحركت ماتاجي بمهارة أو وضعت نفسها وشارميلا في بؤرة تركيز

الكاميرا، مما يضمن استبعاد أناميكا من اللقطة أو وضعها في الخلفية. لم يكن هذا من قبيل الصدفة؛ لقد كانت خطوة متعمدة للتقليل من دور أناميكا والتأكيد على القرب بين شارميلا وعائلتها الجديدة.

مع استمرار الحدث، بدأت البث التلفزيوني وخلاصات وسائل التواصل الاجتماعي في رسم صورة مختلفة تمامًا عما قصدته أناميكا. رأى المشاهدون شارميلا، ليس كابنة لزعيم معارض قوي، ولكن كزوجة الابن المحبة لماتاجي، وهي شخص احتضنته عائلة أبهيمانيو بشكل مريح. أدت الابتسامات الدافئة والإيماءات الحنونة والوجود المستمر لماتاجي في الإطار إلى تكهنات بأن شارميلا قد اندمجت تمامًا في عائلتها الجديدة؛ وأن تأثير أناميكا عليها قد يتضاءل.

حتى أبهيمانيو لعب دوره جيدًا، وغالبًا ما شوهد يقف بالقرب من ماتاجي وشارميلا؛ عائلة موحدة في نظر الجمهور. كان التآزر بين الأم والابن واضحًا، وكلاهما حرص على إبراز صورة الانسجام العائلي والتآزر. في كل لحظة تلتقط فيها الكاميرات الثلاثة معًا، يبدو أنها تعزز فكرة أن شارميلا قد وجدت مكانها الصحيح معهم، وأن قوة الأسرة تكمن في وحدتها.

مع تقدم الحدث، بدأت أناميكا تدرك ما كان يحدث. كانت قد نظمت الحفل للإعلان عن حمل شارميلا واكتساب نفوذ سياسي، ولكن بدلاً من ذلك، تم اختطاف الحدث. كان التركيز يتحول بعيدًا عنها وعن حزبها، وهددت رواية وحدة الأسرة التي كانت ماتاجي تنسجها بتقويض خططها الموضوعة بعناية.

حاولت أناميكا استعادة السيطرة. اقتربت من شارميلا عدة مرات، في محاولة لإدخالها في محادثات من شأنها أن تعزز علاقتهما وقيادة أناميكا. لكن في كل مرة، وجدت ماتاجي طريقة لسحب شارميلا نحوها. سواء كان طلبًا خفيًا للاطمئنان على ضيف أو كلمة قلق هادئة بشأن سلامتها، فإن تأثير ماتاجي على شارميلا لا يمكن إنكاره. استطاعت أناميكا أن ترى التحول في سلوك ابنتها، وبدت شارميلا منجذبة بشكل متزايد إلى الدفء والعاطفة التي كانت ماتاجي تقدمها، وهو أمر لم تستطع صلابة أناميكا السياسية التنافس معه.

سرعان ما التقطت وسائل الإعلام الديناميكية. تومض العناوين الرئيسية وزحف الأخبار عبر الشاشات، "شارميلا تجد الراحة مع العائلة الجديدة"، و "الجبهة المتحدة في الأوقات المضطربة"، و "دور ماتاجي في مستقبل الأسرة". "أصبح دور أناميكا في هذا الحدث ثانويًا، وغير ذي صلة تقريبًا. كان التصور العام واضحًا: كانت شارميلا الآن جزءًا ثابتًا من عالم أبهيمانيو، وكانت سيطرة أناميكا عليها تنزلق.

مع اقتراب الحدث من نهايته، حرص ماتاجي على إبرام الصفقة. احتضنت شارميلا علنًا، وهمست بشيء في أذنها جعلها تبتسم بحرارة. تم تكبير الكاميرات، والتقاط اللحظة الحميمة. ثم خاطبت ماتاجي الحشد، وشكرت الجميع على حضورهم وأعربت عن سعادتها بالترحيب بشرميلة في عائلتهم. تحدثت عن أهمية وحدة الأسرة، مما يعزز بمهارة فكرة أن مكان شارميلا كان معهم، وليس مع والدتها.

بالنسبة لأناميكا، تحول الحفل إلى كارثة. لم تنجح ماتاجي في تحويل التركيز بعيدًا عنها فحسب، بل تمكنت أيضًا من زرع بذور الشك في أذهان مؤيدي أناميكا. إذا كانت شارميلا مرتاحة جدًا مع عائلتها الجديدة، فكم من الوقت قبل أن تبدأ في التوافق مع مصالحهم السياسية أيضًا ؟ هل يمكن الوثوق بشارميلا للبقاء وفية لقضية أناميكا، أم أن عائلتها الجديدة ستجذبها في اتجاه مختلف ؟

تسابق عقل أناميكا وهي تفكر في الآثار المترتبة على ذلك. كانت الانتخابات القادمة قاب قوسين أو أدنى، وكانت قد خططت لاستخدام حمل شارميلا لكسب أصوات التعاطف وتأمين موقف حزبها. ولكن الآن، مع مناورة ماتاجي الذكية، كانت الرواية تنزلق من يديها. إذا بدأ الجمهور في رؤية شارميلا كجزء من عائلة أبهيمانيو ؛ بدلاً من كونها ابنة أناميكا ووريثها السياسي، فقد يضعف موقفها بشكل كبير.

ثم كانت هناك مسألة أبهيمانيو وماتاجي أنفسهم. لطالما اعتبرت أناميكا أن أبهيمانيو بيدق في اللعبة السياسية الأكبر، شخص يمكن التلاعب به والسيطرة عليه. ولكن الآن، أدركت أن ماتاجي كان اللاعب الحقيقي، الشخص الذي فهم اللعبة وكذلك أناميكا ربما كان أفضل.

استخدمت ماتاجي الحفل ليس فقط لتعزيز الصورة العامة لعائلتها ولكن أيضًا لزرع بذور الشك داخل حزب أناميكا نفسه.

مع مرور الليل وبدأ الضيوف في المغادرة، تراجعت أناميكا إلى زاوية هادئة من المكان، وتسابق عقلها مع أفكار خطوتها التالية. لقد استهانت بماتاجي، وكان ذلك خطأ لم تستطع تحمل ارتكابه مرة أخرى. كانت الانتخابات القادمة حاسمة، وإذا أرادت البقاء في السلطة، فستحتاج إلى إيجاد طريقة لاستعادة السيطرة على الرواية، والأهم من ذلك، على شارميلا.

كانت ماتاجي قد لعبت يدها بشكل جيد، لكن اللعبة لم تنته بعد. عرفت أناميكا أنه كان عليها التفكير عدة خطوات إلى الأمام، تمامًا كما فعل ماتاجي. كان السؤال، ماذا ستكون خطوتها التالية؟ هل يجب أن تحاول سحب شارميلا مرة أخرى إلى حظيرتها، أم سيكون من الأفضل السماح لها بالانجراف نحو عائلة أبهيمانيو واستخدام ذلك لصالحها بطريقة مختلفة؟

كان هناك شيء واحد واضح: المعركة من أجل السلطة والسيطرة كانت قد بدأت للتو، وأناميكا لن تسقط دون قتال.

الفصل الثلاثون

أرسل إعلان مفوضية الانتخابات عن مواعيد الانتخابات العامة القادمة موجة من الإلحاح عبر المشهد السياسي. بدأ كلا الحزبين على الفور مسرحيات السلطة، مما أدى إلى سلسلة من التحركات الاستراتيجية التي من شأنها أن تحدد من سيطالب بالسيطرة على المستقبل السياسي للأمة. كان الحزب الحاكم، بقيادة فصيل أبهيمانيو، حريصًا على تعزيز سلطته، بينما كانت المعارضة، بقيادة أناميكا سينغ الهائلة، تستعد لما يمكن أن يكون معركة العمر.

كان براكاش جا، الرجل الذي لعب دورًا دقيقًا في كونه جسرًا بين حزب أناميكا والمجال السياسي الأوسع، يعمل بلا كلل في الخلفية. على الرغم من ولائه العلني لأناميكا: فإن صلاته وقدرته على جمع المعلومات الاستخبارية جعلته لا غنى عنه. لقد أمضى أسابيع في الاجتماع مع رؤساء المجتمعات المختلفة، الحضرية والريفية على حد سواء، وإبرام الصفقات وتقديم الوعود التي من شأنها أن تضمن دعمهم بعد الانتخابات. لقد استفاد من شبكة واسعة من رؤساء القرى في بانشيات وقادة المقاطعات والمؤثرين المحليين، مما يضمن ولائهم قبل أن يتمكن رجال ماتاجي من اتخاذ أي نهج. كانت استراتيجيته واضحة: تأمين التحالفات قبل أن يتمكن الحزب الحاكم من التحرك.

في وقت متأخر من بعد ظهر أحد الأيام، دخل براكاش جا إلى مكتب أناميكا مع وثيقة وضعت بعناية في متناول اليد، تفصل التحالفات التي حصل عليها والوعود التي قطعها. نظرت أناميكا، الجالسة خلف مكتبها الكبير المصنوع من الماهوجني، إلى الأعلى بينما دخلت براكاش الغرفة. كان وجهها، كما هو الحال دائمًا، هادئًا، لكن عينيها خانتا شدة أفكارها. لم تكن المخاطر أكبر من أي وقت مضى، وكانت تعلم أنه يجب حساب كل خطوة.

قال أناميكا وهو جالس: "براكاش، أثق أن لديك شيئًا مهمًا بالنسبة لي".

أجاب براكاش وهو يحرك المستند عبر المكتب: "نعم يا سيدتي". "لقد التقيت برؤساء مختلف المجتمعات المؤثرة. هؤلاء هم الأشخاص الذين قمنا بتأمينهم: قبل أن يتمكن فريق ماتاجي من الوصول إليهم ".

ارتفعت حواجب أناميكا قليلاً أثناء مسحها ضوئيًا للقائمة. كان الأمر مثيراً للإعجاب. وتعهد زعماء من مختلف الطوائف والمجتمعات بدعمها، ووعدوا بتعبئة قواعد الناخبين لصالحها. كما تم أخذ زعماء البانشيات القروية، الذين سيطروا على مساحات شاسعة من النفوذ الريفي، في الثقة. وتراوحت الوعود التي قطعت من تطوير البنية التحتية في مناطقهم إلى المناصب الحكومية العليا بعد الانتخابات. كان كل ذلك جزءًا من اللعبة السياسية ؛ مقايضة.

قالت أناميكا وهي تومئ برأسها موافقة: "لقد أبليت بلاءً حسنًا". "هذا يعطينا أساسًا قويًا، خاصة في المناطق الريفية. الآن، نحن بحاجة إلى التأكد من بقاء المراكز الحضرية معنا. البانشيات مهمة، لكن المدن ستحدد التأرجح الحقيقي ".

انحنى براكاش إلى الأمام. "لقد توقعنا أيضًا تحركًا مضادًا من جانب ماتاجي. لن يجلسوا مكتوفي الأيدي. لقد لاحظنا بالفعل أن خطاب حملتهم يركز بشكل كبير على وحدة الأسرة والاستقرار الوطني، وهو، كما تعلمون، إشارة خفية إلى اندماج شارميلا في عائلتهم.

تنهدت أناميكا. كانت تعرف أن هذا سيحدث. على الرغم من حدث الحفل الكبير الذي سرقت فيه ماتاجي الأضواء، إلا أن أناميكا كانت تلعب لعبتها الطويلة. لقد قامت بتثبيت شارميلا كسلاح سياسي في الحزب الحاكم، وهو جاسوس يمكنه تغذية معلوماتها من الداخل. وبينما بدا أن العلاقة بين شارميلا وعائلة أبهيمانيو تتقوى، عرفت أناميكا أن ابنتها لا تزال تحمل ولاءً عميقاً لها. لكن الانتخابات القادمة ستختبر هذا الولاء بطرق غير مسبوقة.

قالت أناميكا بصوت حاد وعزم: "لهذا السبب نحتاج إلى التحرك بسرعة". "سنحتاج إلى إعلان كبير لمواجهة روايتهم. نحن بحاجة إلى تذكير الجمهور بأن شارميلا لا تزال لنا. إنها نائبة رئيس حزبنا، وستلعب دورًا رئيسيًا في حملتنا ".

تردد براكاش للحظة قبل التحدث. "سيكون هناك رد فعل عنيف من بعض كبار القادة. سيرون هذا على أنه محسوبية، خاصة مع لعب شارميلا لمثل هذا الدور المركزي في الحملة. لا يمكننا تجاهل أن هناك فصائل داخل الحزب غير راضية عن مقدار التأثير الذي حصلت عليه شارميلا".

ابتسمت أناميكا عن علم. "أنا على علم بذلك، براكاش. لكن السلطة لا يمكن الفوز بها دون أن تدوس على أصابع القدم القليلة. شارميلا شابة، لديها كاريزما، والناس يحبونها. إنها الوجه المثالي لحملتنا، خاصة بالنظر إلى الحمل. سينظر إليها الجمهور كرمز للأمل والمستقبل. سنقوم بالإعلان خلال الإحاطة الصحفية القادمة. أريدها أن تكون الناشطة الرئيسية للحزب، من بعدي مباشرة".

أومأ براكاش برأسه موافقاً، على الرغم من أنه كان يعرف المخاطر. كانت قبضة أناميكا الحديدية على الحزب قد أبقت الأمور في نصابها لسنوات، لكن قرارها برفع شارميلا إلى مثل هذا المنصب الرفيع سيؤدي حتماً إلى تموجات. كان بعض كبار أعضاء الحزب موالين لأناميكا لعقود، ولن يتقبلوا أن يطغى عليهم شخص شاب وعديم الخبرة مثل شارميلا.

قال براكاش: "حسنًا جدًا، لكن يجب أن نكون مستعدين للمعارضة الداخلية. يمكنني التواصل مع بعض كبار القادة والتأكد من أنهم لا يتصرفون علنًا. سنحتاج إلى التعامل مع هذا بدقة".

أومأت أناميكا بنظرها بعيدًا وهي تفكر في الآثار المترتبة على ذلك. "نعم، افعل ذلك. لا يمكننا تحمل أي خلاف عام، خاصة الآن. سينقض الحزب الحاكم على أي علامة ضعف".

بينما واصلوا مناقشة التفاصيل الدقيقة لاستراتيجية الحملة، أدركت أناميكا أن هذه الانتخابات ستكون مختلفة عن أي انتخابات أخرى. كان الحزب الحاكم، تحت إشراف ماتاجي، قد بدأ بالفعل في رسم صورة للاستقرار والوحدة ومستقبل مشرق تحت قيادة أبهيمانيو. كان حضورهم الإعلامي قويًا، وقد حولت مناورة ماتاجي الذكية خلال الحفل التصور العام لصالحهم.

لكن أناميكا كان لديها ورقة رابحة. كان حمل شارميلا أكثر من مجرد معلم شخصي ؛ لقد كان رصيداً سياسياً. من خلال جعل شارميلا وجه حملتهم، يمكنهم تسخير الاستجابة العاطفية للجمهور. كانت شارميلا أمًا شابة، وعروسًا جديدة، وسياسية في حد ذاتها. كان وجودها في الحملة الانتخابية يجذب الناخبات والأسر والشباب. ستكون الرواية واضحة: مستقبل الأمة يعتمد على القادة الشباب الديناميكيين مثل شارميلا.

وقف براكاش للمغادرة، وعبء الأسابيع القادمة ثقيل على كتفيه. قال: "سأعد كل شيء للإحاطة الصحفية". "سنتأكد من أن الإعلان في الوقت المناسب تمامًا."

وقفت أناميكا أيضًا، وهي تمشي إلى النافذة الكبيرة التي تطل على المدينة. كانت الشمس تغرب، وتلقي صبغة ذهبية على الأفق. قالت بصوت ناعم ولكن حازم: "جيد". "هذه مجرد البداية، براكاش. سنفوز في هذه الانتخابات، ولا شيء ؛ لا شيء على الإطلاق ؛ سيقف في طريقنا ".

عندما غادرت براكاش الغرفة، واصلت أناميكا التحديق من النافذة، وعقلها يتسابق بالفعل مع أفكار حول ما ينتظرها. لم تكن المعركة من أجل السلطة مجرد معركة بين الأحزاب السياسية ؛ كانت معركة بين عائلتين، جيلين، ورؤيتين لمستقبل الأمة.

وفي الوقت نفسه، في مخيم ماتاجي، كانت الاستعدادات جارية بالفعل لحملتهم الخاصة. لقد توقعوا تحرك أناميكا لرفع شارميلا، وكان لديهم استراتيجيات مضادة خاصة بهم. كان الحزب الحاكم يضع نفسه على أنه حزب الاستقرار والاستمرارية، مع أبهيمانيو كوجه للهند الجديدة. كان ماتاجي يعلم أن الانتخابات لن تفوز فقط من خلال السياسات والوعود، ولكن من خلال العواطف والتصورات. وإذا تمكنت من الاستمرار في إبقاء شارميلا قريبة، مع تقويض نفوذ أناميكا بمهارة، فإنها كانت تعرف أن الانتخابات يمكن أن تكون لهم.

تم تمهيد الطريق، وكان الطرفان مستعدين لمواجهة العمر. في الأيام القادمة، سيتم اختبار التحالفات، والتشكيك في الولاءات، ومستقبل

الأمة نفسه سيكون على المحك. مع اقتراب مواعيد الانتخابات، كان هناك شيء واحد مؤكد ـ ستكون لعبة قوة لا مثيل لها.

الفصل الحادي والثلاثون

كان الهواء مليئًا بالتوتر وعدم الارتياح، وشعور واضح بعدم اليقين الذي تغلغل في كل ركن من أركان الأمة. لأسابيع، كانت الهمسات تدور في الأوساط السياسية، مما أثار شائعات عن تحول وشيك. وقيل إن بعض أقوى جماعات المعارضة كانت تشكل تحالفات سراً، وتخطط لائتلاف يمكن أن يغير مسار مستقبل البلاد. لكن لم يكن أحد يعرف على وجه اليقين من يقف وراء ذلك ؛ من كان يسحب الخيوط، أو حتى إذا كانت هذه الشائعات لها أي حقيقة. ومع ذلك، كانت التكهنات كافية لإبقاء الجميع على أهبة الاستعداد.

في العاصمة، كان كل من الحزب الحاكم والمعارضة يتدافعان لتجميع اللغز. لقد سمعوا أن الانشقاقات كانت على وشك الحدوث. كانت الكلمة المروعة التي تهمس في أروقة السلطة، الفكرة نفسها التي أرسلت الرعشات إلى أسفل أعمدة قادة الحزب. يمكن إدارة بعض الانشقاقات هنا وهناك، لكن الشائعات ألمحت إلى شيء أكبر، شيء يمكن أن يزعزع استقرار نسيج النظام السياسي نفسه.

في المكتب الفخم لمقر الحزب الحاكم، جلس أبهيمانيو في صمت، ووجهه قناع قلق بينما كان مستشاروه يتحدثون فيما بينهم. وصلتهم أخبار عن تحالف محتمل، وهو اتفاق ما قبل الانتخابات يمكن أن يمحو أغلبيتهم في الانتخابات المقبلة. لكن لم يكن أحد يعرف من كان ينسق ذلك. كان المخبرون السياسيون المعتادون قد صمتوا، تاركين القيادة تتشبث بالقش. حتى وسائل الإعلام، التي عادة ما تكون مفترسة لأي جزء من المعلومات الداخلية، كانت مشدودة بشكل غير عادي. بدا الأمر وكأن الجميع ينتظرون سقوط قنبلة.

"هل نحن متأكدون من هذا ؟ سأل أبهيمانيو، وكسر الصمت." من يقود هذا التحالف ؟"

هز أحد كبار مساعديه رأسه. "نحن لا نعرف على وجه اليقين، يا سيدي. لكن الشائعات تزداد قوة. المعارضة تتحرك بسرعة، لكنهم

يقون الأمر هادئًا. لقد سمعنا من بعض مصادرنا أن عددًا قليلاً من أعضائنا قد يخططون للقفز من السفينة ".

شد أبهيمانيو قبضته. كان يتوقع تحديات في الفترة التي تسبق الانتخابات، لكن هذا كان مختلفًا. لم يكن هذا مجرد مناورات سياسية معتادة ؛ شعرت أن الأرض تحتها كانت تتحول، ولم يكن لديهم أي فكرة عن كيفية تحقيق الاستقرار فيها.

سأل: "ماذا عن حلفائنا ؟"." هل قمنا بتأمينها ؟"

أجاب مستشار آخر: "لقد تحدثنا إليهم". "لكن حتى هم متوترون. لا أحد على استعداد للالتزام الكامل حتى الآن. هناك الكثير من عدم اليقين في الهواء.

عدم اليقين ؛ لقد اتخذت الكلمة حياة خاصة بها في الأسابيع القليلة الماضية. في كل مكان ذهب إليه أبهيمانيو، سواء كان اجتماعًا رفيع المستوى أو تجمعًا غير رسمي، كان الناس يتحدثون بنبرة خافتة حول ما سيأتي. بدا الأمر كما لو أن البلاد بأكملها كانت تحبس أنفاسها، في انتظار انفجار القنبلة الإخبارية. لم يكن أحد يعرف من سيخرج سالماً.

في معسكر المعارضة، لم يكن المزاج مختلفًا كثيرًا. سمعت أناميكا، الخبيرة الاستراتيجية الحسابية، نفس الشائعات. كانت هي أيضًا في الظلام حول من كان يقود التهمة، وهذا أزعجها أكثر من أي شيء آخر. لأول مرة منذ سنوات، وجدت نفسها في وضع لم تكن فيه تتحكم في السرد. كانت هناك همسات عن الانشقاقات، لكنها لم تستطع تأكيدها. كانت شبكتها من المخبرين هادئة، وتركتها تشعر بالضعف.

وقفت في مكتبها، تحدق من النافذة بينما كان ملازمها الموثوق به، براكاش جا، يقدم تقريره. قال: "إنها فوضى هناك، أناميكا". "لا أحد يتحدث، لكن الجميع يتكهنون. تزخر الشوارع بالشائعات. هناك حديث عن تحالف كبير، لكن لا أحد يعرف من يقوده ".

لم تستجب أناميكا على الفور. كانت تركز بشكل كبير على عدم اليقين الذي استحوذ على الأمة. في مهنة سياسية طالما كانت مهنتها، كانت دائمًا قادرة على التنبؤ بتحركات خصومها، لكنها الآن كانت تبحر في الظلام.

سألت أخيرًا: "ماذا نعرف عن شعبنا ؟".

قال براكاش: "لدينا بعض المنشقين على أهبة الاستعداد للمجيء". "لكنني لن أعتمد عليهم، الجميع في ذلك لأنفسهم الآن. لقد ذهب مفهوم الإيمان ".

التفت أناميكا لمواجهته ؛ "وماذا عن شارميلا ؟"

قال براكاش: "لا تزال تلعب دورها في الحزب الحاكم، وتبقينا على اطلاع". لكن حتى هي لا تستطيع معرفة من يقف وراء هذا التحالف. يبدو الأمر كما لو أن الجميع يتحركون في الظل ".

المفارقة في الوضع لم تضيع على أناميكا. كانت شارميلا، ابنتها، جزءًا لا يتجزأ من الحزب الحاكم، وتلعب لعبة خطيرة مثل الخلد. ولكن الآن حتى وصولها الداخلي لم يكن كافياً لتجميع اللغز. كان الأمر كما لو أن شخصًا ما أشعل النار في النظام السياسي بأكمله، وكان الجميع ينتظرون فقط لمعرفة من سيترك واقفاً عندما ينقشع الدخان.

وفي الوقت نفسه، خارج الممرات السياسية، استحوذ على الجمهور نفس حالة عدم اليقين. في كل زاوية وركن، كل ساحة، كل مركز تجاري، كل تجمع اجتماعي وخاص، كان الناس يشاركون في مناقشات ساخنة حول مستقبل الأمة. أخذت الشائعات حياة خاصة بها، وأصبحت أكثر تفصيلاً مع كل رواية. وقال البعض إن التحالف الجديد يقوده مجموعة من السياسيين الشباب الطموحين الذين سئموا من الحرس القديم. واعتقد آخرون أنها كانت خطوة محسوبة من قبل نخب رجال الأعمال الذين شعروا بالإحباط من السياسات الاقتصادية الراكدة في البلاد.

ومع ذلك، فإن السرد الوحيد الذي بدا أنه يرتفع فوق البقية هو أن التغيير كان وشيكًا. كان الجمهور مضطربًا وجائعًا لشيء مختلف. لم تعد المسرحيات السياسية المعتادة كافية لاسترضائهم. أرادوا تغييرًا حقيقيًا، وكانوا مستعدين للتصويت له. إذا تم أخذ الشائعات على محمل الجد، كان الناس يستعدون لاتخاذ خياراتهم بحكمة أكبر هذه المرة. لن يتبعوا الحشد فقط.

ولكن من سيقود هذا التغيير ؟ من يمكن الوثوق به في بيئة سياسية لا يصدق فيها أحد وعود أي شخص ؟ كانت هذه هي الأسئلة التي تدور في أذهان الملايين، ومع كل يوم يمر، يزداد التوتر.

بالعودة إلى مقر الحزب الحاكم، كانت ماتاجي، الشخصية الأمومية التي تمكنت من الحفاظ على سلالة عائلتها السياسية سليمة لعقود، تشعر أيضًا بالضغط. كان لديها مصادر معلوماتها الخاصة، ولكن حتى هم كانوا يكافحون لفهم ما كان يحدث. لطالما كانت الانشقاقات تشكل تهديدًا في السياسة، لكن هذا بدا مختلفًا. بدا الأمر مدبرًا ومتعمدًا، وكأن شخصًا ما كان يلعب لعبة طويلة لزعزعة استقرار كلا الطرفين.

لم تكن ماتاجي أبدًا مذعورة، لكن حالة عدم اليقين المتزايدة كانت تحت جلدها. كانت تعلم أنه حتى لو حدث عدد قليل من الانشقاقات الرئيسية، فإن قبضة الحزب الحاكم على السلطة يمكن أن تنزلق. ومع تزايد تأثير شارميلا في نظر الجمهور، لم تكن متأكدة مما إذا كان بإمكانها الوثوق بزوجة ابنها بالكامل بعد الآن.

مع مرور الأيام، بدأت فترة الانتظار. كان وقتًا غريبًا ومقلقًا حيث لم يكن هناك شيء مؤكد، لكن كل شيء بدا ممكنًا. استعد القادة السياسيون من كلا الجانبين لموجات الصدمة الحتمية، في حين تكهن الجمهور إلى ما لا نهاية بما سيأتي. هل كانت البلاد على وشك أن تشهد تحولا تاريخيا في السلطة ؟ أم كان هذا مجرد فصل آخر في عالم السياسة الهندية الفوضوي، حيث تم عقد التحالفات وكسرها بسهولة مثل الوعود ؟

كانت الشوارع تعج بالمحادثات. على الرغم من حرص وسائل الإعلام على عدم تقديم أي ادعاءات نهائية، إلا أنها ملأت دوراتها الإخبارية على مدار 24 ساعة بحلقات نقاش ومناقشات. "من سيقود ؟" "ماذا سيحمل المستقبل ؟" "تردد صدى هذه الأسئلة عبر شاشات التلفزيون والمقالات الإخبارية، مما غذى حالة عدم اليقين التي اجتاحت الأمة.

في هذا الجو من التشويق، لم يكن أحد يعرف متى أو أين ستسقط القنبلة الإخبارية، ولكن هناك شيء واحد مؤكد، عندما يحدث ذلك، ستكون الخسائر السياسية أعلى بكثير مما يمكن لأي شخص أن يتنبأ به. كانت

كل العيون في الأفق، في انتظار اللحظة التي سيتم فيها الكشف عن الحقيقة أخيرًا، وسيتم تحديد مصير الأمة.

حتى ذلك الحين، كان جو عدم اليقين يخيم على الأمة مثل سحابة مظلمة، والجميع ؛ السياسيين والمواطنين على حد سواء ؛ حبسوا أنفاسهم، في انتظار أن تنكسر العاصفة.

الفصل الثاني والثلاثون

استيقظت البلاد على مشهد غير عادي ومقلق على حد سواء: إعلانات على صفحة كاملة في كل صحيفة، ولافتات تصطف في الشوارع، وتنبيهات الأخبار العاجلة تومض عبر شاشات التلفزيون. رسالة مشفرة، بسيطة ولكنها قوية، كانت مزخرفة عبر كل وسيط:

"إعلان وأخبار عاجلة: التغيير قادم."

تم إعطاء الوقت والمكان ؛ على بعد ثمان وأربعين ساعة فقط. لكن لم يرد ذكر لمن يقف وراء الإعلان، ولا شعار سياسي أو اسم حزب. لإعطاء مجرد دعوة للجمهور العام والصحافة وأي شخص يؤمن بالتغيير للتجمع. تم التوقيع على الرسالة من قبل مجموعة غامضة تطلق على نفسها اسم "المهنئين وباحثي التغيير".

كان غموض القضية برمتها كافياً لإطلاق موجة من التكهنات المحمومة. انفجرت وسائل التواصل الاجتماعي بالنظريات. وقال البعض إنه حزب سياسي جديد، من شأنه أن يحطم النظام القديم. واعتقد آخرون أنها كانت خدعة متقنة أنشأتها المعارضة أو حتى الحزب الحاكم لإرباك الناخبين. لكن لا أحد يعرف على وجه اليقين. ومع ذلك، كان من الواضح أن شيئًا هائلاً كان يلوح في الأفق. كان الشعور في الهواء كهربائيًا ومتوترًا، كما لو كانت البلاد بأكملها تقف على حافة جرف، في انتظار عاصفة من الرياح لتحديد الاتجاه الذي ستسقط فيه.

في الأيام التي سبقت الإعلان، بدأ المزيد والمزيد من المنظمات ؛ بدءًا من المنظمات غير الحكومية المؤثرة إلى مجموعات المجتمع البارزة في التعهد بدعم هذه القوة غير المعروفة. أعلن البعض ولاءهم علنًا، بينما عمل آخرون بهدوء وراء الكواليس، مما أضاف وقودًا إلى نيران التكهنات المستعرة بالفعل. لم تكن مجرد منظمات سياسية أيضًا. بدأت نقابات المزارعين والجماعات العمالية وحتى الحركات الشبابية، التي

سئمت من الوعود البالية للأحزاب الراسخة، في مواءمة نفسها مع هذه الظاهرة الناشئة.

انزلق الحزب الحاكم والمعارضة على حد سواء إلى الفوضى. جلس أبهيمانيو ومستشاروه في اجتماعات مغلقة ؛ وجوههم محفورة بقلق. سأل أقرب مساعديه: "ماذا نعرف عن هذه المجموعة ؟".

"لا شيء يا سيدي ؛ لقد حاولنا الوصول إلى مصادرنا، ولكن لا يبدو أن لدى أحد أي معلومات ملموسة. أجاب المساعد: "يبدو الأمر كما لو أنهم خرجوا من العدم"، وصوته يخون الخوف الذي سيطر على المؤسسة السياسية بأكملها.

قال أبهيمانيو وهو يتسلل الإحباط إلى لهجته: "نحن بحاجة إلى المضي قدمًا في هذا الأمر". "إذا كان هذا حقيقيًا، وإذا حصلوا على دعم الجمهور، فقد نواجه اضطرابًا كبيرًا في الانتخابات."

عبر الانقسام السياسي، كانت أناميكا تواجه مخاوف مماثلة. على الرغم من أنها كانت معروفة بقدرتها على التحكم في السرد، إلا أنها هذه المرة كانت تتعامل مع لغز. تم تكليف براكاش جا، ملازمها الموثوق به، بالكشف عن أي أدلة حول من يقف وراء الإعلان القادم.

سألت: "من هؤلاء الناس، براكاش ؟".

هز براكاش رأسه. "لقد تحدثت إلى كل جهة اتصال أمتلكها. لا أحد يعرف من هم. لكنهم كانوا يعملون في الظل لبعض الوقت. هذا ليس عفوياً. إنه منسق بشكل جيد ".

سار أناميكا في الغرفة، وعقلها يتسابق. "لقد تمكنوا من الحصول على دعم المنظمات غير الحكومية الرئيسية وقادة المجتمع. هذا ليس بالأمر الهين. نحن بحاجة إلى معرفة ما يخططون له، ونحن بحاجة إلى القيام بذلك بسرعة ".

تكثفت الشائعات مع مرور كل ساعة. وقال البعض إنه كان ائتلافًا من السياسيين الساخطين من كلا الحزبين، يتحدون معًا للإطاحة بالنظام الحالي. واعتقد آخرون أنها كانت حركة يقودها قادة شباب ومثاليون

سئموا من فساد وركود النظام القائم. كان السؤال الذي يدور في أذهان الجميع: من كان وراء ذلك ؟ والأهم من ذلك، ماذا كانوا سيعلنون ؟

كانت الشوارع تعج بالتكهنات. في كل مقهى وكل سوق وكل ساحة مدينة، تجمع الناس معًا وتبادلوا النظريات. كان الجو مليئًا بالترقب العصبي. لم يستطع أحد التنبؤ بما سيحدث، لكن الجميع شعر أنه سيكون مهمًا. أصبحت نبضات قلب الأمة غير منتظمة، مدفوعة بالشعور المتزايد بأن شيئًا ما على وشك الانفجار.

سأل أحد أصحاب المتاجر أحد العملاء: "حسنًا، ما هو برأيك ؟"، بينما كانوا يقفون أمام صحيفة اليوم مع الإعلان على صفحة كاملة.

أجاب العميل وهو يهز رأسه: "لا أعرف". "لكنه يبدو كبيرًا، أليس كذلك ؟ مثل كل ما كنا نظن أننا نعرفه عن بعض التغيير ".

في المناطق الريفية، كان التوتر واضحًا بنفس القدر. وجد شيوخ القرى والقادة المحليون، الذين تغازل العديد منهم من قبل كل من الحزب الحاكم والمعارضة، أنفسهم فجأة غير متأكدين من مكان ولائهم. بدت الوعود المقدمة لهم الآن جوفاء في مواجهة "التغيير" الغامض الذي تم الإعلان عنه. كان البعض قد أعلن بالفعل دعمه للمجموعة المجهولة، التي انجذبت إلى فكرة شيء جديد ومختلف، على الرغم من أنهم لم يفهموا تمامًا ما هي.

تحولت وسائل الإعلام، التي شعرت بضخامة اللحظة، إلى فرط النشاط. ملأت القنوات الإخبارية وقت بثها بالنقاشات والتحليلات، على الرغم من أنه لم يتمكن أي من أعضاء اللجنة من تقديم أي إجابات نهائية. كان كل صحفي يستحق الملح يتدافع للحصول على سبق صحفي حصري، لكن المجموعة التي تقف وراء الإعلان كانت متكتمة بشكل ملحوظ. على الرغم من أفضل الجهود التي بذلتها وسائل الإعلام، لم يتمكن أحد من معرفة من نظم الحدث أو ما الذي سيتم الكشف عنه بالضبط.

سأل أحد مذيعي التلفزيون خلال نقاش مباشر: "هل هذه ولادة حزب سياسي جديد ؟". أم أن هذا نوع من الحركة الشعبوية المصممة لتعطيل الوضع الراهن ؟ ما رأيك ؟"

تبادل المتحدثون النظرات العصبية. قال أحدهم: "إذا كان حزبًا سياسيًا، فهو حزب يعمل منذ فترة طويلة". "لا تحصل على هذا النوع من الدعم بين عشية وضحاها. كل من يقف وراء هذا كان يخطط له منذ أشهر، إن لم يكن سنوات".

"لكن أين القادة؟" أجاب عضو آخر في اللجنة. "لم يتقدم أحد للمطالبة بملكية هذه الحركة. هذا هو الجزء الأكثر إثارة للقلق".

احتدم النقاش، لكن الحقيقة ظلت بعيدة المنال. كل ما يمكن لأي شخص فعله هو انتظار الإعلان المفاجئ الذي كان من المقرر أن يحدث في غضون ثمان وأربعين ساعة فقط.

مع بدء العد التنازلي، ازداد قلق الجمهور. تساءل الكثيرون عن نوع المستقبل الذي قد تجلبه هذه القوة الجديدة. هل يمكن أن تكون الثورة التي كان الكثيرون يتوقون إليها، الانفصال عن الفساد والركود الذي ابتليت به البلاد لعقود؟ أم أنه مجرد وعد كاذب آخر، وهم سياسي آخر مصمم للتلاعب بالجماهير؟

في المنازل في جميع أنحاء البلاد، تجمعت العائلات حول أجهزة التلفزيون الخاصة بهم، في انتظار بفارغ الصبر الأخبار التي يمكن أن تعيد تشكيل مصير الأمة. لم يعد الأمر يتعلق بالسياسة فقط؛ بل كان يتعلق بمستقبل البلاد. أراد الجميع أن يصدقوا أن هذه ستكون اللحظة التي تتغير فيها الأمور للأفضل. ولكن كان هناك خوف أيضًا. ماذا لو تبين أن هذه القوة الغامضة أسوأ مما كانت عليه بالفعل؟ ماذا لو أغرقت البلاد في الفوضى؟

في خضم كل هذا عدم اليقين، كان هناك شيء واحد واضح: كان المشهد السياسي على وشك أن يهز صميمه. كان التوقع واضحًا، مثل اللحظات التي سبقت العاصفة عندما يشعر الهواء بالثقل والسماء مظلمة. كانت البلاد تنتظر، وتحبس أنفاسها لموجة الصدمة الحتمية التي كانت على وشك أن تضرب.

وبعد ذلك، مع اقتراب الساعة من الوقت المحدد، ظهر تطور آخر. بدأت وسائل التواصل الاجتماعي تضج بتقارير لم يتم التحقق منها تفيد بأن بعض السياسيين البارزين شوهدوا يغادرون اجتماعات مغلقة مع أفراد مجهولين. بدأت الصور ومقاطع الفيديو المحببة تنتشر عبر

الإنترنت، وتظهر أعضاء رفيعي المستوى من كل من الحزب الحاكم والمعارضة يجتمعون على ما يبدو مع شخصيات غامضة. هل كان هذا تأكيدًا لتحالف ما قبل الاقتراع الذي شاع لفترة طويلة ؟ هل كان هذا هو المفتاح للإعلان الوشيك ؟

كانت الموجات الهوائية مليئة بالتكهنات، لكن لم يكن أحد يعرف على وجه اليقين. مع اقتراب الساعات الأخيرة، كان هناك سؤال واحد يلوح في الأفق في أذهان الجميع: هل ستكون هذه القوة الغامضة هي المنقذ الذي تحتاجه البلاد ؛ أم أنها ستغرق الأمة في حالة أعمق من عدم اليقين ؟

تسارعت نبضات قلوب الملايين وهم ينتظرون الإجابة.

الفصل الثالث والثلاثون

كان التوقع لا يطاق. لأسابيع، كانت التكهنات جامحة ؛ من كان وراء الإعلانات الخفية، والدعوات المراوغة، والوعد بإعلان يغير قواعد اللعبة ؟ حبست الأمة أنفاسها بينما كانت وسائل الإعلام والنقاد والدوائر السياسية تعج بالإثارة والنظريات وهمسات المؤامرة. مع مرور الساعات واقتراب العد التنازلي للمؤتمر الصحفي، كان الجو مليئًا بالتوتر. كان الجميع يعلم أن شيئًا مهمًا على وشك الحدوث، لكن لم يكن أحد مستعدًا لحجم ما هو قادم.

كان مكان المؤتمر الصحفي مكتظًا بما يتجاوز طاقته الاستيعابية. دخل الصحفيون والسياسيون والشخصيات العامة البارزة إلى القاعة، بينما تجمع الآلاف من المواطنين في الخارج، وهم يشاهدون الحدث يتكشف على شاشات عملاقة. كان المبنى يعج بكاميرات الأخبار والميكروفونات والأضواء الساطعة. كان الأمن مشدودًا، وكان الطنين في الهواء واضحًا. كانت الشائعات حول الانشقاقات والتحالفات والانقلابات تنتشر كالنار في الهشيم، لكن الحقيقة ظلت بعيدة المنال. كل ما كان يعرفه الجميع على وجه اليقين هو أن أبهيمانيو وشارميلا كانا في مركز كل ما كان على وشك أن يتكشف.

في الظهيرة بالضبط، خفتت الأضواء، وسكت الحشد. تم وضع المنصة على منصتين تحت الأضواء، محاطتين بلافتات ضخمة لا تعرض سوى رمز بسيط: كف مفتوح على شكل لوتس، مزيج مذهل من التقاليد والحداثة والوحدة والنمو. لم يكن المعنى واضحًا، لكن الرمز وحده كان كافيًا لإثارة الفضول.

فتحت الأبواب في الجزء الخلفي من القاعة، ودخل أبهيمانيو وشارميلا، يداً بيد. تحولت الهمهمات في الحشد إلى لهيث. معا، صعدوا إلى المسرح، وكلاهما يبدو مستعداً وقوياً ومصمماً. كان يُنظر إلى أبهيمانيو، النجم الصاعد للحزب الحاكم، وشارميلا، ابنة المعارضة الكاريزمية، على أنهما غريبان سياسيان ؛ زوجان من

الفصائل المتنافسة تحديا التوقعات بالزواج. لكن اليوم، كانوا يقفون ليس كرمز للمعارضة، ولكن كشيء جديد تمامًا.

تحدث أبهيمانيو أولاً. صوته ثابت ولكن مع حافة واضحة من الترقب ؛ قطع من خلال الصمت مثل سكين. بدأ قائلاً: "السنوات، كانت بلادنا محاصرة في مأزق سياسي. لقد انقسمنا على أسس لم تعد تخدمنا ؛ خطوط حزبية، خطوط أيديولوجية، خطوط عائلية. ولكن اليوم، نحن هنا لنعلن أن الوقت قد حان لكسر تلك الخطوط. اليوم، نحن هنا لتقديم رؤية جديدة للهند ".

اجتاحت موجة من الصدمة الجمهور. اقتربت الكاميرات، والتقطت تعبيرات الكفر على وجوه الصحفيين المخضرمين والسياسيين المخضرمين على حد سواء. هل كان على وشك الإعلان عن جبهة ثالثة ؟ حزب جديد ؟ بدا الأمر لا يمكن تصوره. ومع ذلك، فإن الجو في الغرفة يشير إلى أن شيئًا زلزاليًا كان على وشك الحدوث.

تقدمت شارميلا إلى الأمام. كان صوتها هادئًا، لكن كلماتها كانت مثل قنبلة. "لفترة طويلة، طُلب منا الاختيار بين جانبين. لقد قيل لنا أنه يجب علينا دعم طرف أو آخر، وأنه لا يوجد بديل. لكننا نرفض تصديق ذلك. نحن نرفض قبول مستقبل يحدده الانقسام والتنافس. نعلن اليوم عن تشكيل حزب سياسي جديد، حزب يتجاوز الحدود القديمة. حزب لا يدور حول اليسار أو اليمين، لكنه يدور حول المستقبل ".

انفجرت الغرفة. قفز المراسلون من مقاعدهم، وخربشوا الملاحظات بشكل محموم وطرحوا الأسئلة. حزب جديد ؟ من أبهيمانيو وشارميلا ؟ كان الأمر لا يمكن تصوره ؛ ومع ذلك، ها هم، يقفون في وحدة، ويحطمون المشهد السياسي بإعلانهم.

واصل أبهيمانيو، وازداد صوته قوة مع بدء خطورة اللحظة. "نحن نسمي حزبنا "*نافابارات ؛ الهند* الجديدة "؛ لأن هذا هو ما نؤمن به: الهند الجديدة، لجيل جديد. الهند ليست ملزمة بقيود الماضي، ولكنها مستعدة لاحتضان تحديات وفرص المستقبل. سيتم تأسيس حزبنا على مبادئ الوحدة والشمولية والتقدم. سنجمع أفضل العقول وألمع القادة وأكثر المواطنين تفانيًا من جميع أنحاء البلاد لبناء شيء غير عادي ".

تم عرض شعار الحفلة ؛ كف مفتوح ولوتس ؛ على الشاشة الكبيرة خلفهم، مما يرمز إلى الانفتاح والشمولية والنمو. كان مزيجًا من القيم القديمة والجديدة والتقليدية مع عقلية التفكير المستقبلي.

التقطت شارميلا الخيط. "نحن نعلم أن هذا الإعلان سيرسل موجات صدمة عبر المؤسسة السياسية. نحن نعلم أنه سيكون هناك أولئك الذين يسعون إلى تقويضنا، والذين سيحاولون التشكيك في نوايانا. لكننا لسنا هنا لتحقيق مكاسب شخصية. نحن هنا لأننا نؤمن بأن شعب هذا البلد يستحق ما هو أفضل. حزبنا ليس فقط للنخبة أو الأقوياء ـ إنه للجميع، لكل مزارع، لكل عامل، لكل طالب، لكل أم، لكل رائد أعمال، وكل حالم. هذا حزب ينتمي إلى الشعب ".

كان رد الفعل الفوري هو الدهشة ولكن أيضًا المؤامرة. تحول المؤتمر الصحفي، الذي افترض الكثيرون أنه سيكون شأنًا روتينيًا، إلى لحظة تاريخية. سارع المحللون السياسيون إلى معالجة الآثار المترتبة على هذا التطور الجديد. شكل حزب جديد، بقيادة اثنين من أكثر السياسيين الشباب نفوذاً في البلاد، تهديداً خطيراً لكل من الحزب الحاكم والمعارضة. لقد كانت ضربة سياسية بارعة ؛ اتحاد القوى المتنافسة، ليس من أجل الحب، ولكن من أجل السلطة. ومع ذلك، مع استمرار أبهيمانيو وشارميلا في التحدث، أصبح من الواضح أن هذا لم يكن مجرد استيلاء على السلطة. لقد كانت مخاطرة محسوبة، ومخاطرة لديها القدرة على تغيير المشهد السياسي بأكمله.

الفصل الرابع والثلاثون

عندما حددوا رؤيتهم، بدأت القاعة في الطنين بالطاقة. كان من المقرر أن تكون *نافابارات* طرفًا يركز على الحوكمة النظيفة والابتكار التكنولوجي والاستدامة البيئية والمساواة الاقتصادية. وستعطي الأولوية للتعليم والرعاية الصحية والبنية التحتية، مع تلبية احتياجات المجتمعات الريفية والفئات الممثلة تمثيلاً ناقصًا. كان بيانهم طموحًا ولكنه قائم على أسس، ومصممًا لجذب مجموعة واسعة من الناخبين؛ من المهنيين الحضريين إلى المزارعين الريفيين، ومن الطلاب الشباب إلى كبار السن.

كانت الهزات الارتدادية للإعلان فورية. في غضون دقائق، تصدرت وسائل الإعلام عناوين الصحف في جميع أنحاء البلاد. وصرخت اللافتات: "أبهيمانيو وشارميلا يعلنان عن حزب سياسي جديد، نافابارات". كانت وسائل التواصل الاجتماعي مشتعلة بالتعليق. وأشاد البعض بالزوجين كقادة ذوي رؤية سيكسرون أخيرًا قالب السياسة الهندية. وكان آخرون أكثر سخرية، وتساءلوا عما إذا كان هذا مجرد فصل آخر في ملحمة الانتهازية السياسية. لكن هناك شيء واحد لا يمكن إنكاره: الإعلان غير اللعبة.

وألقي الحزب الحاكم والمعارضة في حالة من الفوضى. تُرك حلفاء أبهيمانيو السابقون يتدافعون، غير متأكدين من كيفية الرد. في الاجتماعات الخاصة، ناقش كبار القادة خطوتهم التالية. هل سيهاجمونه؟ هل سيحاولون استدراجه مرة أخرى؟ أم أنهم سيحاولون تقويض حزبه الجديد من خلال زرع بذور الشك بين الناخبين؟

فوجئت أناميكا، والدة شارميلا وزعيمة المعارضة. كانت تتوقع خطوة جريئة من ابنتها، لكن هذا كان أبعد من أي شيء توقعته. بينما كانت تجلس في مكتبها، تشاهد البث المباشر للمؤتمر الصحفي، ظل وجهها بلا تعبير. لكن خلف مظهرها الخارجي الهادئ، كان عقلها يتسابق. كان هذا تحديًا مباشرًا لقيادتها، وقد جاء من الشخص الذي لم تتوقع أبدًا أن ينقلب عليها: ابنتها.

في الشوارع، تجمع الناس حول أجهزة التلفزيون والهواتف، وهم يشاهدون المؤتمر الصحفي يتكشف. كانت ردود الفعل مختلطة، لكن الإثارة كانت لا يمكن إنكارها. قال أحد الشباب وهو يقف خارج كشك شاي مزدحم: "قد يكون هذا هو التغيير الذي كنا ننتظره". "إنهم ليسوا مثل الآخرين. إنهم ليسوا عالقين في الماضي ".

لكن آخرين كانوا أكثر حذراً. رد رجل مسن: "لقد رأينا وعودًا كهذه من قبل". "جميعهم يقولون إنهم سيغيرون الأمور. دعونا نرى ما إذا كانوا يفعلون ذلك بالفعل ".

مع اقتراب المؤتمر الصحفي من نهايته، أدلى أبهيمانيو وشارميلا ببيان أخير أرسل موجات صدمة عبر الغرفة. أعلن أبهيمانيو: "في الأسابيع المقبلة، سنتواصل مع القادة من جميع مناحي الحياة". "نحن نبني ائتلافًا للتغيير، ائتلافًا يمثل الصوت الحقيقي للشعب. وندعو الجميع ؛ بغض النظر عن خلفيتك، بغض النظر عن انتمائك الحزبي ؛ للانضمام إلينا في بناء الهند الجديدة ".

مع ذلك، غادر الزوجان المسرح، تاركين وراءهما أمة تترنح من الصاعقة التي أطلقوها. كان الاضطراب في المشهد السياسي فوريًا. تم إجراء المكالمات وعقد الاجتماعات ووضع الاستراتيجيات على عجل. لم يكن أحد يعرف كيف سيكون أداء هذا الحزب الجديد في الانتخابات المقبلة، ولكن كان هناك شيء واحد مؤكد: لقد تغيرت اللعبة السياسية إلى الأبد.

استمرت توابع الإعلان في الانتشار في جميع أنحاء البلاد. في الأيام التي تلت ذلك، بدأت الانشقاقات من كل من الحزب الحاكم والمعارضة تحدث. بدأ القادة البارزون، الذين اجتذبهم الوعد ببداية جديدة، في الانضمام إلى *نافابارات*. وفي الوقت نفسه، راقب الجمهور بهدوء، في انتظار أن يرى كيف ستعيد هذه القوة الجديدة تشكيل مستقبل الأمة.

المشهد الافتتاحي: التوقع قبل الإعلان

كان الجو في مكان المؤتمر الصحفي كهربائيًا، وكان الجمهور مليئًا بالصحفيين والشخصيات السياسية والمحللين وعامة الناس، وكلهم يحبسون أنفاسهم تحسبًا. تنتظر الحشود الضخمة خارج القاعة بفارغ الصبر البث، متلهفة للإعلانات المفاجئة.

تراكم التشويق مع انتشار الشائعات حول "الإضراب الجراحي" السياسي الذي كان أبهيمانيو وشارميلا على وشك إطلاقه.

التوتر والإثارة عبر مختلف القطاعات المجتمعية: نخبة المحللين، ومنظمي جذور العشب، والمواطنين العاديين - كلهم متحدون بشعور بالتغيير الوشيك.

كانت وسائل الإعلام الوطنية تعج بالتكهنات، والكاميرات تتدحرج، بينما كانت البلاد تستعد لما كان من المتوقع أن تكون لحظة حاسمة في السياسة الهندية.

الإعلان: رؤية جديدة للأمة

يبدأ أبهيمانيو بتحديد ضرورة التغيير الشامل، مع التأكيد على الركود في الحكم وفشل الهياكل السياسية القائمة في التكيف مع التحديات الحديثة.

يقدم أجندة الحزب الجديد، مع التركيز على "الدم الجديد" ووعد بأن غالبية أعضاء الحزب لن يكونوا سياسيين مهنيين بل مبتكرين وتكنوقراط ومواطنين واعين اجتماعيًا.

تعزز شارميلا هذه النقاط بإضافة ديناميكية جديدة: *الحق في التذكير*، وهي أداة قوية للمساءلة يتردد صداها بقوة مع الناخبين المحبطين. يتفاعل الجمهور بصدمة ورهبة وإثارة، حيث يعيد الاقتراح قوة حقيقية إلى الناس.

النقاط الرئيسية لجدول الأعمال: نهج مختلف جذريًا

المسؤولية المالية وعدم الهبات المجانية: يشرح أبهيمانيو أنه لن يكون هناك المزيد من الهبات الشعبوية، مؤكدًا أن كل روبية تنتمي إلى دافعي الضرائب. يتم تأطير هذا على أنه استراحة من تقليد "شراء الأصوات" مع النشرات قصيرة الأجل. ووعد بأن النفقات الرئيسية لن يتم تحديدها إلا بعد التشاور مع مجالس المواطنين التي تم تشكيلها حديثًا.

التدقيق المستقل للمشاريع القائمة: سيتم إعادة تقييم جميع المشاريع الحكومية لتحديد فعاليتها وضرورتها. إذا تبين أنها ناقصة، فسيتم قطع الأموال. لن يتم التسامح مع الفساد والإسراف في الإنفاق، وسيخضع كل مشروع للتدقيق من حيث القيمة والفعالية.

انتخاب شاغلي المناصب وعدم التسامح مطلقًا مع الفساد: يعلن كل من أبهيمانيو وشارميلا أن الحزب سيكون ديمقراطيًا تمامًا داخليًا، مع مناصب منتخبة من رئيس مجلس الإدارة إلى نائب الرئيس. لن يشغل أبهيمانيو ولا شارميلا مناصب قيادية، مما يزيد من مصداقية وعدهما بتجنب سياسات الأسرة الحاكمة. وهي تؤكد على عدم التسامح مطلقًا مع الكسب غير المشروع، مع مستوى غير مسبوق من الشفافية.

الفصل الخامس والثلاثون

رد فعل الجمهور: الدعم الصاخب وبريق الأمل

في اللحظة التي تقدم فيها شارميلا *الحق في التذكر* ؛ ينفجر الحشد بالتصفيق، ومزيج من عدم التصديق والارتياح. يشعر الكثيرون كما لو أن إحباطهم من النظام الراسخ قد سمع أخيرًا.

تندلع مشاهد الاحتفال والمناقشات المتحركة في جميع أنحاء البلاد، من المراكز الحضرية الرئيسية إلى المدن الصغيرة. تُظهر المقابلات مع المواطنين العاديين إحساسًا بالتجديد، كما لو أن حجاب السخرية في السياسة قد زال أخيرًا.

تبدأ الشخصيات العامة والمشاهير وقادة جذر العشب في التعبير عن دعمهم على وسائل التواصل الاجتماعي، مما يؤدي إلى موجة من الإثارة التي تتجاوز الخطوط الطبقية.

ردود الفعل المتناقضة: في حين يرى الكثيرون المقترحات على أنها نسمة من الهواء النقي، تظهر النخب السياسية القديمة وهي تراقب في حالة صدمة، مدركة أن أيام قوتها غير المقيدة قد تكون معدودة.

الهزات الارتدادية السياسية: المعارضة تتدافع للرد

تندلع الفوضى في كل من المعسكرين الحاكم والمعارض. تُركت الأحزاب التقليدية، التي يقودها سياسيون مخضرمون، تتدافع لمعرفة كيفية مواجهة وعود الحزب الجديد، التي ضربت على وتر حساس عميق مع الشعب.

يعقد زملاء أبهيمانيو السابقون اجتماعات طارئة، حيث يسود الذعر وعدم اليقين. لا يمكنهم التنديد علنًا *بالحق في الاستدعاء* أو مجالس المواطنين دون أن يبدوا معادين للديمقراطية، لكن قبول هذه الإصلاحات من شأنه أن يشير إلى سقوطهم.

فوجئت أناميكا سينغ، التي لا تزال زعيمة المعارضة ووالدة شارميلا، بقرار ابنتها. معسكرها مشوش بنفس القدر. العديد من أعضاء المعارضة معجبون سراً بجرأة شارميلا لكنهم يشعرون بالخيانة.

رد وسائل الإعلام: لقد فوجئ المحللون السياسيون على القنوات الإخبارية بالإعلانات، لا سيما الإصلاحات الجذرية. يناقش أعضاء حلقة النقاش ما إذا كان الناخبون سيثقون في مثل هذا النهج غير التقليدي، أو إذا كانت الوعود مثالية للغاية بحيث لا تكون عملية.

أمة منخرطة: النقاش والنقاش في كل مكان

على مدى الأيام القليلة المقبلة، سيطر المشهد السياسي على الآثار المتتالية للإعلان. في كل ركن من أركان الشارع، وكل مقهى، وكل ساحة قرية، يناقش الناس مزايا مقترحات أبهيمانيو وشارميلا.

لقطات رد فعل المواطن: يشرح أحد المزارعين كيف سئم من السياسيين الذين يقدمون وعودًا لا يوفون بها ؛ رجل أعمال تقني يشيد بالتركيز على الابتكار والتحديث ؛ طالب جامعي متحمس *لحق الاستدعاء*.

تظهر استطلاعات الرأي تحولا دراماتيكيا في الرأي العام، مع اكتساب *نافابارات* بسرعة شعبية.

تبدأ المنظمات المجتمعية والشبابية في تنظيم مسيرات لدعم الحزب الجديد، وتعتبره وسيلة للسيطرة على مستقبلهم.

أصوات متناقضة: يعرب بعض المواطنين المسنين عن شكوكهم، ويساورهم القلق بشأن عدم الاستقرار المحتمل لاستدعاءات منتصف المدة، في حين أن آخرين، وخاصة جيل الشباب، يتبنون فرصة محاسبة السياسيين.

خطط المعارضة: التدابير المضادة والتحديات

وراء الأبواب المغلقة، يعمل الحرس السياسي القديم على استراتيجيات لمواجهة زخم نافابارات. يبدأون ببذر بذور الشك حول جدوى *الحق في الاستدعاء*، مما يشير إلى أنه يمكن أن يؤدي إلى انتخابات لا نهاية لها وزعزعة استقرار الحكم.

تحاول المعارضة تشويه سمعة أبهيمانيو وشارميلا من خلال البحث في حياتهما الشخصية وقراراتهما السابقة، لكن شفافية الزوجين ورفضهما المطالبة بقيادة الحزب يجعل هذا الأمر صعبًا.

تعرف أناميكا سينغ، على الرغم من أنها تأذت شخصيًا بسبب خطوة شارميلا، أن مواجهة ابنتها وجهاً لوجه يمكن أن تأتي بنتائج عكسية. وبدلاً من ذلك، بدأت العمل بهدوء وراء الكواليس، في محاولة للتغلب على الحزب الجديد من خلال تشكيل تحالفات مع الأحزاب الصغيرة والشخصيات المؤثرة.

ومع تكشف هذه المكائد، يظل الجمهور إلى حد كبير مؤيدًا للحركة الجديدة، ويرى أن تصرفات المعارضة هي أكثر من نفس المهارة السياسية القديمة.

الحركة تنمو: طفرة في دعم القواعد الشعبية

تبدأ حركات جذور العشب في جميع أنحاء البلاد في التجمع خلف *نافابارات*. تأتي الزيادة في العضوية بعد تسجيل أشخاص من جميع مناحي الحياة لدعم الحزب الجديد. يرى المزارعون والطلاب ورجال الأعمال والناشطون أن هذه فرصة لا تتكرر إلا مرة واحدة في العمر لتغيير مسار الأمة.

يتم تشكيل المجالس المحلية ومنتديات المواطنين، مما يعكس *روح الحكم التشاركي في* نافابارات. يبدأ الجمهور في رؤية طريقة مباشرة للتفاعل مع مستقبلهم، وهو أمر لم يتم تقديمه من قبل.

يستمر الهيجان الإعلامي، حيث تهيمن البرامج الحوارية ومقالات الرأي والمنتديات عبر الإنترنت على المناقشات حول رؤية الحزب وقدرته على الإنجاز.

يبدأ المطلعون السياسيون والنخب الثرية، الذين يشعرون بالقلق من الشعبية المتزايدة للحزب الجديد، في تمويل الحملات المضادة بهدوء. تبدأ الإعلانات التي تلقي بظلال من الشك على جدوى *الحق في الاستدعاء* والتطبيق العملي لمجالس المواطنين في الظهور.

خطوات أبهيمانيو وشارميلا التالية: ترسيخ الرؤية

يتراجع أبهيمانيو وشارميلا لوضع استراتيجية لخطواتهما التالية. مع مراقبة الأمة والزخم إلى جانبهم، فإنهم يدركون تمامًا أنه يجب عليهم الحفاظ على سلامة رؤيتهم أثناء التعامل مع التحديات السياسية المقبلة.

في المناقشات الخاصة، يحددون تحركات حملتهم الرئيسية الأولى، ويقررون المناطق التي يجب التركيز عليها وقطاعات الناخبين التي يجب استهدافها.

أسلوبهم القيادي: يتم عرض مزيج من التواضع والقناعة أثناء اجتماعهم مع المواطنين، والاستماع إلى مخاوفهم، وزيادة تحسين أجندتهم لمعالجة قضايا محددة مثل التنمية الريفية، وخلق فرص العمل، وإصلاح التعليم.

الهدوء الذي يسبق عاصفة الانتخابات

- مع اقتراب الانتخابات، تزداد الإثارة والتوتر في البلاد. المؤسسة السياسية على الحافة، والإعلام في حالة من المبالغة، والشعب يستعد للإدلاء بأصواته في ما قد يكون الانتخابات الأكثر أهمية منذ عقود.
- لا يزال أبهيمانيو وشارميلا واثقين، مدعومين بالتأييد الشعبي الساحق لمقترحاتهم والحركة التي أثاروها.
- تم إعداد المسرح لعصر جديد في السياسة الهندية، حيث تقف *نافابارات* كرمز للأمل والتجديد وإمكانية التغيير الحقيقي والتحويلي.
- يقدم هذا المخطط هيكلًا شاملاً لسرد مكون من 15000 كلمة. يمكنك استخدام هذا كخريطة طريق لبناء القصة، وإضافة العمق والتفاصيل أثناء تقدمك. إنه مصمم للحفاظ على الزخم العالي، وتحقيق التوازن بين المؤامرات السياسية والمشاعر العامة، وفي النهاية إنشاء سرد مثير حول السلطة والتغيير ومستقبل الأمة.

الفصل السادس والثلاثون

كان المشهد السياسي قبل الانتخابات مختلفًا عن أي شيء شهدته البلاد على الإطلاق. كانت الشوارع تعج بالنشاط حيث أشعل *نافابارات*، الحزب الجديد بقيادة أبهيمانيو وشارميلا، حماسة اجتاحت البلدات والقرى والمدن في جميع أنحاء البلاد. وجدت الآلية السياسية التقليدية، التي كانت تتحكم دائمًا في تدفق الانتخابات من خلال التلاعب الدقيق والسيطرة على وسائل الإعلام، نفسها فجأة محاصرة وغير ذات صلة. وجد الناس صوتًا جديدًا، وشعورًا جديدًا بالأمل يتردد صداه مع أعمق إحباطاتهم.

في كل مكان نظر إليه المرء، ملأت ملصقات وشعارات *نافابارات* الجدران. نزل المتطوعون المحليون، ومعظمهم من الشباب ولكن أيضًا من المواطنين في منتصف العمر الذين فقدوا الثقة في النظام القديم، إلى الشوارع للحملة دون أي توجيه من مسؤولي الحزب. كانت انتفاضة جذور العشب هذه غير مسبوقة. في ساحات القرى والأسواق الحضرية، تركزت المحادثات حول التغيير ؛ حول الحاجة إلى إزالة السياسيين الملوثين الذين أثروا أنفسهم على حساب الجمهور.

كان الجو كهربائيًا، ولكن بالنسبة للعملاقين السياسيين للنظام القديم ؛ أناميكا سينغ وماتاجي ؛ كان المزاج عكس ذلك تمامًا. لقد حكموا المجال السياسي لعقود من الزمن، وهم يناورون ويتلاعبون ويتفوقون على بعضهم البعض بخبرة. لكن الآن، واجهوا خصمًا لم يستعدوا له أبدًا ؛ دمائهم. لم ينفصل أبهيمانيو وشارميلا عن الموروثات العائلية فحسب، بل قاما بذلك برسالة قوية ومباشرة لدرجة أنها جعلت الأدوات التقليدية للسياسة عفا عليها الزمن.

أصبحت الانتخابات، بعد أسابيع فقط، استفتاء على مستقبل البلاد. وللمرة الأولى منذ سنوات عديدة، لم يكن الاختيار بين طرفين فاسدين، حيث قدم كل منهما المزيد من نفس الوعود التي لم يتم الوفاء بها. كان الاختيار بين العالم القديم، الذي حددته المحسوبية والفساد والشعبوية

الجوفاء، والنظام الجديد الذي وعد بالشفافية والمساءلة والانفصال عن الماضي.

رياح التغيير

في الريف، كان تأثير حملة *نافابارات* محسوساً بقوة. تمكن أبهيمانيو من تأطير الانتخابات على أنها معركة بين الشعب والنخبة السياسية، وكانت رسالة تردد صداها في كل ركن من أركان البلاد. رأى المزارعون الذين شعروا بالخيانة بسبب سنوات من الإهمال الحكومي الآن الأمل في وعد أبهيمانيو بالقضاء على الفساد والهدر. يُنظر الآن إلى موقفه الجريء ضد الهدايا المجانية والوعود الشعبوية، التي كانت تبدو ذات يوم انتحارية سياسيًا، على أنها علامة على النزاهة. كان الناس على استعداد للتصويت للحقائق الصعبة بدلاً من الوعود الجوفاء.

برزت شارميلا، التي كانت في البداية نقطة خلاف بسبب الإرث السياسي لعائلتها، بسرعة كوجه للتمرد الشبابي ضد المؤسسة. كان اقتراحها بشأن *الحق في الاستدعاء*، والذي من شأنه أن يسمح للمواطنين بالتصويت ضد السياسيين غير الفعالين، قد أعاد تعريف الحملة بالكامل. لم يعد الأمر يتعلق بالتصويت مرة واحدة كل خمس سنوات. ووعد الناس بمقعد دائم على الطاولة. كان وعد المساءلة هذا منعشًا لدرجة أنه حطم السخرية التي سادت الناخبين لفترة طويلة.

قوبل كل خطاب ألقته شارميلا بتصفيق مدوي. كانت تتحدث لغة الشعب، ليس بالشعارات، ولكن في خطط حقيقية وملموسة لإشراكهم في عملية صنع القرار. انتشرت فكرة أن تتخذ مجالس المواطنين قرارات مالية وحوكمة رئيسية كالنار في الهشيم، لا سيما بين الناخبين الحضريين المتعلمين والمجتمعات المهمشة على حد سواء. أراد الناس استعادة سلطتهم، وأعطتهم شارميلا خارطة الطريق للقيام بذلك.

سقوط العمالقة

كانت ماتاجي، والدة أبهيمانيو الهائلة، دائمًا خبيرة استراتيجية بارعة، وبراعتها السياسية معروفة عبر الخطوط الحزبية. لقد بنت نفوذها من خلال عقود من التحالفات المبنية بعناية، باستخدام شبكة من الموالين والتلاعب بوسائل الإعلام لصالحها. ولكن الآن، يبدو أن كل مكرها قد

فشل. أصبحت وسائل الإعلام التي كانت تسيطر عليها ذات يوم عالقة الآن في الإثارة المحيطة *بنافابارات*. كانت القنوات الإخبارية التي حافظت دائمًا على علاقة مريحة مع الحزب الحاكم قد حولت تركيزها إلى أبهيمانيو وشارميلا، مع العلم أن هذه هي القصة التي استحوذت على خيال الجمهور.

حاول ماتاجي كل شيء لمواجهة هذا الارتفاع المفاجئ. حتى أنها حاولت وضع نفسها كقوة حقيقية وراء *نافابارات*، على أمل احتواء شعبية ابنها من خلال الإشارة إلى أن حركته كانت مجرد امتداد لإرثها الخاص. لكن الجمهور لم يكن يشتريه. كان أبهيمانيو قد نأى بنفسه عمدًا عن تأثير والدته، وعرف الناس أن هذه ليست حيلة. كان وضوح رسالته ؛ المتمثلة في الانفصال عن فساد الماضي ؛ قويًا لدرجة أنه لا يمكن لأي قدر من الدوران تغييره.

وجدت أناميكا، والدة شارميلا وزعيمة المعارضة، نفسها في وضع مزري مماثل. كانت تفخر دائمًا بقدرتها على التفوق على منافسيها السياسيين، باستخدام عقلها وغرائزها الحادة للحفاظ على حزبها المعارض مناسبًا حتى عندما يكون خارج السلطة. لكن لا شيء أعدها لخيانة ابنتها. لم تكن شارميلا، التي أعدتها أناميكا لتكون وريثتها السياسية، قد أدارت ظهرها للعائلة فحسب، بل فعلت ذلك بطريقة كشفت التعفن في قلب حزب المعارضة.

حاولت أناميكا استخدام سرد الولاء العائلي، على أمل تصوير شارميلا على أنها خائنة تخلت عن أقاربها لتحقيق مكاسب سياسية. لكن الاستراتيجية جاءت بنتائج عكسية بشكل مذهل. بدلاً من حشد الدعم، جعل أناميكا تبدو يائسة. رأى الناس أن انفصال شارميلا عن والدتها خطوة شجاعة، وهي علامة على استعدادها للدفاع عن المبادئ بدلاً من الولاء العائلي. لقد زاد فقط من التصور بأن شارميلا كانت امرأة خاصة بها، غير خائفة من تحدي السلالات الفاسدة التي هيمنت على السياسة لفترة طويلة جدًا.

موجة عدم اليقين

مع اقتراب يوم الانتخابات، كان هناك شعور متزايد بالاضطراب عبر الطيف السياسي. لم يكن أحد يعرف كيف سيؤدي هذا الحزب الجديد.

وجد النقاد السياسيون، الذين اعتمدوا لفترة طويلة على المقاييس التقليدية للانقسامات الطبقية والطبقية والإقليمية للتنبؤ بنتائج الانتخابات، أنفسهم في حيرة. لم يعد يبدو أن أيًا من القواعد المعتادة تنطبق بعد الآن. أشارت استطلاعات الرأي إلى أن *نافابارات* كانت تتصاعد، لكن الجدة المطلقة للحزب تعني أنه لا يمكن لأحد أن يتنبأ بثقة بمدى ضخامة موجة الدعم التي كانوا يركبونها.

بدأت أحزاب ماتاجي وأناميكا في الانهيار من الداخل. أصبحت الانشقاقات متفشية، حيث رأى الموالون منذ فترة طويلة الكتابة على الحائط وبدأوا في القفز من السفينة، على أمل تأمين مستقبل في المد الصاعد لـ*نافابارات*. حتى داخل الحزب الحاكم، انتشرت همسات الخيانة وعدم اليقين. كان كبار الوزراء، الذين كانوا في السابق حجر الزاوية في قوة ماتاجي، يستكشفون الآن بهدوء اتصالات القنوات الخلفية مع أبهيمانيو، على أمل تأمين مكان في النظام الجديد.

في المعارضة، تآكلت سلطة أناميكا بالمثل. شعر الكثيرون داخل حزبها أن التوافق مع شارميلا هو الطريقة الوحيدة للبقاء على قيد الحياة، لكنهم كانوا يخشون غضب أناميكا. بدا الانقسام داخل المعارضة أمرًا لا مفر منه، حيث بدا القادة الأصغر سنًا ينأون بأنفسهم عن الحرس القديم وينجذبون نحو برنامج شارميلا التقدمي.

فجر عصر جديد

ما أصبح واضحًا في الأسابيع الأخيرة قبل الانتخابات هو أن المشهد السياسي قد تغير بشكل لا رجعة فيه. على مدى عقود، كان الاختيار بين الحزب الحاكم والمعارضة، وهما وجهان لعملة واحدة، وكلاهما متجذر بعمق في الفساد والمصلحة الذاتية. الآن، لأول مرة منذ جيل، كان لدى الناس خيار حقيقي.

كان كل تجمع نظمه *نافابارات* أكبر من الأخير، وكل خطاب ألقاه أبهيمانيو وشارميلا عزز فقط إيمان الناس برؤيتهم. كان العمالقة السياسيون القدامى ينهارون تحت وطأة تجاوزاتهم، وكانت رياح التغيير تهب بقوة لصالح الحزب الجديد. كان الزخم لا يمكن إنكاره، ومع اقتراب يوم الانتخابات، أصبح من الواضح أن هذه لم تكن مجرد حملة سياسية، بل كانت حركة.

الفصل السابع والثلاثون

في يوم الاقتراع، كان الجو في جميع أنحاء البلاد كهربائيًا، مليئًا بالترقب والشعور الجماعي بالهدف. حشد الآلاف من المتطوعين، الذين توحدوا في حلمهم المشترك بالتغيير، من جميع أنحاء البلاد لدعم *نافابارات*، حزب الجيل الجديد الذي يقوده أبهيمانيو وشارميلا. جاء هؤلاء المتطوعون من خلفيات مختلفة - الطلاب والمهنيون الشباب والمسؤولون الحكوميون المتقاعدون وربات البيوت والمزارعون وحتى الأعضاء السابقون في الأحزاب السياسية الراسخة، وكلهم حريصون على رؤية فجر جديد في حكم البلاد. لم يكن لديهم تنظيم رسمي، لكن التزامهم وشغفهم كان لا مثيل له، وهو انعكاس للطاقة والاعتقاد الذي أثاره *نافابارات* في الناس.

مع فتح مقصورات الاقتراع في الصباح الباكر، تشكلت الخطوط بسرعة. كان المشهد مذهلاً - الناس من جميع الأعمار والطبقات والأديان، يصطفون معًا بأمل مشترك. شق المواطنون المسنون، وبعضهم يحملون عصي المشي أو في الكراسي المتحركة، طريقهم إلى الأكشاك، مصممين على الإدلاء بأصواتهم لما يعتقدون أنه بداية جديدة. كان الناخبون الشباب لأول مرة متحمسين بشكل خاص، حيث عرضوا بفخر أصابعهم الموقعة على وسائل التواصل الاجتماعي، واحتفلوا بمشاركتهم في العملية الديمقراطية.

دور المتطوعين

في كل دائرة انتخابية، تولى متطوعو *نافابارات* مسؤولية ضمان سلاسة عملية التصويت. قاموا بتوجيه الناخبين إلى الأكشاك، وساعدوا كبار السن، وقدموا المياه والمرطبات لأولئك الذين يقفون في طوابير طويلة. كان وجودهم في كل مكان، طاقتهم معدية. لم يقوموا بتوزيع رشاوى أو وعود كاذبة مثل الأحزاب القديمة، ولكن بدلاً من ذلك، تحدثوا إلى الناخبين عن السياسات الجديدة، وعن الأمل، وعن المستقبل. لم تكن هذه انتخابات عادية. شعرت وكأنها ثورة ؛ ثورة سلمية وديمقراطية، لكنها ثورة مع ذلك.

كان هؤلاء المتطوعون يقومون بحملات منذ أسابيع، ويطرقون الأبواب، وينظمون التجمعات، ويقيمون اجتماعات مجتمعية. الآن، في يوم الاقتراع، عرفوا أن عملهم على وشك الانتهاء. وكان دورهم هو ضمان الخطوة النهائية في العملية الديمقراطية التي كانت سلسة قدر الإمكان. احتضن الناس من جميع مناحي الحياة المتطوعين، ممتنين للمساعدة والشعور بالتمكين الذي يمثلونه. لم يكن هذا مجرد يوم انتخابي لحزب سياسي - بل كان يوم حركة نمت فوق توقعات أي شخص.

إقبال الناخبين: طفرة من أجل التغيير

وبحلول منتصف النهار، كان من الواضح أن إقبال الناخبين سيحطم الأرقام القياسية. عرضت القنوات الإخبارية لقطات لطوابير ضخمة خارج مقصورات الاقتراع في كل من المناطق الحضرية والريفية. بدأ النقاد في التكهن بما يمكن أن تعنيه هذه الزيادة في الإقبال، وكان الإجماع واضحًا: أراد الناس التغيير، وأرادوه الآن.

عبر وسائل التواصل الاجتماعي، شارك الناس تجاربهم في التصويت، وناقشوا كيف شعروا لأول مرة منذ سنوات بأن تصويتهم مهم حقًا. لم يعد الأمر يتعلق بالاختيار بين أهون الشرين بعد الآن. كان الأمر يتعلق بالتصويت لمستقبل يؤمنون به. كان الجو مشحوناً بالأمل.

في المناطق الريفية، حيث كافح *نافابارات* في البداية للحصول على موطئ قدم، كانت المشاهد مثيرة بنفس القدر. النساء، اللائي تم تهميشهن في كثير من الأحيان في الانتخابات السابقة، خرجن بأعداد كبيرة. وقف المزارعون، الذين عانوا من عقود من الفساد وسوء الإدارة، في طوابير تحت الشمس الحارقة، متلهفين للإدلاء بأصواتهم لصالح حزب وعدهم بالشفافية والصدق.

حتى في المعاقل الحضرية للأحزاب التقليدية، حيث كان الناخبون تاريخيًا أكثر سخرية، كان هناك شعور واضح بالتحول. كانت المحادثات في مراكز الاقتراع مليئة بالأمل والتفاؤل الحذر. كان الجيل الأصغر سناً، على وجه الخصوص، القوة الدافعة وراء الإقبال الهائل. انتشر حماسهم إلى آبائهم وأجدادهم، الذين كانوا مستعدين الآن

للمجازفة بشيء جديد، شيء مختلف عن السلالات السياسية التي حكمت لفترة طويلة.

الحياة الجديدة: أبهيمانيو، شارميلا وآشا كيران

مع انتشار الاقتراع في جميع أنحاء البلاد، انسحب أبهيمانيو وشارميلا إلى منزلهما الجديد، وهو طابق كبير وأنيق استأجراه للاحتفال بهذه المرحلة الجديدة من حياتهما. لم يكن قرارًا سياسيًا فحسب، بل كان قرارًا شخصيًا. كان البنغل، الواقع في جزء هادئ ومورق من العاصمة، رمزًا لانفصالهم عن الماضي. لقد مثلت بداية جديدة، ليس فقط بالنسبة لهم ولكن للأمة بأكملها. معهم كانت ابنتهم، آشا كيران ؛ تعني حرفيًا "شعاع الأمل "؛ اسم مناسب لطفل شخصين جاءا لتمثيل الأمل للملايين ؟

أصبح الكوخ نفسه رمزًا لتواضعهم وعزمهم. على عكس القصور الفخمة وممتلكات العائلات السياسية الأخرى، كان هذا المنزل مخصصًا لعائلة سعت إلى القيادة ليس من خلال الثروة أو السلطة، ولكن من خلال القدوة. أثر قرار تسمية ابنتهما آشا كيران على قلوب الكثيرين. رآها الناس كرمز للمستقبل، جيل جديد ولد في عالم نأمل أن يكون خاليًا من الفساد والتلاعب الذي ابتليت به الأمة لفترة طويلة.

لم يكن أبهيمانيو وشارميلا من يخجل من أعين الجمهور، ولكن في هذا اليوم، ظلوا بعيدين عن الأنظار، وقضوا بعض الوقت مع أسرهم وعدد قليل من المساعدين المقربين. كانوا يعرفون ثقل التوقعات التي تقع الآن على عاتقهم، لكنهم عرفوا أيضًا أن الجزء الصعب لم يأت بعد. سيكون الفوز في الانتخابات مجرد خطوة أولى. تحويل البلاد، وتنفيذ السياسات التي وعدوا بها، والوفاء بالثقة التي وضعت فيها حيث يكمن التحدي الحقيقي.

الشعور العام: حريص على النتائج

مع إغلاق مراكز الاقتراع والإدلاء بأوراق الاقتراع الأخيرة، حبست الأمة بأكملها أنفاسها. انتشرت التكهنات، حيث قدمت محطات التلفزيون والإذاعة بيانات استطلاع الخروج، وتنبأت كل منها بنتيجة مختلفة. ادعى البعض أن *نافابارات* ستكتسح الانتخابات، بينما اقترح آخرون أن الأحزاب القائمة قد احتفظت بقبضتها في مناطق معينة.

لكن لا أحد يستطيع أن ينكر الإثارة الملموسة، والشعور بأن شيئًا هائلاً على وشك الحدوث.

تجمع الناس في المقاهي والساحات العامة والمنازل، في وقت متأخر من الليل لمناقشة النتائج المحتملة. كان هناك شعور بالترقب كان لا يطاق تقريبًا. العديد من الناخبين، الذين شعروا في السابق بالحرمان من حقوقهم، يناقشون الآن السياسة بقوة متجددة. تراوحت المحادثات بين التأثير المحتمل لسياسات *نافابارات* والسقوط المحتمل للحرس القديم. كان الحق في الاستدعاء، ومجالس المواطنين، والحوكمة الشفافة كلها مواضيع احتلت مركز الصدارة، لتحل محل المناقشات المعتادة حول السياسة الطبقية والمحسوبية الإقليمية.

بالنسبة لكل من أناميكا وماتاجي، كان هذا اليوم يومًا يائسًا هادئًا. وبدت سلالاتهم السياسية التي لم تكن قابلة للطعن في يوم من الأيام هشة الآن، وهي تتأرجح على حافة الانهيار. لأول مرة في حياتهم المهنية، لم يكن لديهم سيطرة على النتيجة. شبكات نفوذهم الواسعة، والقنوات الإعلامية التي تلاعبوا بها بخبرة، والوعود التي قطعوها؛ شعرت أن كل شيء غير كافٍ في مواجهة الطلب الهائل على التغيير الذي اجتاح الأمة.

تراجعت ماتاجي إلى دائرتها الداخلية، وأطلقت دعوات محمومة للموالين، بينما بقيت أناميكا صامتة، تراقب الأحداث تتكشف بمزيج من الكفر والاستقالة. لم يتوقع أي منهما الحجم الهائل للإقبال، ولم يتوقعا أن يحشد حزب الجيل الجديد مثل هذا الائتلاف الواسع من الناخبين. ما اعتبره كلاهما تمردًا طفيفًا، بقيادة أطفالهما، تحول الآن إلى حركة سياسية كاملة.

الأمة على الحافة: في انتظار النتائج

كانت الأيام التي أعقبت الانتخابات مليئة بالترقب. لجأ الناس إلى وسائل التواصل الاجتماعي، ومشاركة الميمات والتنبؤات والرسائل المفعمة بالأمل. أصبحت الانتخابات أكثر من مجرد منافسة سياسية؛ فقد أصبحت حدثًا وطنيًا، واختبارًا لما إذا كان من الممكن حقًا قلب النظام القديم. بالنسبة للكثيرين، لم يكن الأمر يتعلق فقط بانتخاب قادة

جدد. كان الأمر يتعلق باستعادة صوتهم، والاعتقاد بأن تصويتهم يمكن أن يحدث فرقًا.

ومع بدء فرز الأصوات، تصاعد التوتر. ارتفعت التكهنات عندما حاول النقاد السياسيون فك رموز الاتجاهات المبكرة، ولكن كان هناك شيء واحد واضح، فقد خرج الناس بأعداد هائلة لدعم *نافابارات*. بقي أن نرى ما إذا كان ذلك كافياً لتحقيق انتصار ساحق، لكن مجرد الاحتمال كان كافياً لإرسال موجات صدمة من خلال المؤسسة السياسية.

لم تكن النتائج النهائية قد جاءت بعد، لكن السرد كان يتشكل بالفعل. لقد تحدث الناس، واختاروا الأمل على الخوف، والشفافية على الفساد، والشباب على السلالات السياسية الراسخة.

الفصل الثامن والثلاثون

مع شروق الشمس في يوم نتائج الانتخابات، استعدت البلاد لما يمكن أن يكون أهم اضطراب سياسي في تاريخها. أصبحت وسائل الإعلام، التي كانت متوترة لأسابيع، محمومة بالنشاط، وكسرت كل بضع دقائق لتقديم تحديثات من لجنة الانتخابات. كان من الواضح أن الأمة بأكملها كانت تراقب ؛ ملتصقة بشاشاتها وأجهزة الراديو والهواتف، في انتظار نتائج التفويض الذي تم وصفه بأنه نقطة تحول محتملة في الرحلة الديمقراطية للأمة.

انقسم المشهد الإعلامي الآن إلى ثلاثة معسكرات متميزة. كانت المجموعة الأولى موالية للنخب السياسية القديمة: حزب ماتاجي ومعارضة أناميكا. قللوا من زخم *نافابارات*، ورفضوا الاعتراف بالتغيير الكاسح الذي حدث على مدار الحملة. كانت المجموعة الثانية بقيادة أناميكا أكثر حيادية، في محاولة للتنقل في المياه غير المؤكدة للانتخابات من خلال الإبلاغ عن الحقائق عند دخولها، وتجنب أي استنتاجات سابقة لأوانها. المجموعة الثالثة، التي تتكون إلى حد كبير من منصات وسائل التواصل الاجتماعي والمؤثرين عبر الإنترنت، كانت مكرسة بشكل غير اعتذاري لأبهيمانيو وشارميلا، وتصويرهما على أنهما أمل ومستقبل الأمة.

العد المبكر: سباق ضيق

مع بدء فرز الأصوات في وقت مبكر من اليوم، ظهرت صورة غامضة وغير واضحة. في الساعة الأولى، كانت جميع الفصائل السياسية الثلاثة متقاربة. أشارت النتائج الأولية إلى أن حزب ماتاجي ومعارضة أناميكا قد تمكنا من التمسك ببعض المناطق الرئيسية. لم يكن *نافابارات*، المنافس الجديد، يهرب تمامًا من الانتخابات كما توقع البعض. كانت هناك همسات من الشك في وسائل الإعلام ؛ هل أخطأ لواء الشباب في تقدير فرصهم ؟ هل كانت القوى السياسية القديمة متجذرة بعمق في المناطق الريفية لكي تدعي *نافابارات* النصر ؟

ولكن مع تقدم الجولة الثانية من العد، بدأت الأمور تتغير. بدأت *نافابارات* في المضي قدمًا في عدد قليل من الدوائر الانتخابية الرئيسية. تم الإبلاغ عن أول رصاص نحيل، وبدأ الغلاف الجوي في التغير. بدأت كل قناة إخبارية في تشريح الأرقام، وبدأ الإدراك في الفجر بأن هذه الانتخابات كانت بعيدة كل البعد عن العمل كالمعتاد.

وبحلول الجولة الثالثة، كانت *نافابارات* قد حققت أول فوز انتخابي لها. لم تكن دائرة انتخابية رئيسية، لكنها كانت فوزًا على الرغم من ذلك، وانتشر الزخم الذي خلقته في جميع أنحاء البلاد. انفجرت وسائل التواصل الاجتماعي بالإثارة. اندلع المتطوعون الذين ناضلوا بلا كلل من أجل الحزب الجديد في الاحتفال، وشاركوا الأخبار مع شبكاتهم، بينما بدأ الناخبون في جميع أنحاء البلاد يشعرون أن التغيير الذي كانوا يأملون فيه لم يعد حلماً بعيد المنال ؛ لقد أصبح حقيقة واقعة.

المد يتحول: انهيار أرضي في طور التكوين

مع تدفق المزيد من النتائج، تحول المشهد بشكل كبير. أفسحت الصورة الضبابية للساعات القليلة الأولى المجال لاتجاه واضح لا يمكن إنكاره: كانت *نافابارات* تتقدم في كل منطقة تقريبًا. سقطت الدوائر الانتخابية التي كان يسيطر عليها النشطاء السياسيون لعقود واحدة تلو الأخرى للحزب الجديد، حيث اختار الناخبون بأغلبية ساحقة الوجوه الجديدة *لنافابارات* على الشخصيات المتعبة والفاسدة في المؤسسة السياسية القديمة.

تحول المد والجزر تمامًا بحلول منتصف بعد الظهر. أصبحت القنوات الإخبارية التي كانت مترددة في الاعتراف بقوة *نافابارات* مجبرة الآن على مواجهة الحقائق ؛ كان حزب أبهيمانيو وشارميلا في طريقه لتحقيق انزلاق أرضي. ومع فرز الأصوات، أصبح من الواضح أن أكثر من سبعين بالمائة من النتائج كانت لصالح الحزب الجديد. كانت آلة ماتاجي السياسية المهيمنة في يوم من الأيام هي الثانية البعيدة، وتكافح من أجل الحفاظ على أهميتها في مواجهة هذا التغيير الكاسح. كان أداء حزب أناميكا أسوأ من فقدان العديد من القادة البارزين الذين لم يهزموا فحسب، بل فقدوا أيضًا ودائعهم ؛ إذلال سياسي من أعلى المستويات.

بحلول المساء، كانت النتائج مزعجة للحرس القديم ولكنها مكهربة لأنصار *نافابارات*. وكان أكثر من ثمانين في المئة من المرشحين الفائزين من الحزب الجديد. كانت نتيجة غير مسبوقة في تاريخ الأمة، وعكست الشوارع هذا الإحساس بالتاريخ في طور التكوين.

أمة تحتفل: مسيرة النصر

وسرعان ما انتشر الجو المبتهج في كل ركن من أركان البلاد. في القرى والبلدات والمدن، كان الاحتفال عفويًا وعضويًا. لم تكن مدبرة من قبل آلية الحزب أو مدفوعة بوعود فارغة من الصدقات ؛ لقد كان تدفقًا حقيقيًا من الفرح من السكان الذين شعروا منذ فترة طويلة بالتهميش والتجاهل من قبل النخبة السياسية. ولأول مرة منذ عقود، شعر الناس أن أصواتهم قد احتسبت حقًا، وأنهم لعبوا دورًا في تشكيل مستقبلهم.

سرعان ما ارتقى أبهيمانيو وشارميلا، وجوه هذه الثورة السياسية، إلى مكانة أسطورية تقريبًا. في العاصمة، تم اصطحابهم في الشوارع في موكب ملكي أنيق، يركبون على عرش مثبت فوق فيل ملكي ؛ شرف منحهم إياه ملك ميسور. وبينما كانوا يتنقلون في المدينة، اصطف الحشود في الشوارع، يلوحون بالأعلام، ويهتفون بأسمائهم، ويرمون الزهور. لقد كان مشهدًا مختلفًا عن أي شيء شهدته البلاد على الإطلاق. لم يكن الانتصار سياسيًا فحسب ؛ بل كان تحولًا ثقافيًا، وإشارة إلى أن البلاد مستعدة لاحتضان نوع جديد من القيادة.

امتدت الاحتفالات لفترة طويلة حتى الليل. كان الوقت قد اقترب من منتصف الليل عندما وصل أبهيمانيو وشارميلا إلى مكتب الحزب المؤقت لمخاطبة الأمة. تجمع الحشد، الذي كان متعبًا ولكنه لا يزال مبتهجًا، في الخارج لسماع الكلمات الأولى من قادتهم الجدد.

خطاب النصر: البلاغة والغموض

في خطاباتهما الموجزة ولكن المؤثرة، ضرب كل من أبهيمانيو وشارميلا النغمة الصحيحة ؛ متفائل، تطلعي، ولكن يقاس بحذر. تحدث أبهيمانيو أولاً، معترفاً بالتفويض الهائل الذي تلقوه ولكنه ذكّر الجميع أيضًا بأن هذه كانت مجرد بداية رحلتهم. وتحدث ببلاغة عن المسؤولية التي جاءت مع هذا الانتصار غير المسبوق، مؤكدا أن التغيير الذي

صوت الشعب من أجله سيتطلب العمل الجاد والصبر والالتزام من الجميع ؛ ليس فقط من الحزب ولكن من المواطنين أنفسهم.

تبعتها شارميلا، وكان صوتها واضحًا وواثقًا، لكنه كان مشوبًا بثقل التوقعات الموضوعة عليها الآن. وأكدت من جديد التزام حزبهم بالشفافية والمساءلة والإصلاح، مع إدخال شعور بالغموض حول خططهم الفورية. أوضح كلا الزعيمين أنهما لن يندفعا إلى نفس الأخطاء التي ابتلي بها أسلافهما. سيأخذون وقتهم، ويبنون توافقًا في الآراء، ويضمنون أن تكون التغييرات التي نفذوها دائمة ومستدامة وتتماشى مع إرادة الناس.

ومع ذلك، على الرغم من النجاح المدوي لهذا اليوم، كان هناك تيار خفي من عدم اليقين. كان كل من أبهيمانيو وشارميلا يدركان أنه بينما انتصرا في المعركة، فإن الحرب من أجل روح الأمة لم تنته بعد. لقد هزموا المؤسسات السياسية في ماتاجي وأناميكا، لكن التحدي الحقيقي كان أمامهم - حكم أمة متنوعة ومعقدة ومنقسمة في كثير من الأحيان. هل يمكنهم الوفاء بالوعود التي قطعوها ؟ هل يمكنهم حقًا تحويل النظام دون الوقوع فريسة لنفس المزالق التي أوقعت العديد من الإصلاحيين من قبلهم ؟

التداعيات: أمة على الحافة

عندما بدأت احتفالات النصر في التراجع، ظل السؤال الذي لا مفر منه في أذهان الكثيرين. هل كان هذا فجر حقبة جديدة في التاريخ السياسي للبلاد، أم كان مجرد هدوء قبل عاصفة أخرى ؟ لقد ترك الحجم الهائل لانتصار *نافابارات* الحرس السياسي القديم في حالة من الفوضى، لكن هياكل السلطة والنفوذ العميقة الجذور كانت لا تزال سليمة إلى حد كبير.

بينما كان معسكر ماتاجي يترنح من الخسارة، كان يخطط بالفعل لخطوته التالية. على الرغم من أن حفلة أناميكا قد هلكت، إلا أنها لم تكن خارج الصورة تمامًا. لا يزال لدى كلا الفصيلين موارد وشبكات ونفوذ كبير، ومن غير المرجح أن يسقطوا دون قتال. سرعان ما ستبدأ وسائل الإعلام، التي كانت منقسمة للغاية في تغطيتها، في تشريح كل

كلمة وكل سياسة وكل خطأ ارتكبه الحزب الجديد. كانت التوقعات عالية للغاية، وسيكون التدقيق بلا هوادة.

موكب النصر، العرش المثبت على الفيل، الحشود المبتهجة ؛ كل ذلك كان مشهدًا رائعًا، لكنه كان البداية فقط. استحوذ أبهيمانيو وشارميلا على خيال الأمة، لكن هل بإمكانهما الآن التنقل في مياه الحكم الغادرة دون أن يضيعا طريقهما ؟ هل يمكن تنفيذ أفكارهم الجريئة دون تنفير النظام الذي سعوا إلى إصلاحه ؟ والأهم من ذلك، هل يمكنهم الحفاظ على الحركة التي بدأوها على قيد الحياة، أم أن ثقل النظام القديم سيسحق في نهاية المطاف أحلامهم في التغيير ؟

بينما كانت الأمة تنام في تلك الليلة، متوهجة في وهج ثورة انتخابية، ظل سؤال واحد دون إجابة: هل كان هذا حقًا فجر حقبة جديدة، أم مجرد لحظة أمل عابرة أخرى في التاريخ الطويل المضطرب لسياسة الأمة ؟

الوقت سيخبرنا.

الفصل التاسع والثلاثون

كانت عواقب فوز أبهيمانيو وشارميلا الانتخابي الملحوظ منتصرة ومضطربة. مع التفويض الساحق، أحدث حزبهم الجديد، نافابارات، تغييرًا جذريًا في المشهد السياسي للأمة. لقد تحقق أمل الناس في فجر جديد، وبدا المستقبل أكثر إشراقًا من أي وقت مضى.

بعد نتائج الانتخابات، قام أبهيمانيو وشارميلا بخطوتهما الأولى تكريماً لمرشديهما السياسيين. سعوا للحصول على بركات من كل من ماتاجي وأناميكا، وهي لفتة رمزية للوحدة على الرغم من التوتر الذي يغلي تحتها. على الرغم من أن ماتاجي فقدت السلطة التي كانت تحتفظ بها في المركز، إلا أنها ظلت شخصية بارزة في ولايتها الأصلية، ولم يتزعزع نفوذها. تم الاحتفال بصعود أبهيمانيو وشارميلا إلى أعلى المناصب السياسية في البلاد ؛ رئيس الوزراء ونائب رئيس الوزراء على التوالي ؛ بعظمة، مع حفل أداء اليمين الذي نافس أيًا منها في تاريخ الأمة.

ومع ذلك، تحت السطح، كانت عاصفة تختمر. كانت أناميكا، على الرغم من دعمها الظاهري لنجاح ابنتها، تحمل طموحات عميقة لشارميلا. كانت تعرف أن كونها رقم اثنين لن يكون كافياً أبداً. كانت خطة أناميكا غير المعلنة هي زرع بذور عدم الرضا داخل ابنتها. في عالم السياسة، الشخص الثاني في القيادة هو مجرد ظل، وكانت أناميكا مصممة على أن شارميلا ستقف في يوم من الأيام في دائرة الضوء، كزعيم نهائي، وليس كنائب لأحد.

مع وضع هذا في الاعتبار، حصلت شارميلا، من خلال الإقناع الدقيق، على كل من حقيبتي المالية والدفاع ؛ الوزارات الرئيسية التي منحتها سيطرة كبيرة على موارد البلاد وأمنها. في المقابل، احتفظ أبهيمانيو بوزارتي الداخلية والخارجية، مما عزز قبضته على الشؤون الداخلية والخارجية للأمة. تم توزيع بقية المناصب الوزارية بين مؤيديهم المخلصين، مما يضمن بقاء نظامهم مستقرًا وآمنًا.

شهدت السنوات الخمس التالية نمواً غير مسبوق. ازدهرت الأمة تحت قيادة أبهيمانيو وشارميلا. تم إصلاح السياسات الاقتصادية، وازدهرت الصناعات، وشهد دخل الفرد ارتفاعًا كبيرًا. أصبح الثنائي رمزًا للأمل، وارتفعت شعبيتهما. كان الناس في جميع أنحاء البلاد مفتونين برؤيتهم وإنجازاتهم. على الرغم من الطموحات السياسية الكامنة لماتاجي وأناميكا، ظلت الحكومة ثابتة إلى حد كبير، وذلك بفضل إيمان الجمهور الثابت بقيادتهما.

لكن كانت هناك همسات. لم ينس ماتاجي وأناميكا، اللذان تم تهميشهما من قبل أتباعهما، طموحاتهما. قامت كل من النساء، سيدات التلاعب السياسي، بزرع الموالين والشامات بهدوء داخل الحكومة. تم تكليف هؤلاء النشطاء بجمع المعلومات الاستخباراتية وانتظار وقتهم. حتى في أوقات السلام، كانت بذور الصراع المستقبلي تزرع.

مع اقتراب فترة الخمس سنوات من نهايتها، قدمت الحكومة، المليئة بنجاحاتها، قائمة إنجازاتها إلى الجمهور. كان عامة الناس مبتهجين. النمو الاقتصادي، وبنية تحتية أفضل، ومكانة عالمية أقوى ؛ كانت هذه هي السمات المميزة لحوكمة أبهيمانيو وشارميلا. تم الإعلان عن الانتخابات العامة الثانية، واستعدت جميع الأطراف للمعركة المقبلة. لكن ما لم يتوقعه أحد هو الاجتماع السري الذي عقد بين شارميلا ووالدتها أناميكا في مكان لم يكشف عنه خلال الحملة الانتخابية. ما حدث في ذلك الاجتماع ظل مجهولًا، لكن شيئًا ما تغير.

مرة أخرى، حقق نافابارات فوزًا كاسحًا في الانتخابات. لقد تحدث الناس، وتم تأكيد قيادة أبهيمانيو. ومع ذلك، اشتعلت التوترات داخل الحزب. كانت شارميلا وأنصارها غير راضين عن عدم وجود تغيير في الحقائب الوزارية. على الرغم من مساهمتها الكبيرة في نجاح الحزب، ظلت شارميلا نائبة رئيس الوزراء، واستمر أبهيمانيو في التمسك بوزارتي الداخلية والخارجية. تفاقم الاستياء، لا سيما بين الدائرة الداخلية لشارميلا، التي اعتقدت أنها تستحق أكثر من ذلك.

ومع تقدم الولاية الثانية، نما نفوذ شارميلا داخل الحكومة. ومع ذلك، كان هناك تحول لا يمكن إنكاره في ديناميكيات الأسرة. أصبحت ابنتهما آشا كيران مرتبطة بشكل متزايد بجدتها ماتاجي. على الرغم

من جهود شارميلا، بدت ابنتها أكثر انجذابًا إلى حكمة جدتها وإرشاداتها، وهي حقيقة أغضبت أناميكا ولكنها رعتها ماتاجي بمهارة. ستلعب هذه الرابطة دورًا مهمًا في السنوات القادمة.

ثم جاءت جلسة الميزانية، وهو حدث انتظرته الأمة بأكملها بفارغ الصبر. كان من المقرر أن تقدم شارميلا، بصفتها وزيرة المالية، الميزانية، وكانت التوقعات مرتفعة. في يوم الجلسة، وبينما كانت الكاميرات تكبر على شارميلا وهي تقف بثقة في قاعة البرلمان، وقع حدث غير متوقع. اعتذر أبهيمانيو عن الإجراءات لاستخدام الحمام. في البداية، لم ينتبه أحد كثيرًا، ولكن بعد مرور بعض الوقت، ولم يعد بعد، استقر جو من عدم الارتياح على الغرفة.

عندما لاحظت شارميلا غياب زوجها، أرسلت منظمًا للاطمئنان عليه، اندلعت الفوضى. تم العثور على أبهيمانيو منهارًا على أرضية الحمام، وبالكاد كان واعيًا. اجتاح الذعر البرلمان حيث تم نقله على الفور إلى المستشفى. انتشرت الأخبار كالنار في الهشيم، وحبست الأمة أنفاسها بينما عمل الأطباء بلا كلل لإحيائه. لكن جهودهم ذهبت سدى. في اليوم الثالث، عن عمر يناهز 45 عامًا، توفي أبهيمانيو كومار، رئيس وزراء البلاد المحبوب، تاركًا الأمة في حالة صدمة وحداد.

كانت شارميلا مدمرة، لكن البلاد كانت بحاجة إلى قيادة. كانت الخسارة هائلة، وأصبح عبء توقعات الأمة يقع الآن على عاتقها. بحزن كبير ولكن بعزم فولاذي، أقسمت اليمين كرئيسة وزراء مؤقتة، عازمة على المضي قدمًا في الإرث الذي بنته هي وأبهمانيو معًا.

ولكن عندما تولت زمام الأمور، بقي سؤال في الهواء: ما الذي سيحمله المستقبل؟ هل ستتمكن شارميلا من تجاوز دورها كرقم اثنين؟ هل يمكنها التخلص من ظل والدتها ورسم مسار كزعيم للبلاد بلا منازع؟ هل ستعطل الشامات السياسية التي زرعها ماتاجي وأناميكا استقرار الحكومة؟

في أروقة السلطة، لا يموت الطموح أبدًا، ومع صعود شارميلا إلى أعلى منصب، تم تمهيد الطريق لصراعات وتحديات جديدة. الوقت فقط هو الذي سيكشف الإجابات على العديد من الأسئلة المعلقة في الهواء. في الوقت الحالي، وقفت الأمة مع زعيمها الجديد، على أمل

مستقبل يرقى إلى مستوى الأحلام التي شاركوها ذات مرة مع أبهيمانيو.

كان اليوم الذي عُثر فيه على أبهيمانيو فاقدًا للوعي في حمام البرلمان نقطة تحول في المشهد السياسي للأمة. كان الأمر كما لو أن نبض البلاد توقف مع نبضه. انتشرت أخبار انهياره كالنار في الهشيم. حبس الصحفيون والسياسيون والمواطنون أنفاسهم على حد سواء، في انتظار أي كلمة من المستشفى. لم تكن الأمة متحدة من قبل في القلق. أصبح أبهيمانيو أكثر من مجرد قائد ؛ لقد كان رمزًا لعصر جديد، ومنارة أمل للملايين. ومع تحول الساعات إلى أيام، تضاءلت الآمال في شفائه. في اليوم الثالث، تم تأكيد الحتمية: توفي أبهيمانيو كومار، أصغر رئيس وزراء في تاريخ الأمة.

كانت الأمة في حالة صدمة. تدفق الناس إلى الشوارع للتعبير عن احترامهم. علقت الساحات العامة والمكاتب الحكومية والمنازل صوره ملفوفة باللون الأسود. بدا الأمر كما لو أن أحد أفراد الأسرة قد مات في كل أسرة. لم يكن الحداد فقط للرجل ولكن للمستقبل الذي وعد به، الأحلام التي جسدها. بدا موته وكأنه مزحة قاسية، كما لو أن البلاد قد بدأت للتو تتنفس بحرية، لتختنق مرة أخرى.

في هذه الأثناء، داخل المستشفى، كان المشهد حزينًا لا يمكن تصوره. وقفت شارميلا بجانب جسد زوجها الميت، غير قادرة على فهم حجم الخسارة. في تلك اللحظات، لم تكن نائبة رئيس الوزراء أو وزيرة المالية ؛ كانت أرملة، والأكثر إيلامًا، أمًا كان عليها أن تشرح لابنتها سبب عدم عودة والدها إلى المنزل مرة أخرى. كانت ماتاجي، التي هرعت إلى المستشفى، تقترب من شارميلا، وتهمس بكلمات القوة، لكن قلبها كان مثقلاً بثقل المؤامرات السياسية والخسارة الشخصية. وقفت أناميكا في مكان قريب، صامتة ولكنها منتبهة، وعقلها يعمل بالفعل في المستقبل، حتى مع خيانة عينيها لألم فقدان الشاب الذي أصبحت تراه كعائلة.

لكن البلاد كانت بحاجة إلى قائد. حتى في أحلك ساعاتها، لم يكن أمام شارميلا خيار سوى النهوض. الآلية السياسية لن تتوقف ؛ لا يمكن أن تتوقف. طالب الحزب والشعب والبلاد بالقيادة، وتم دفع شارميلا إلى

منصب رئيس الوزراء المؤقت. كان الحفل قصيرًا ولكنه عاطفي. عندما أدت اليمين الدستورية، التقطت عدسات الكاميرا في العالم حزنها وتصميمها بنفس القدر. لم تكن قد عالجت ألمها بعد، لكنها كانت تقف بالفعل على رأس البلاد. كان العبء هائلاً، وعلى الرغم من أنها كانت ترتدي عباءة القوة، إلا أن ظل الخسارة العميق يلوح خلفها.

عرفت أناميكا، الخبيرة الاستراتيجية دائمًا، أن هذه كانت لحظة شارميلا. لكنها عرفت أيضًا أن الحزن له طريقة في تشويش الحكم. في الجزء الخلفي من عقلها، كانت أناميكا تخطط بالفعل للتحركات التالية - التلاعبات الخفية التي من شأنها أن تضمن أن ابنتها لن تكون مجرد زعيمة مؤقتة. لم تستطع شارميلا أن تبقى الرقم اثنين، حتى في حزبها. كان الوقت قد حان لتوليها الدور القيادي الكامل، لترسيخ سلطتها وتصبح رئيسة الوزراء الدائمة، وليس مجرد نائبة.

لكن هذا لن يكون سهلاً. لم تقل ماتاجي كلمة واحدة بعد عن المستقبل، لكن صمتها تحدث كثيرًا. كانت لا تزال تمارس نفوذاً داخل الحزب، ولم يكن صعود شارميلا مضموناً. كان ولاء ماتاجي لأبهيمانيو مطلقًا، ولكن الآن بعد أن رحل، ستتحول ديناميكيات السلطة حتماً. كانت دائمًا ماهرة في التنقل في مياه السياسة الغادرة، ولا شك أنها ستلعب دورًا حاسمًا في تحديد الفصل التالي.

مع مرور الأيام، بدأت الأمة ببطء في قبول حقيقة وفاة أبهيمانيو. كانت جنازته الرسمية حدثًا وطنيًا ذا أبعاد مذهلة. تجمع مئات الآلاف للتعبير عن احترامهم، وتوقفت البلاد بأكملها. كانت الشوارع مليئة بالمشيعين الذين يحملون الشموع، ويرددون اسمه، ويشاركون قصصًا عن كيفية تأثير قيادته على حياتهم. لم تكن مجرد خسارة سياسية ؛ بل كانت خسارة شخصية للكثيرين.

واجهت شارميلا، التي تم دفعها الآن إلى دور كل من الأم والقائدة، ضغوطًا هائلة. علنًا، حافظت على جبهة هادئة ومؤلفة، ولكن خلف الأبواب المغلقة، بدأ التوتر في الظهور. في اجتماعات مجلس الوزراء، بينما كانت لا تزال تحتفظ بالسلطة، لاحظت نوبات دقيقة. بعض الوزراء الذين كانوا في السابق موالين لأبيهمانيو أصبحوا الآن أكثر حراسة. كان المشهد السياسي يتغير، ويمكنها أن تشعر بتزايد

التيارات الخفية للمعارضة. بدأت الشامات التي زرعها ماتاجي وأناميكا منذ سنوات في التحريك، وعلى الرغم من أنهم تحركوا بصمت، إلا أن وجودهم كان محسوسًا.

ومع ذلك، على الرغم من التوتر المتزايد، احتشدت البلاد حول شارميلا. كانت الانتخابات العامة الثانية، التي كانت انتصار أبهيمانيو الأخير، بمثابة تفويض لها الآن. رآها الناس كخليفته الشرعي، الذي سيواصل إرثه. لم يكن لديها خيار سوى أداء هذا الدور، حتى مع تزايد الهمسات عن تحالفها السياسي مع والدتها. لم يكن أحد يعرف ما تمت مناقشته في ذلك الاجتماع السري بين شارميلا وأناميكا خلال الحملة الانتخابية، ولكن الآن أصبح فضول الأمة منزعجًا. بقي السؤال في الهواء: هل ستتبع شارميلا طموحات والدتها، أم ستظل وفية للرؤية التي بنتها مع أبهيمانيو ؟

جاءت نقطة التحول خلال جلسة الميزانية التالية. كان من المفترض أن تكون لحظة انتصار شارميلا، وفرصتها لإظهار البلاد أنها يمكن أن تقف بمفردها كقائدة. لكن مأساة وفاة أبهيمانيو كانت تلوح في الأفق. عندما بدأت خطابها، ضغط عليها وزن الأشهر القليلة الماضية. راقب العالم، في انتظار معرفة ما إذا كانت ستتعثر أو ترتفع فوق الحزن.

في منتصف الجلسة، حدث ما لا يمكن تصوره. أصبح غياب أبهيمانيو، على الرغم من توقعه، ساحقًا فجأة. توقفت شارميلا. عبرت موجة من العاطفة وجهها، وفي تلك اللحظة القصيرة، رأت الأمة الإنسان وراء السياسي. تعافت بسرعة، لكن الضرر قد حدث. كانت الشقوق في درعها مرئية، وانقضت وسائل الإعلام على الضعف.

في تلك اللحظة، مر تبادل هادئ بين شارميلا وأناميكا دون أن يلاحظه أحد. كانت مجرد نظرة، لكنها كانت كافية للإشارة إلى فصل جديد. عندما استعادت شارميلا رباطة جأشها، عرفت أن وقتها كرقم اثنين قد انتهى. كانت المرحلة التالية من رحلتها على وشك أن تبدأ، وسواء أعجبها ذلك أم لا، كان عليها أن ترتدي عباءة والدتها وتقاتل من أجل مكانها في القمة.

العرض، كما يقولون، يجب أن يستمر. ولكن في السياسة، كما هو الحال في الحياة، لا شيء مؤكد على الإطلاق.

الفصل الأربعون

وأعلن الحداد الوطني لمدة سبعة أيام. مرة أخرى، ستراقب الأمة نصف الصاري. موجة التعاطف ستبتلع الأمة. يجب أن تنهض شارميلا بسرعة. لا يمكن للقادة التوقف عن خدمة شعوبهم. إذا تمت إدارتها بشكل صحيح، فإن موجة التعاطف هذه تجاه شارميلا ستمنحها عشر سنوات على الأقل لقيادة الأمة.

جاءت انتخابات التجديد النصفي بسرعة بعد وفاة أبهيمانيو المفاجئة، ولم يضيع شارميلا أي وقت في السيطرة على الوضع. أصبح حزنها، على الرغم من أنه عميق وحقيقي، أقوى أداة سياسية لها. وقفت شارميلا أمام أمة لا تزال تترنح من الخسارة المفاجئة لزعيمها الكاريزمي، ووجهت حزنها إلى رسالة لاقت صدى لدى الجماهير. خطاباتها، التي ألقتها بمزيج مؤلم من الضعف والتصميم، استحضرت صورة امرأة لم تفقد زوجها فحسب، بل ورثت أيضًا حلمه للأمة.

لأول مرة، انحنت شارميلا بالكامل إلى دور الأرملة ؛ ولعبت ورقة الضحية بطريقة ضربت على وتر حساس مع الجمهور. كان سردها بسيطًا ولكنه فعال: كانت هي الوحيدة التي تركت وراءها للمضي قدمًا في إرث أبهيمانيو. كان استئنافها مباشرًا: "لقد فقدت شريكي، لكنني لم أفقد الرؤية التي شاركناها. ساعدني في إنهاء ما بدأناه ".

استجابت الأمة، التي لا تزال في حالة صدمة من وفاة أبهيمانيو، لندائها بدعم ساحق. فاز حزب شارميلا بأكثر من خمسة وسبعين في المائة من المقاعد، وهي نتيجة أذهلت حتى أقرب حلفائها. غمرت وسائل الإعلام والمنصات الاجتماعية والتجمعات العامة بالتعليقات حول عودة ظهور حزبها والموجة الجديدة من التعاطف التي اجتاحت الانتخابات. كانت شارميلا، التي كان يُنظر إليها دائمًا على أنها سياسية هائلة، تقف الآن كشخصية قوية في حد ذاتها. لم تعد مجرد نائبة أو شريكة لقائد عظيم ؛ بل كانت رئيسة وزراء البلاد، وقد فازت بالتفويض بشروطها الخاصة.

وسط جنون الانتخابات وصعودها السياسي، شاهد زوج من العيون كل شيء باهتمام ؛ آشا كيران، ابنتهما. لاحظت الاستراتيجيات وراء الكواليس، والولاءات المتغيرة، والتلاعب العاطفي الذي حدث على المسرح الكبير للسياسة الوطنية. بالنسبة لآشا كيران، لم يكن هذا مجرد مشهد. لقد كان درسًا في السلطة والنفوذ وتعقيدات الحكم.

كانت آشا كيران تدرس السياسة منذ سن مبكرة، لكنها الآن رأت وجهها الحقيقي. كانت تشهد عن كثب كيف يمكن للعواطف أن تؤثر على الجماهير، وكيف يمكن أن يصبح التعاطف سلاحًا، وكيف يمكن للمشاعر العامة أن تحول الانتخابات لصالح شخص ما. تسابق عقلها وهي تجمع الشبكة المعقدة من التحالفات والخيانات التي نسجت حول عائلتها.

خلف الأبواب المغلقة، شاهدت أناميكا سينغ صعود ابنتها بمشاعر مختلطة. من ناحية، كانت فخورة بأن شارميلا حصلت أخيرًا على أعلى منصب في البلاد. من ناحية أخرى، لم تستطع التخلص من الشعور بأن شارميلا قد تعلمت جيدًا منها. التكتيكات التي استخدمتها شارميلا ؛ نفس التكتيكات التي أتقنتها أناميكا ذات مرة كانت تستخدم الآن لتأمين قوة شارميلا. تضاءل تأثير أناميكا، لكنها كانت تعرف أفضل من السماح لمشاعرها بالظهور. سيأتي الوقت لتذكير ابنتها بأن كونها رقم اثنين لن يكون كافياً أبداً، وأن القوة عابرة ما لم تستولي عليها بالكامل.

لقد تحول المشهد السياسي بشكل كبير. ماتاجي، التي كانت في السابق دعامة قوة لأبهيمانيو وطموحاته السياسية، تقف الآن في ظل زوجة ابنها. على الرغم من أنها كانت ذات يوم قوة توجيهية، إلا أنها أدركت حتمية صعود شارميلا. وعلى الرغم من تحفظاتها العرضية، أعطتها ماتاجي بركاتها، مع العلم أن انتصار شارميلا كان، جزئيًا، استمرارًا للإرث الذي رعته.

كان اليوم الذي أدت فيه شارميلا اليمين رسميًا كرئيسة للوزراء مشهدًا في حد ذاته. تجمع الآلاف من الناس في الميدان لحضور حفل أداء القسم الضخم. كانت الطاقة كهربائية، مزيج من الحزن والأمل والترقب. وقفت شارميلا شامخة، ووجهها يخون القليل من الزوبعة

العاطفية التي مرت بها. تم تصميم الحفل لإبراز كل من القوة والاستمرارية ؛ جسر رمزي بين وفاة أبهيمانيو المأساوية والمستقبل المفعم بالأمل الذي وعدت به شارميلا.

بينما كان الحشد يزأر بالموافقة، تعهدت شارميلا رسميًا بالتمسك بالقيم التي دافع عنها أبهيمانيو، ولكن مع تطورها الخاص. كان خطابها حادًا ومليئًا بوعود الإصلاح والنمو الاقتصادي والعدالة. لكن النغمة كانت واضحة: كانت هذه حكومتها الآن، وكانت تنوي إدارتها بطريقتها.

بينما استمتعت شارميلا بقوتها المكتشفة حديثًا، بقيت آشا كيران في الخلفية، وعيناها تمتصان كل شيء. شاهدت والدتها بفخر ولكن أيضًا بفهم متزايد لتعقيدات القيادة. عرفت آشا كيران أنه في يوم من الأيام ؛ ستدخل هي أيضًا الساحة السياسية. لقد رأت جمال السلطة وقبحها ؛ كيف يمكن أن تلهم الناس ولكن أيضًا كيف يمكن أن تفسد. كانت ملاحظاتها، الصامتة والحادة، تشكلها إلى شخص سيكون يومًا ما قادرًا على مواصلة السلالة السياسية للأسرة.

في غضون ذلك، احتشدت الأمة خلف شارميلا. وقد أسرت قدرتها على تحويل المأساة الشخصية إلى انتصار سياسي قلوب الناس. ولكن تحت السطح، غمرت التوترات القديمة. كانت أناميكا، الخبيرة الاستراتيجية دائمًا، تنتظر وقتها. كان ماتاجي، على الرغم من دعمه، حذرًا أيضًا، مدركًا أن القوة، خاصة في السياسة، هشة بقدر ما هي مسكرة.

كانت شارميلا قد انتصرت في المعركة، لكن الحرب لم تنته بعد. عندما استقرت في دورها كرئيسة للوزراء، كانت التحديات التي تنتظرها هائلة. كان هناك أولئك داخل حزبها الذين كانوا موالين فقط لأبيهمانيو، وكان ولائهم لها ضعيفًا في أحسن الأحوال. علاوة على ذلك، كانت المعارضة، على الرغم من تدميرها في الانتخابات، تعيد تجميع صفوفها، في انتظار اللحظة المناسبة للإضراب.

ثم كانت هناك آشا كيران، تشاهد كل شيء يتكشف، وتعد نفسها بهدوء لليوم الذي تدخل فيه هي أيضًا إلى الساحة.

الخاتمة: فجر جديد

بدأت قصة *نافابارات*، ولادة ثورة سياسية في البلاد، باستياء عميق من النظام السياسي القائم. كانت الأحزاب القديمة، بقيادة ماتاجي وأناميكا، تحكم منذ عقود، وتجسد كل ما هو خاطئ في الحكم: الفساد والمحسوبية والتجاهل الكامل لاحتياجات وآمال عامة الناس. في هذا المشهد المتعب جاء أبهيمانيو وشارميلا، وهما قائدان شابان وطموحان لديهما رؤية لمستقبل أفضل. ومع ذلك، لم تكن قصتهم مجرد صدام بسيط بين الأيديولوجيات ؛ بل كانت معركة من أجل روح الأمة.

الجزء الأول: خيانة الدم

جاءت نقطة التحول الرئيسية الأولى عندما قرر أبهيمانيو وشارميلا، على الرغم من روابطهما بالسلالات السياسية القديمة، الانفصال عن إرثهما العائلي. تردد صدى موجات الصدمة التي أعقبت قرارهم من خلال كل من حزب ماتاجي الحاكم ومعارضة أناميكا. في ضربة رئيسية، أعلن أبهيمانيو وشارميلا عن تشكيل *نافابارات*، وهو حزب سياسي جديد مكرس لشكل من أشكال الحكم الشفاف والمسؤول والمتمحور حول الناس. لقد ضربت دعوتهم إلى "الحق في الاستدعاء" ووضع حد للهبات السياسية على وتر حساس مع الجماهير، التي سئمت من الوعود الفارغة والقيادة الفاسدة.

الجزء الثاني: حملة الأمل

كانت الحملة التي تلت ذلك مختلفة عن أي حملة أخرى في تاريخ الأمة. لم تكن مجرد حملة سياسية ؛ بل كانت حركة. اجتمع أشخاص من جميع مناحي مزارعي الحياة والطلاب والمهنيين وربات البيوت لدعم *نافابارات*. رأى الشباب، على وجه الخصوص، في أبهيمانيو وشارميلا فرصة للتغيير الحقيقي، واحتشدوا بشكل لم يسبق له مثيل. وغمر المتطوعون الشوارع، ونظموا مسيرات، ووزعوا منشورات، ونشروا رسالة الأمل. كانت الطاقة واضحة، وللمرة الأولى، بدا أن الناس لم يعودوا مستعدين للقبول بأقل الشرين. أرادوا بديلاً حقيقياً.

الجزء 3: الزيادة المفاجئة في يوم الانتخابات

كان يوم الانتخابات لحظة حساب. خرج الآلاف من المتطوعين إلى الشوارع لضمان احتساب كل صوت. كان إقبال الناخبين هائلاً، مما يشير إلى بداية حقبة جديدة. مع مرور اليوم، تحول المزاج في جميع أنحاء البلاد من عدم اليقين إلى الإثارة. عندما جاءت النتائج أخيرًا، لم تكن أقل من زلزال سياسي. لم تفز *نافابارات* فحسب، بل فازت بأغلبية ساحقة، حيث استحوذت على ما يقرب من ثمانين بالمائة من الأصوات. كان حزب ماتاجي في المرتبة الثانية، في حين تم القضاء على معارضة أناميكا بالكامل تقريبًا، حيث خسر العديد من قادتهم ليس فقط الانتخابات، ولكن أيضًا ودائعهم. لقد تحدثت البلاد، واختارت التغيير.

الجزء 4: آثار النصر

كان موكب النصر الذي أعقب ذلك مختلفًا عن أي شيء شهدته البلاد على الإطلاق. تم نقل أبهيمانيو وشارميلا، اللذان يلقبان الآن بحاملي الشعلة في الهند الجديدة، عبر العاصمة على عرش مثبت على الفيل، هدية من ملك ميسور. ولكن حتى عندما استمتعوا بمجد فوزهم، عرفوا أن العمل الحقيقي كان قد بدأ للتو. كان الخطاب الذي ألقاه في تلك الليلة متواضعًا ومقاسًا، مع الاعتراف بضخامة المهمة التي تنتظرنا. لقد وعدوا بالتمسك بالمبادئ التي فازت بهم في الانتخابات، لكنهم أدركوا أيضًا أن الوفاء بهذه الوعود لن يكون سهلاً.

الجزء 5: بداية جديدة

عندما بدأ *نافابارات* عملية تشكيل الحكومة، تغير المشهد السياسي بشكل لا رجعة فيه. تُرك معسكر ماتاجي ومعارضة أناميكا يتدافعان لالتقاط القطع، لكن كان من الواضح أن وقتهما قد مر. كان الشعب قد اختار قيادة جديدة وجديدة، وكانت البلاد الآن على طريق نحو نوع مختلف من الحكم - نوع متجذر في المساءلة والشفافية والمشاركة العامة.

شرعت إدارة أبهيمانيو وشارميلا في الوفاء بوعودهما. كان أحد أعمالهم الأولى هو إنشاء مجالس المواطنين، وتمكين الناس من كل

قسم من المجتمع من المشاركة في الحكم. تم تنفيذ "حق الاستدعاء"، وللمرة الأولى، كان للناخبين القدرة على إزالة منتصف المدة للزعيم المتعثر. تم التحقيق مع المسؤولين الفاسدين على وجه السرعة، وتم وضع سياسة وطنية لمكافحة الكسب غير المشروع. وبينما لا تزال التحديات قائمة، عملت الحكومة الجديدة بلا كلل لاحترام التفويض الممنوح لها.

بعد عقد من الزمان: الجيل القادم

مرت السنوات، وشهدت البلاد تحولًا ليس فقط في حكمها، ولكن في ثقافتها وروحها. استمر الأمل الذي أشعله أبهيمانيو وشارميلا في قلوب الناس في النمو، وأصبحت حركة *نافابارات* قوة تجاوزت السياسة. أصبح المواطنون الآن أكثر انخراطًا في العملية الديمقراطية، وترسخت المثل العليا للنزاهة والمساءلة على كل مستوى من مستويات الحكومة.

في مرور رمزي للشعلة، ظهرت أبهيمانيو وابنة شارميلا، آشا كيران ؛ واسمها المناسب "راي الأمل "؛ كقائدة شابة واعدة في حد ذاتها. نشأت آشا وهي تشهد محاكمات وانتصارات رحلة والديها السياسية. لقد شاهدت وهم يتنقلون في المشهد المعقد للسياسة الهندية بلطف وتصميم والتزام لا يلين بمبادئهم. الآن، جاء دورها لتسلط عليها الأضواء.

تم تعيين المشهد في جامعتها، حيث كانت آشا كيران على وشك إلقاء خطاب القبول بعد انتخابها رئيسة لاتحاد الكليات. كانت القاعة مكتظة، وكانت الطاقة في الغرفة كهربائية. جاء الطلاب من كل خلفية لسماع حديثها، وتجمعت وسائل الإعلام أيضًا بأعداد كبيرة، متلهفة لرؤية الفصل التالي من إرث هذه العائلة الرائعة يتكشف.

عندما صعدت آشا إلى المسرح، كان التصفيق يصم الآذان. نظرت إلى الحشد، وتورم قلبها بفخر وإحساس عميق بالمسؤولية. لطالما علمها والداها أن القيادة تدور حول الخدمة، وحول رفع الآخرين والقتال من أجل ما هو صحيح. كانت تعلم أن رحلتها كانت قد بدأت للتو، لكنها كانت جاهزة.

أخذت نفساً عميقاً وبدأت حديثها:

"أصدقائي الأعزاء، اليوم لا يتعلق بي فقط. الأمر يتعلق بنا جميعًا. يتعلق الأمر بالأمل الذي نحمله، والأحلام التي لدينا لبلدنا، والمستقبل الذي نريد أن نبنيه معًا. أظهر لنا والداي، أبهيمانيو وشارميلا، أن التغيير ممكن. لقد علمونا أنه بغض النظر عن مدى رسوخ النظام، إذا كنا متحدين، إذا كنا شجعانًا، وإذا وقفنا على ما هو صحيح، يمكننا تغيير العالم من حولنا. والآن، حان دورنا لحمل تلك الشعلة إلى الأمام ."

اندلع الجمهور في هتافات، واستعادوا إيمانهم بالمستقبل من قبل هذا القائد الشاب الواضح الذي وقف أمامهم. تابعت آشا وصوتها ثابت وقوي:

"أقبل هذا المنصب بتواضع ومع الفهم الكامل للمسؤولية التي يجلبها. أعدكم بالعمل معكم جميعًا، والاستماع، والتعلم، والقيادة بنزاهة. معًا، سنخلق مستقبلًا يحترم قيم العدالة والإنصاف والمساواة. نحن الجيل الجديد، والأمر متروك لنا لمواصلة العمل الذي بدأ. نحن أشعة الأمل التي ستضيء الطريق ".

عندما أنهت آشا خطابها، امتلأت الغرفة بالتصفيق، ليس فقط من أجلها، ولكن من أجل الرحلة التي أوصلتهم جميعًا إلى هذه اللحظة. قصة *نافابارات*، التي بدأت بالحلم الجريء لزعيمين شابين، أصبحت الآن دائرة كاملة. كان المستقبل في أيدٍ أمينة، وسيظل إرث الأمل والتغيير والتقدم مصدر إلهام للأجيال القادمة.

عندما أنهت آشا كيران خطابها، اندلعت القاعة بالتصفيق، وهتفت في القاعة المزدحمة. لقد لمست كلماتها كل روح حاضرة، مما أشعل نفس الشعور بالأمل والإمكانية التي أثارها والداها ذات مرة في قلوب الملايين. وقفت هناك، تبتسم مع اتزان شخص أكبر بكثير من سنها، ولكن في عينيها، كان هناك وميض من العاطفة، وشعور بالمسؤولية الهائلة التي قبلتها للتو.

خف التصفيق تدريجياً، وتراجعت آشا، بإيماءة رشيقة للحشد، عن المسرح. نظرتها، ثابتة وهادفة طوال الخطاب، خففت الآن عندما التفتت نحو والديها. وقف أبهيمانيو وشارميلا في مقدمة التجمع، وفخر

يشع من وجوههم. لم تتحدث ابنتهما فقط عن التغيير ؛ لقد جسّدته، حاملًا الرؤية التي ولداها منذ سنوات.

سارت آشا، بتوقير هادئ، نحو والديها. عندما وصلت إليهم، أصبحت المرأة الشابة المستعدة التي ألقت مثل هذا الخطاب العاطفي قبل لحظات الابنة المطيعة مرة أخرى. دون كلمة واحدة، انحنت ولمست أقدام والدها، أبهيمانيو، ووالدتها، شارميلا، بحثًا عن بركاتهما في لفتة احترام وامتنان عميقين. وضع أبهيمانيو يده برفق على رأسها وعيناه مليئتان بالعاطفة. عانقت شارميلا، وجهها المتوهج بفخر، ابنتها بإحكام، وهمست ببضع كلمات من الحب والتشجيع في أذنها.

راقب الجمهور في صمت، متأثرًا بمشهد هذه اللحظة المتواضعة، التي تحدثت كثيرًا عن قيم الأسرة ؛ الواجب والاحترام والارتباط العميق الجذور بتقاليدهم، حتى وهم يقفون على أعتاب عصر جديد.

ولكن كان هناك ما هو أكثر من مجرد احتفال بالشباب والرؤية. بينما استدارت آشا ؛ وقفت شخصيتان أخريان في مكان قريب ؛ ماتاجي، والدة أبهيمانيو، وناني، والدة شارميلا، أناميكا سينغ. على الرغم من التنافس السياسي الشرس بينهما، وضعت المرأتان خلافاتهما جانباً من أجل أطفالهما ومستقبل البلاد. لقد رأوا أيضًا العالم القديم ينهار، وعلى الرغم من أنهم حاربوا ذات مرة للحفاظ على إرثهم، إلا أنهم يعرفون الآن أن الإرث الحقيقي يكمن في أيدي هذا الجيل القادم.

اقتربت آشا منهم، وكان احترامها لكبارها واضحًا في كل خطوة خطتها. أولاً، انحنت لتلمس أقدام ماتاجي، الذي كان ذات يوم الأم الحاكمة الشاهقة للحزب الحاكم. ذاب الجزء الخارجي المؤخر لماتاجي عندما وضعت يديها على رأس آشا، وامتلأ قلبها بالفخر. ابتسمت الشخصية السياسية التي كانت لا تقهر مرة واحدة الآن بحرارة لحفيدتها، مدركة أن آشا لم تكن فقط مستقبل الأسرة، ولكن مستقبل الأمة.

بعد ذلك، التفتت آشا إلى جدتها الأم، أناميكا سينغ، زعيمة المعارضة الشرسة التي حاربت بالأسنان والأظافر لتحدي حكم ماتاجي. أناميكا، أيضا، قد خففت في السنوات الأخيرة. على الرغم من أن معارك الماضي قد تسببت في خسائر فادحة، إلا أن رؤية حفيدتها ترتقي إلى

مثل هذا المنصب القيادي جلب لها فخرًا هائلاً. عازمة آشا على لمس قدميها أيضًا، ووضعت أناميكا كلتا يديها على رأس آشا، وبركتها مليئة بكلمات غير معلنة من الحب والفخر وحكمة العمر الذي قضته في الخدمة العامة.

في تلك اللحظة، تقارب الماضي والمستقبل. كانت الجدتان ؛ ماتاجي وأناميكا ؛ من مهندسي الخصومات السياسية الشرسة، لكن الآن، بينما كانا يقفان هناك يباركان حفيدتهما، عرفا أن المستقبل آمن بين يدي آشا. كان الفصل التالي من إرث الأسرة، وفي الواقع إرث الأمة، جاهزًا للكتابة.

عندما نهضت آشا، وقفت جميع النساء الأربع ؛ آشا، شارميلا، ماتاجي، وأناميكا ؛ معًا، رمزًا قويًا للاستمرارية والتغيير. شعر الجمهور بأهمية اللحظة، ومرة أخرى اندفع إلى التصفيق. هذه المرة، لم يكن التصفيق فقط لخطاب آشا، ولكن لقوة الأسرة، ووحدة الأجيال، والمستقبل المشرق الذي ينتظرنا.

شعر أبهيمانيو، وهو يشاهد أهم ثلاث نساء في حياته يقفن معًا، بشعور عميق بالرضا. قام هو وشارميلا بدورهما، والآن حان الوقت لآشا لحمل الشعلة إلى الأمام. لكنها لن تكون بمفردها. كان لديها الدعم والحب والبركات من أولئك الذين جاءوا قبلها.

مع استمرار التصفيق، استقر وزن اللحظة على التجمع. أصبحت الرحلة التي بدأت مع انفصال أبهيمانيو وشارميلا عن السلالات السياسية القديمة دائرة كاملة الآن. اتخذت آشا كيران، "شعاع الأمل"، خطوتها الأولى نحو المستقبل، حاملة معها أحلام وتطلعات جيل جديد.

وفي تلك اللحظة، وبينما كانت الأسرة تقف معًا، كان من الواضح لجميع الذين شاهدوا: أن مستقبل الأمة، مثل إرث الأسرة، كان بالفعل في أيدٍ أمينة.

نبذة عن المؤلف

أوروبيندو غوش

بعد الانتهاء من بكالوريوس، ماجستير، دكتوراه في الفلسفة، دكتوراه في الإحصاء والدكتوراه في الاقتصاد، قام الدكتور أوروبيندو غوش بتدريس كل من طلاب الدراسات العليا والدراسات العليا في الإحصاء في كلية حكومة ماهاراشترا لمدة 35 عامًا تقريبًا. بعد تقاعده، انضم إلى العديد من مؤسسات الإدارة كمدير في جميع أنحاء الهند. تم نشر كتابه الشعري الأول "زنبق في السماء الشمالية" من قبل Notion Press الذي حصل على الجائزة من Ukiyoto Publishing، وترجم لاحقًا باللغات الفرنسية والألمانية والإسبانية والعربية. وهو مساهم منتظم في مختارات ناشر أوكيوتو. جنبًا إلى جنب، شارك أيضًا في إنشاء لوحات الأكريليك والوارلي والمادهباني. يكتب الدكتور أوروبيندو غوش قصائد وقصص قصيرة بلغات مختلفة وتحديداً باللغات الإنجليزية والبنغالية والهندية والغوجاراتية والماراثية. إبداعاته الأدبية الأخرى هي Insight Outsight ؛ مجموعة من القصص القصيرة باللغة الإنجليزية، Mejoder golpo، مجموعة من القصص القصيرة باللغة البنغالية و Chhondo Hole Mondo Ki ؛ مجموعة من القصائد باللغة البنغالية. تم نشر أحدث كتبه المنفردة، "حلم بيملادادي" و "شهر العسل الغامض" من قبل دار أوكيوتو للنشر. يتم منح "حلم بيملادادي" وترجمته إلى عدة لغات.